숙청의 역사
肅清　歷史

숙청의 역사 _세계사편

초판 1쇄 발행 2023년 10월 6일

지은이 최경식 / **펴낸이** 배충현 / **펴낸곳** 갈라북스 / **출판등록** 2011년 9월 19일(제2015-000098호) / **전화** (031)970-9102 **팩스** (031)970-9103 / **블로그** blog.naver.com/galabooks / **페이스북** www.facebook.com/bookgala / **이메일** galabooks@naver.com / ISBN 979-11-86518-74-8 (03900)

숙청의 역사

폭넓은 시각으로
해당 역사를 바라보면서

『숙청의 역사 _한국사편』에 이어『숙청의 역사 _세계사편』을 출간했다. 취미 삼아 주말에 틈틈이 글을 썼더니 어느새 한 권의 책이 됐다. 역사 자체에 애착이 많고 과거의 흥미로운 사건들을 널리 공유하고 싶다는 생각에 이 일을 하고 있다.

'숙청'이란 주제는 역사적 지식과 더불어 극적인 재미까지 동시에 전달할 수 있을 것이라 판단해 선정했다. '세계사편'은 '한국사편'에 비해 좀 더 극적이고 규모도 컸다. 글을 쓰면서 몇 가지 생각들이 교차했다. 본인은 교수가 아니라 이야기꾼이자 정보전달자이기 때문에, 서문에서 무거운 분석이 아닌 느꼈던 바를 가볍게 서술하겠다.

숙청은 '공포의 정치학'이다. 이 책에 나오는 대다수 인물들은 숙청이라는 폭력적 수단을 동원해 정적들은 물론 일반인들에게까지 공포를 각인시켰다. 이를 통해 궁극적인 목표인 절대 권력을 효과적으로 취득할 수 있었다. 사실상 숙청과 공포, 절대 권력은 긴밀히 연계된 개념들이었으며, 니콜로 마키아벨리의 정치철학이 충실히 구현된 사례이기도 했다.

숙청의 성격을 구분하는 것이 필요했다. 역사에는 나쁜 숙청만 있었던 것이 아니라 좋은 숙청도 있었다. 나쁜 숙청은 역사를 크게 퇴보시켰지만 좋은 숙청은 역사 발전의 동력이 됐다. 폭넓은 시각으로 해당 역사를 바라보면서 옳고 그름을 판단해야 한다.

끝으로 오늘날의 정치 현실과 입체적인 비교도 가능했다. 구체적인 숙청 수단과 방법에선 차이가 있었지만 그것의 본질과 목적은 크게 다르지 않았다. '역사는 현재와 미래의 거울'이라는 말이 틀린 말이 아니다.

바라건대 이 책을 본 독자들이 역사도 재미있는 분야라는 사실을 깨달았으면 좋겠다. 또 역사에 지속적으로 많은 관심을 가졌으면 좋겠다.

_최경식

● 차 례

01

로베스피에르의 '반혁명분자 숙청'

단두대와 공포정치

혁명의 불꽃과 어둠의 심연 전말

막시밀리앙 드 로베스피에르.

"여러분이 세우는 정책의 첫 번째 원칙은 민중은 이성으로, 민중의 적들은 공포로 이끈다는 것이어야 합니다. 공화국 내외의 적들을 제거하거나, 아니면 공화국과 함께 죽어야 합니다. 혁명 정부는 전제정에 항거하는 자유의 독재입니다. 언제까지 독재자들의 분노는 정의로, 민중의 정의는 야만이나 반란으로 불려야 한다는 말입니까."

_로베스피에르 국민공회 연설 中

　서양 근대사 가운데 가장 중요한 사건으로 손꼽히는 것은 바로 '프랑스 대혁명'이다. 왕실과 성직자, 귀족 등 기득권 세력의 억압과 불평등이라는 구체제의 모순 속에서 허덕이던 제3신분 평민들, 즉 '부르주아들'(상공업자, 금융업자, 법률가, 의사, 문필가 등)과 농민들이 자발적으로 무기를 들고일어나 구체제의 모순을 타파한 대사건이었다. 왕권은 신으로부터 왔다는 왕권신수설과 정면으로 배치되는 장 자크 루소의『사회계약론』, 한 사회 및 국가의 성립은 평등하고 이성적인 개인들 간의 계약에서 비롯됐다는 해당 이론은 혁명의 이념적 기초였고, 이의 바탕 위에서 봉건제 폐지안 및 '인권 선언' 등 매우 선진적인 모습이 도출됐다. 혁명의 여파로 프랑스 국가체제는 기존의 절대왕정에서 '공화정'으로 바뀌었으며, 주변 유럽 국가들에게도 지대한 영향이 미치면서 각종 전쟁과 시민 혁명이 촉발됐다. 아울러 프랑스 대혁명은 사실상 평민들이 국왕의 목숨을 앗아간 최초의 사건이기도 했다. 이전에는 국왕에 대항해 반란을 일으키고 축출을 한 주동자들이 주로 권세가 높은 귀족이나 다른 왕족이었다. 설령 국왕이 반란으로 축출된다 하더라도, 이후에 형사법을 적용받은 전례도 없었다. 그런데 프랑스 대혁명 때는 이 모든 것들이 완전히 뒤집어졌다. 국왕이었던 '루이 16세'와 왕비인 '마리 앙투아네트'는 평민 세력에 의해 온갖 모욕을 당한 후 폐위됐고, 단두대에서 목이 잘려나가는 비참한 결말을 맞았다.

본편의 주인공인 '막시밀리앙 로베스피에르'는 이 거대한 사건의 중심에 있었던 인물이다. 그는 명석한 두뇌와 확고한 신념을 기반으로 비교적 짧은 기간 내에 프랑스 급진파의 거두로 성장했다. 자신이 옳다고 믿는 것, 다시 말해 개인의 자유와 평등, 공화정, 보통선거 등과 관련한 신념을 그 어떠한 외부의 압력에도 굴하지 않고 끝까지 밀고 나갔다. (현재 프랑스 공화국의 슬로건인 '자유, 평등, 박애'는 로베스피에르의 작품으로 여겨진다.) 이를 통해 구체제의 모든 유산을 청

숙청의 역사

산하고 완전히 새로운 국가를 건설하려 했다. 실제로 권력을 잡은 후 민첩한 조치로 프랑스의 대내외적인 혼란을 진정시킬 때만 해도, 그가 바라는 이상향을 향한 전국가적 행진이 힘차게 전개될 것처럼 보였다. 일견 로베스피에르는 프랑스 대혁명이라는 거대한 물결을 온전히 대변하는 인물로도 비쳤다.

   하지만 빛과 어둠이 크게 엇갈렸다. 이상향에 대한 집착과 반동에 대한 불안감이 지대했기 때문이었을까. 그는 '공포정치'라는 무리수를 두고 말았다. 혁명에 대해 반감을 갖고 있는 반혁명분자는 물론 혁명성이 조금이라도 의심되는 수많은 사람들이 단두대의 제물이 됐다. 프랑스 시민들은 혁명을 통해 국가가 좀 더 나은 방향으로 나아가길 기대했다. 그러나 로베스피에르의 공포정치로 말미암아 부정적인 혁명의 극단성이 표출됐고, 시민들은 전례 없는 공포와 두려움에 사로잡혀 지낼 수밖에 없었다. 무리수는 필연적으로 그것을 행한 주체에게도 안 좋은 결과를 내고 만다. 공포정치의 후과는 로베스피에르 본인에게 돌아갔다. 주변에 수많은 정적들이 양산됨에 따라 그는 별안간 헤어 나올 수 없는 난관에 처했다. 결국 다른 사람을 단두대로 보내기만 했던 로베스피에르는 이번에는 본인이 단두대로 보내졌다. 그리고 그 누구보다 비참한 모습으로 생을 마감했다. (빛과 어둠이라는 양면성이 뚜렷하게 존재한다는 점에서, 개인적으로 고려시대 '광종'이 연상되기도 했다.) 비록 안 좋은 결말로 끝나긴 했지만, 로베스피에르가 가졌던 정치적 신념과 추구했던 이상향까지 싸잡아 매도할 순 없다. 그가 지향했던 것들은 오늘날까지 우리 사회에 시사하는 바가 매우 크기 때문이다. 옳고 그름을 분별하면서 인물과 사건을 바라보는 것은 언제나 요구되는 역사탐구 자세이기도 하다. 전환기적인 대사건, '프랑스 대혁명'과 로베스피에르의 '공포정치' 전말을 되돌아봤다.

혁명 전후의 로베스피에르

본편의 주요 내용들인 프랑스 대혁명이나 로베스피에르의 공포정치 등을 살펴보기에 앞서, 혁명 전후 로베스피에르의 행적과 부르주아의 존재와 같은 사회적 맥락을 간략히 살펴볼 필요가 있다. 어린 시절 로베스피에르는 법률가의 집안에서 성장했다. 아버지의 뒤를 이어 로베스피에르 역시 법률가의 길이 예상됐지만 성직자의 길을 걷기 위해 관련 학교에 입학했다. 그런데 이곳에서 그는 운명적인 변화를 겪는다. 바로 장 자크 루소와 키케로 등의 사상을 접한 것이다. 이를 기반으로 로베스피에르는 '시민(또는 공민)으로서 갖춰야 할 덕의 고양'을 중시하는 출중한 '공화주의자'로 거듭났다. 이후 대학을 졸업한 그는 집안의 대를 이어 법률가의 길을 걸었고, 아라스시에서 괜찮은 변호사 활동으로 명성을 얻었다. 그리고 법 앞의 평등, 서자 처우 개선, 사형제 폐지 등 눈에 띄는 개혁을 주창했다.

시민들의 지지가 커짐에 따라 로베스피에르는 31세라는 젊은 나이에 정치계에 입문할 수 있었다. 아르투아주 제3신분 대표로 삼부회 대의원이 된 것이다. 처음부터 로베스피에르는 강경하고 단호한 정치인의 모습을 띠었다. 혁명의 분위기가 점차 고조될수록 그의 성향은 더욱 두드러졌다. '테니스코트의 선언'이나 국왕에 대한 정치적 압박 등을 함에 있어, 로베스피에르가 빠지는 경우는 거의 없었다. 아울러 인간과 시민의 권리를 격하게 옹호했고 보통선거 실시를 부르짖었다. 왕의 거부권과 행정권 남용, 종교적 인종적 차별 등은 철저히 배격했다. 심지어 흑인 노예들까지 옹호하는 모습을 보였다. 정치적 신념이 투철한 로베스피에르에게 '상퀼로트' 등 급진파들의 지지가 몰리기 시작했고, 머지않아 그는 급진적인 정파인 '자코뱅파'의 거두로 성장했다. 다만 혁명 이후 한

동안 로베스피에르의 자코뱅파는 의회 내에서 소수파에 불과했다. 그러다가 국왕이 외국으로 도망치려 한 '바렌 사건'과 '혁명전쟁' 등을 계기로 권력의 중심부로 나아갈 기회를 얻게 된다. (자코뱅파, 상퀼로트, 혁명전쟁 등 주요 내용들은 후술할 예정이다.)

부르주아의 존재

중세에서 근대로 넘어가는 과정에서 일부 도시민들과 국왕의 결탁이 있었다. 전자는 영주의 간섭을 차단하기 위해, 그리고 후자는 성직자와 귀족들을 견제하기 위해서였다. 도시민들은 군주에게 세금을 직접 납부하거나 전시 소집 명령에 순종하는 대신 군주로부터 의회 참여 권한, 관료 발탁 기회, 자치권 보장 등을 획득하면서 정치적 영향력을 키워나갔다. 이러한 도시민, 즉 부르주아들의 행보는 경제 발전에 힘입어 더욱 강화됐다.

프랑스는 '루이 14세' 시대에 수많은 부르주아들이 귀족층에 합류했다. 루이 14세는 기존 귀족들의 힘을 약화시키기 위해, 부르주아들을 통해 귀족을 더 늘리는 방법을 택했다. 루이 15세 시대 때 귀족들은 전체 인구의 약 3%에 해당할 정도였다. 그러나 과거 부르주아였다가 현재 귀족이 된 사람들은 부르주아의 추가적인 신분 이동을 억제했다. 자신들의 기득권을 빼앗기고 싶지 않았기 때문이다. 이런 상황에서 신분 간 차별은 갈수록 심화됐다. 제1신분인 성직자와 제2신분인 귀족들은 특권층으로서 세금도 내지 않고 호사를 누리는 반면 제3신분인 평민들, 즉 부르주아와 농민들은 막대한 세금을 납부하며 국가 재정을 떠받쳐야만 했다. 이를 '앙시앙 레짐', 다시 말해 '구체제'라고 일컫는다. 구체제의 모순 하에서 프랑스 부르주아들의 사회적 문제의식은 크게 높아졌다. 더욱이 루소의 '사회계약론' 등 계몽사상이 영향을 미치면서, 부르주아들은 현실 개선을 위한 구체적인 움직임을 모색하기 시작했다. (다음 항목에서 보다 구체적으로 살펴보겠다.)

위기의 프랑스, 혁명 전야

오랜 기간 유럽은 물론 전 세계에서 초강대국으로 분류됐던 프랑스. 그러나 혁명 직전의 프랑스는 과거의 그 프랑스가 아니었다. 당시 이 국가는 여러 가지 어려움에 처해있었다. 무엇보다 막대한 '국가부채'를 꼽을 수 있다. 이는 루이 14세 때 크게 늘어났는데, 그는 잦은 전쟁으로 궁핍해진 재정을 상습적으로 빚을 내 충당하곤 했다. 루이 14세의 뒤를 이은 루이 15세 때도 이 같은 기조가 이어졌다. 심지어 빚을 빚으로 갚는 경우도 허다했다. 루이 16세는 이전 왕들이 물려준 막대한 부채를 평민들에 대한 각종 과세를 통해 해결하려고 했다. (이 시기 국채 및 이자 상환에 들어간 비용은 프랑스 전체 예산의 절반에 해당할 정도였다.) 하지만 결코 순탄치 않았다. 무엇보다 평민들의 부담이 눈덩이처럼 커지면서 큰 부작용이 나타났다. 국가에서는 징세청부업자들을 동원해 평민들에게 세금을 걷게 했는데, 평민들은 세금 그 자체도 감당하기 힘들었지만 징세청부업자들의 수탈까지 더해지면서 큰 고통을 겪었다. 또한 왕실에게 돈을 바친 대가로 수조권을 얻어낸 귀족이나 부르주아가 본전 이상을 뽑기 위해 농민들을 가혹하게 수탈하는 경우도 있었다. 게다가 재앙과 같은 흉작과 가뭄 등은 어려움을 더욱 가중시켰다. 1773년부터 흉작이 자주 발생했고 1785년에는 대가뭄이 발생했다. 이에 따라 식량 부족 사태가 빈번하게 초래되면서 곡물 가격 및 평균 물가 상승률이 급등하는 모습을 보였다. 이런 혹독한 상황은 평민이나 농민들을 점점 회복 불능의 상태로 빠지게 했고, 빚을 갚기 위한 세금도 제대로 거둬지지 않게 만들었다.

프랑스 정부는 뭔가 획기적인 개선책을 내놔야만 했다. 그러나 개선책은커녕 제대로 된 헛발질을 하고 말았다. 우선 1778년 '미국 독립 전쟁'에 참전하는 실수를 범했다. 가뜩이나 돈도 충분치 않으면서 미국을 지원하는 데에 과분한 돈을 쏟아 부었다. 무려 1년 예산의 7배를 초과하는 20억 리브르를 지출했다. 프랑스 정부는 영원한 라이벌인 영국을 곤경에 빠뜨리기 위해 커다란 무리수를 뒀던 것이다. 그리고 1786년 저율 관세와 자유무역 원칙을 골자로 한 이든 조약, '영불 통상조약' 체결이라는 실수도 범했다. 관세가 인하돼 산업구조 측면에서 불리했던 프랑스는 영국 공산품들의 대거 수입으로 공업에 큰 타격을 입었다. 아울러 프랑스 곡물의 수출이 증가해 국내 곡물 가격은 더욱 급등하게 됐다. 결국 두 개의 헛발질로 프랑스의 국가 재정은 거의 파탄 지경에 이르렀다. 재무총감이었던 '자크 네케르'는 상업을 중히 여기고 보호 무역주의의 입장에서 수출 산업을 육성해 자본을 축적하려는 중상주의 정책을 펼쳤다. 그러나 당시 상황이 워낙 안 좋았기 때문에, 이 같은 정책은 전혀 통하지 않았다. 머지않아 네케르는 정책 실패의 책임을 지고 물러났다. 그의 뒤를 이어 '샤를 드 칼론'이 새로운 재무총감으로 임명됐다. 칼론은 비교적 깨어있는 사람이었다. 그는 이전에는 볼 수 없었던 획기적인 정책을 과감하게 들고 나왔다. 바로 귀족들도 평민들처럼 세금을 내자는 '평등과세론'이었다. 다시 말해, 모든 토지 소유자가 신분이나 면세특권과 무관하게 현물을 납부하자는 것이었다.

당시 2 신분인 귀족들의 인구는 프랑스 전체 인구의 3%였다. 그러나 3 신분인 평민들과는 비교할 수 없는 막대한 부를 축적하고 있었고 세금 부담은 전혀 지지 않았다. 물론 1 신분인 성직자들도 마찬가지였다. (1 신분, 2 신분의 사치도 대단했다.) 오로지 가난한 평민들만이 세금 부담을 졌다. 칼론은 이러한 모순을 타파해야 비로소 재정 상태가 개선되고, 프랑스가 난관에서 벗어날 수 있을 것이라 확신했다. 이에 따라 그는 1787년 왕실과 가까운 귀족대표들로 구성된 '명사회' 144명을 소집해 정책 협조를 구하려 했다. 하지만 명사회의 반응은 냉담했다. 세금과 관련된 문제는 매우 중대하므로 명사회가 아닌 '삼부회'에서 논의해야 한다고 주장했다. 기실 자신들은 평민들과 근본적으로 다르기 때문에 결단코 세금을 납부할 수 없다는 말을 우회적으로 한 것이다. 삼부회는 성직자, 귀족, 평민 등 세 개의 신분 대표들이 모여 국가의 중요 사안을 토론하고 결정하는 신분제 의회였다. 1302년 필리프 4세가 왕권 강화를 위해 교황 보니파키우스 8세와의 투쟁시에 소집한 것에 기원을 둔다. 다만 1614년 이후 단 한 번도 삼부회가 소집된 적이 없었다.

명사회의 무시와 고등법원의 반발로 칼론도 재정 해법을 도출하지 못했다. 그 역시 해임됐고 에티엔 드 브리엔이라는 새로운 재무총감이 취임했다. 브리엔은 전임자와 마찬가지로 귀족 및 성직자들에게 세금을 걷으려 했다. 그러자 명사회와 고등법원은 더욱 거세게 반발했다. 국가가 큰 위기에 처해 있음에도, 이들은 오랜 기간 누려온 기득권을 포기하려 하지 않았다. 이런 가운데 과세 부담을 계속 떠안고 있는 평민들의 원성은 커져만 갔다. 언제 터질지 모르는 '시한폭탄'과도 같았다. 국왕인 루이 16세가 뭔가 출구 전략을 내놔야 했다. (루이 16세도 내심 귀족들에 대한 과세에 찬성했지만, 귀족들을 통제할 능력이 현저히 떨어졌다.) 결국 그는 재정총감으로 복귀한 네케르의 제안을 받아들여 삼부회 소집을 선포했다. 1789년 5월, 베르사유 궁전에서 삼부회가 개최됐다. 그런데 곧바로 난관에 부딪혔다. 각종 사안들을 최종 결정하는 '투표 방식'과 관련해 신분 간 충돌이 발생한 것이다. 당시 삼부회에서 1 신분은 291명, 2 신분은 285명, 3 신분은 578명이었다. 숫자로 따지면 3 신분이 유리했다. 여기에 3 신분과 뜻을 같이 하는 일부 성직자와 귀족들도 합세할 것으로 전망됐다. 그래서 3 신분은 머릿수 표결을 주장함으로써, 조세 개혁을 포함한 각종 정치경제적 개혁을 관철할 생각이었다. 하지만 대부분의 성직자와 귀족들은 머릿수 표결은 절대로 안 되며 각 신분별로 동일한 표결을 하자고 주장했다. 즉 1 신분 1표, 2 신분 1표, 3 신분 1표였다. 이렇게 되면 3 신분은 2대 1로 불리해지기 때문에 당연히 해당 주장에 강력히 반대했다. 투표 방식과 관련한 대립은 좀처럼 해결될 기미가 보이지 않았다. 결국 삼부회는 아무런 성과 없이 종결됐다.

이후 평민들은 루이 16세에게도 머릿수 표결을 요구했지만 루이 16세는 반대 입장을 명확히 했다. 이번 기회에 뭔가 해법이 도출될 것을 기대했던 평민들은 그 기대가 산산이 깨지자 화가 머리끝까지 차올랐다. 그들은 가만히 있지 않았고, 평민 의원들로만 구성된 '국민의회'를 만들었다. 이는 영국식 의회를 본뜬 최초의 근대적 의회였다. 루이 16세는 큰 위협을 느꼈다. 그래서 군대를 동원해 평민 의원들이 모일 만한 모든 회의실을 봉쇄했다. 하지만 평민 의원들은 결코 굴복하지 않았다. 그들은 베르사유 궁전 인근에 있는 테니스 코트장에 모여들었다. 바로 이 장소에서 역사적인『테니스 코트의 선언』이 나왔다. 해당 선언의 주요 내용은 다음과 같다. "아무도 우리를 방해하지 못한다. 설사 강제로 대표들을 쫓아낸다 할지라도 그곳이 어디건 국회임을 밝힌다. 우리는 필요하다면 어디서나 모일 것이다. 헌법이 제정될 때까지 국민의회는 물러서지 않겠다." 그러면서 국민의회 초대 의장으로 천문학자인 장 실뱅 바이이를 선출했다.

이로부터 며칠 뒤, 루이 16세는 친림 회의를 열었다. 평민 의원들은 뭔가 전향적인 결정이 나오지 않을까 예의주시했다. 그러나 실망스러운 결정이 나왔다. 이 자리에서 루이 16세는 삼부회의 과세 동의권, 개인의 자유, 출판의 자유, 행정의 지방분권, 조세의 평등은 수용했지만, 삼부회의 머릿수 투표는 명백히 거부했고 국민의회는 무효라고 선언했다. 이어서 평민 의원들은 삼부회로 돌아가 신분별 분리 회합을 하라고 명했다. 평민 의원들은 이를 단호히 거부했다. 기실, 루이 16세의 마음 깊숙한 곳에는 극도의 불안감이 존재하고 있었다. 과거 영국의 찰스 1세처럼 국왕이 의회에 밀려 죽임을 당할 수도 있음을 우려했던 것이다. 자연스레 국민의회를 강제로 해산시키고, 왕의 권위에 도전하는 모든 사람들을 제거할 계획이 세워졌다. 루이 16세는 국경 수비를 담당하던 군대를 파리 근교에 대거 주둔시켰다. 파리 시민들 사이에서는 군대가 조만간 파리와 베르사유 궁전으로 진격할 것이라는 소문이 빠르게 퍼졌다. 국민의회는 국왕에게 즉각적인 군대 철수를 요구하는 서한을 보냈으나 거절당했다.

그런데 이 시기에 루이 16세가 마냥 강경한 모습만을 보인 것은 아니었다. 그것과는 상반된 모습도 보였다. 당시 국민 의회에는 라파예트, 미라보 백작, 시에예스 신부 등 일부 성직자와 귀족들까지 합세했기 때문에, 이의 존재를 '계속 대놓고' 부정할 수도 없는 노릇이었다. 수많은 시민들도 국민의회를 지지하고 있었다. 이에 따라 루이 16세는 아주 잠시동안 국민의회를 인정하는 체했고, 그들의 요구도 어느 정도 수용해 전 계급 의원들이 참여하는 헌법제정 위원회를 창설했다. 다만 어디까지나 '보여주기식'에 불과했다. 겉으로만 온건한 체하다가 언제든 군대를 동원해 국민의회를 강제 해산시킬 기회를 엿보았다. 평민 의원들과 시민들도 국왕의 의도를 눈치채고 있었다. 이런 가운데 루이 16세가 재정총감인 네케르를 국민의회 설립에 대한 책임을 지워 파면했다. 네케르에 호의적이었던 평민 의원들과 시민들은 이를 국민의회 강제 해산과 평민 의원들 탄압의 신호탄으로 받아들였다. 분노한 그들은 마침내 행동하기로 결심했다. 조금의 기득권도 내려놓지 않으면서 자신들을 극심하게 착취하기만 하는 왕실과 성직자, 귀족들을 겨냥해 '무장 항쟁'을 단행하기로 한 것이다.

프랑스 대혁명

1789년 7월 14일, 1만여 명의 파리 시민들이 바스티유 감옥을 습격했다. '프랑스 대혁명'의 서막이 열린 것이다. 시민들이 베르사유 궁전이 아닌 바스티유 감옥을 노린 것은 그만한 이유가 있었다. 이곳은 루이 14세 때 수많은 정치범들이 투옥됐던 감옥으로, 프랑스 전제 정치를 상징하는 대표적인 건물이었다. 또한 무장 항쟁에 필요한 각종 무기들을 탈취할 수 있는 곳이기도 했다. 혁명이 일어날 당시 이곳을 지키던 군사와 수감자들은 매우 적었지만, 상징성과 현실적 필요성으로 인해 시민들의 표적이 됐다. 습격이 이뤄질 때, 바스티유 수비군이 대포를 발사해 적지 않은 시민들이 희생됐다. 그럼에도 시민들은 끈질긴 공격을 가해 바스티유를 함락시켰다. 여담으로 바스티유 함락 당일, 루이 16세가 측근에게 "반란인가?"라고 묻자 그 측근은 "아닙니다 폐하. 혁명입니다"라고 답했다고 한다. 이후 파리 곳곳에 무장한 시민들의 바리케이드가 설치됐고, 라파예트가 새롭게 조직된 민병대(국민군) 사령관으로 임명됐다. 화들짝 놀란 루이 16세는 파리 근교에 주둔시켰던 군대를 철수시키고 시민들이 있는 현장에 방문하는 등 나름대로 사태 진정을 위해 노력했다. 그러나 이미 폭발한 혁명의 불길을 막기에는 역부족이었다. 중앙에서 일어난 혁명의 여파는 지방으로 확산되기도 했다. 지방 곳곳에서 시민들이 자치위원회와 국민방위대를 조직, 폭력적인 방식을 동원해 주요 기관을 장악했다. 농민들도 그동안 억눌렸던 폭력성을 여과 없이 드러내며 영주 및 지주들을 공격했다.

국민의회는 일부 시민들과 농민들의 폭력적인 행동을 우려했다. 자칫 혁명의 본질이 왜곡될 수도 있었다. 이를 수습하기 위해 국민의회는 영주제 및 농노제 폐지, 개인적 예속의 폐지, 소득에 비례한 세금 납부 등을 골자로 한 '봉건제 폐지안'을 내놨다. 더 나아가 『인권선언문』도 발표했다. 여기에는 국가의 주권은 국민에게 있다는 주권재민, 사상의 자유, 법앞의 평등, 과세의 평등 등이 담겼다. 그야말로 과거에는 볼수 없었던 새로운 사회질서의 원칙을 제시한 것이다. (프랑스 인권선언문은 미국 독립혁명의 영향을 크게 받았다.) 하지만 루이 16세는 국민의회가 내놓은 것들을 재가하려 하지 않았

숙청의 역사

다. 그는 오로지 전제군주제를 선호했다. 그러나 한 독특한 사건으로 인해 루이 16세는 굴복하게 됐다. 당시 프랑스의 경제는 매우 안 좋았다. 특히 실업자와 물가가 급등하는 모습을 보였다. 이때 파리에 있는 7000여 명의 여성들이 파리 시청에 모인 후 베르사유 궁전으로 행진했다. 이들은 궁핍한 생활을 개탄하며 "빵을 달라"라고 외쳤다. 행진 도중에 국민방위대도 동참했다. 난데없이 베르사유 궁전 앞에 수많은 여성들이 집결한 것을 목도한 루이 16세는 크게 당황했다. 국왕 앞에서 여성들은 빵을 제공하는 것은 물론 국민의회가 발표한 인권선언문 등을 즉시 재가하라고 요구했다. 루이 16세는 마지못해 이를 수용했다. 또한 일부 여성들은 궁전 안으로 난입해 국왕의 파리 귀환을 요구했다. 이 역시 수용돼 국왕 일가는 파리로 이동했다.

프랑스 정국의 주도권은 국민의회로 완전히 넘어갔다. 이에 국민의회는 각종 개혁 정책을 실행에 옮겼다. (루이 16세는 극히 제한적인 역할에 그쳤다.) 대표적으로 막대한 국가 부채를 해결하기 위해 성직자와 교회 재산에 대한 국유화를 추진했다. 이를 담보로 공채인 아시냐도 발행해 재정 확보를 도모했다. 성직자들은 일순간 재산을 잃은 것에 더해 국가 공무원으로 변화됐다. 국가가 성직자들을 직접 관리하면서 월급을 지급했다. 아울러 국민의회는 조세 제도와 행정 구역을 개편했고, 사법부 개혁과 제한된 선거제를 도입하기도 했다. 길드(동업조합)도 폐지했다. 국민의회의 개혁 정책이 마냥 순항한 것은 아니었지만, 프랑스를 이전과는 완전히 다른 국가로 변모시킨 것만은 분명했다. 대다수의 시민들은 국민의회의 개혁 정책에 환호했다. 반면 많은 성직자와 귀족들은 특정 지역에서 반기를 들거나 해외로의 망명길에 올랐다.

성직자와 귀족들의 망명이 이어지자, 초조해지는 것은 루이 16세와 왕비인 마리 앙투아네트였다. 주변의 가까운 사람들이 계속 사라지면서, 이들은 의지할 곳이 좁아졌고 위기감은 증폭됐다. 설상가상으로 국왕과 국민의회 간에 중재 역할을 해왔던 온건파 미라보마저 세상을 떠났다. 루이 16세와 마리 앙투아네트는 더 이상 프랑스에 머무르면 안 되겠다고 판단했다. 다른 성직자와 귀족들처럼 해외로의 망명을 선택한 것이다. 국왕과 왕비는 스웨덴 귀족인 한스 악셀 폰 페르센의 지원을 받아 오스트리아로 망명하기로 했다. 오스트리아는 왕비의 친정이었다. 그런데 국왕의 우유부단함으로 망명 실행은 다소 지체됐다. 그새 시민들 사이에선 왕가의 망명 소문이 퍼지기 시작했다. 시민들은 "왕이 국가를 버리고 적국으로 도주했다"라며 크게 분노했다. 마음이 급해진 루이 16세는 서둘러 망명길에 올랐고, 어둠을 헤치면서 국경 지역인 '바렌'까지 당도하는 데 성공했다. 하지만 그곳에서 발각되고 말았다. 마차 안에 있던 루이 16세가 잠시 얼굴을 내밀었을 때, 바렌 지역의 우체국장이 이 모습을 지켜봤다. 그는 마차 안에 있는 사람이 프랑스 지폐 안에 그려져 있는 국왕의 얼굴과 비슷하다고 생각했다. 즉시 상부에 고발이 이뤄졌고 왕가는 체포됐다. 체포된 왕가는 5일 만에 다시 파리로 압송됐다. 이때 국민의회는 시민들에게 "왕가를 침묵으로 맞이하라"라고 얘기했고, 실제로 시민들은 차가운 침묵을 통해 왕가에게 분노를 표출했다. 이후 국민의회는 루이 16세의 반혁명 의도가 드러났다고 판단, 그의 왕권을 중지시켰다. 급진적으로 공화정을 주장하는 일부 세력들은 국왕 폐위 및 재판을 강력히 요구했다. 그러나 이때까지만 해도 루이 16세가 완전히 무너진 것은 아니었다.

1791년 9월, 국민의회는 입헌군주제를 골자로 하는 새로운 헌법, '프랑스 헌법'을 공포했다. 이 헌법을 기반으로 다음 달에 첫 번째 선거가 실시됐는데, 그 결과 '입법의회'가 구

성됐다. 사실상 절대군주제는 폐지됐으며 의회주의와 입헌
군주제가 공식적으로 출범했다. 입법의회에는 입헌군주제를
선호하는 보수파인 '푀양파', 지방 분권적인 연방 공화정을
선호하는 온건파인 '지롱드파', 중앙 집권적인 공화정을 선호
하는 급진파인 '자코뱅파'가 있었다. (지롱드파와 자코뱅파를
좀 더 구분할 필요가 있다. 원래 자코뱅파 안에 지롱드파와
산악파(몽테뉴파)가 있었다. 그런데 지롱드파가 여기서 탈퇴
하면서 자연스레 산악파가 자코뱅파를 장악했다.) 입법의회
에서 푀양파는 오른쪽, 자코뱅파는 왼쪽에 앉았다. 이를 계
기로 보수파는 우파, 급진파는 좌파라는 개념이 만들어졌다.
그런데 프랑스 내부에서 새로운 헌법과 입법의회가 순항을
한 것만은 아니었다. 적지 않은 반발도 있었다. 특히 귀족가
문 출신들로 구성된 군대 장교들이 헌법과 입법의회를 따를
수 없다며 무더기로 전역을 하거나 해외로 망명하는 일이 발
생했다.

혁명전쟁과 공화국 수립

프랑스의 상황과 관련해 다른 국가들도 급박하게 움직였
다. 마리 앙투아네트의 친오빠인 오스트리아 및 신성로마제
국 황제 레오폴트 2세는 프랑스 왕가의 망명 실패 소식을 접

한 후, 왕가의 안전과 권력 회복을 위해 각국 군주들에게 협조를 요청했다. 이의 일환으로 프로이센 국왕인 프리드리히 빌헬름 2세와 『필니츠 선언』을 발표하기도 했다. (이들 국가는 프랑스 혁명 사상의 전파를 우려해 내부 단속도 철저히 했다.) 아울러 해외로 망명했던 성직자와 귀족들은 그곳에서 혁명 정부에 해를 끼치는 선동 활동들을 적극적으로 수행했다. 프랑스 혁명 정부는 이 모든 상황을 결코 묵과할 수 없는 심각한 위협으로 받아들였다. 해법을 논의한 결과, '혁명전쟁'이 필요하다는 결론이 도출됐다. 여담으로 당시 프랑스 내부 세력들은 전쟁을 둘러싸고 저마다 동상이몽도 갖고 있었다. 우선 푀양파의 경우 전쟁을 통해 자코뱅파를 제어할 수 있을 것이라고 판단했다. 자코뱅파는 정반대로 판단했다. 지롱드파는 유럽의 시민들을 해방하기 위해 혁명전쟁이 필요하다고 판단했다. 루이 16세는 혁명 정부가 전쟁을 개시한 후 패배하게 되면, 절대군주제가 다시 부활할 수 있을 것이라는 판단 하에 전쟁에 동의했다.

결국 1792년 4월 프랑스 혁명 정부는 오스트리아에 선전포고를 했다. 7월에는 프로이센에도 선전포고를 했다. 그런데 호기롭게 전쟁에 나선 혁명 정부와 달리, 프랑스 군대의 상황은 매우 안 좋았다. 상술했듯 이미 수많은 프랑스군 장교들이 입헌군주제에 반대해 해외로 망명했고, 전쟁이 개시된 후에도 적지 않은 장교들이 망명하는 사태가 발생했다. 일반 병사들의 군기도 상당히 낮았으며, 의용병들은 훈련 경험이 부족한 상태였다. 이에 따라 프랑스군은 여러 전선에서 연이어 참패했다. 다급해진 혁명 정부는 지방 출신들을 포함한 국민방위대 창설, 국왕의 친위대 해산 등을 골자로 한 법령을 통과시키려 했다. 그러나 루이 16세가 거부권을 행사했다. 내심 프랑스의 전쟁 패배를 원했기 때문에 혁명 정부에 비협조적으로 나왔던 것이다. 연이은 패배와 국왕의 비협조, 물가 폭등 등으로 시민들의 예민함은 극에 달했다. 그러면서 혁명은 매우 급진적이고 공격적으로 흘러가기 시작했다. 우선 시민들은 연이은 패배의 원인이 국왕과 왕비에게 있고, 특히 왕비는 적국에 있는 군주들과 '내통'하고 있다고 생각했다. 급기야 시민들은 왕가가 머무르고 있는 튀틀리 궁전을 습격했다. 이 과정에서 국왕과 왕비는 심한 모욕을 당했다.

더욱이 이 시기 도시에서는 노동자, 소상점주 등 무산계급으로 구성된 '상퀼로트'가 등장했다. 이들은 귀족 남성들이 입는 무릎까지 내려오는 반바지(퀼로트) 대신에 긴바지를 입

숙청의 역사

고 다녔기 때문에, 이와 같은 이름이 붙여졌다. 또한 붉은 모자와 긴 창을 갖고 있었다. 상퀼로트는 완전한 공화정 실시, 직접 민주주의를 통한 민중의 정치참여, 확실한 평등, 국왕의 거부권 폐지 등을 부르짖으며 온갖 공격적인 행동들을 단행했다. 자연스레 '공포정치'의 싹이 텄다. 이런 가운데 오스트리아–프로이센 연합군이 프랑스 영토 안까지 침입했다. 혁명 정부는 프랑스 전역에 국가의 위기를 알렸고 수많은 의용병들이 파리로 모여들었다. 이때 의용병들은 『라 마르세예즈』라는 노래를 불렀는데, 이는 추후에 프랑스의 국가가 됐다. 프랑스 영토 안에 침입한 오스트리아–프로이센 연합군의 사령관 브라운슈바이크는 파리 시민들을 향해 "우리는 프랑스의 내정에 간섭하려는 것이 아니라 루이 16세의 정당한 통치권을 회복시키기 위하는 것이다. 만약 왕실에게 위해를 가한다면 파리를 불태우겠다"라고 협박했다. 불에 기름을 부은 격이었다. 시민들은 왕가가 적국과 내통하고 있다고 확신하게 됐다. 일부 급진적인 사람들은 파리시청을 급습해 장악했고, 파리코뮌을 결성한 뒤 파리 시민들에게 봉기할 것을 촉구했다. 이로 인해 왕가는 또다시 습격을 당했다. 루이 16세 등은 황급히 입법의회로 피신했다. 이후 시민들의 거듭된 압박으로 입법의회는 왕권을 중지시켰고, 왕가는 탕플 탑에 유폐됐다.

혁명은 날이 갈수록 급진화됐다. 이의 여파로 입법의회는 국가 통제력을 완전히 상실했다. 조르주 당통이 주도하는 6인 임시내각이 조직됐고, 조속한 시일 내에 보통선거를 실시해 '국민공회'를 구성할 것을 약속했다. 이 시기에 권력의 중심부는 사실상 상퀼로트와 자코뱅파 등이 차지했다. 특히 상퀼로트는 자치체를 만든 후 정부를 압박해 절대군주제를 옹호하는 신문들을 폐간시켰고, 공정가격제와 징집 및 징발 등을 시행했다. 더 나아가 인민재판소 및 감시위원회 설치, 선서거부파 성직자들 추방, 종교의식 금지 등이 담긴 법령들을 통과시켰다. 한편, 오스트리아-프로이센 연합군에 의해 프랑스의 베르됭이 함락됐다. 수도인 파리마저 위험할 수 있다는 위기감이 고조되자 프랑스 의용병들은 더욱 늘어났다. 조만간 뒤무리에와 켈레르만 장군이 지휘하는 프랑스군이 파리를 목표로 진격하는 프로이센군을 막기 위해 출병할 태세였다. 그런데 파리에서 심상치 않은 소문이 나돌았다. 프랑스군이 출병한 후, 혁명 과정에서 수감됐던 반혁명분자들이 탈옥해 집단적으로 반기를 들 수도 있다는 것이었다. 확실하지 않은 소문이었지만, 정부와 시민들은 프랑스군이 출병하기

전에 반혁명분자들을 제거하기로 결정했다. 1792년 9월, 시민들은 모든 감옥을 돌아다니며 반혁명분자 및 반혁명분자로 의심되는 사람들을 즉결심판을 거쳐 숙청했다. 또한 프랑스 전역에서 반혁명 용의자들을 체포했고 모든 용의자들을 약식 재판을 거쳐 처형했다. 이때 숙청된 사람들은 최대 약 1만 5000명으로 추정된다.

후환을 제거한 프랑스군은 마침내 오스트리아-프로이센 연합군과 전투를 벌이기 위해 출병했다. 9월 20일, 두 군대가 조우한 곳은 파리와 베르됭의 중간 지대에 있는 '발미'였다. 4만7000여 명의 프랑스군과 3만5000여 명의 오스트리아-프로이센 연합군이 일대 격전을 벌였다. 전투는 조국을 지키겠다는 일념 하나로 중무장한 프랑스군이 점점 유리해졌다. 결국 프랑스군이 승리했고, 오스트리아-프로이센 연합군은 국경을 넘어 퇴각했다. 이는 프랑스군의 첫 번째 승리였다. 이후 사기가 드높아진 프랑스군은 "혁명 정신을 널리 퍼트린다"라는 명목 하에 다른 국가들을 대대적으로 침공했고, 벨기에 병합 등 적지 않은 성과를 거뒀다.

발미 전투와 거의 비슷한 시기에, 파리에서는 국민공회를 구성하기 위한 선거가 실시됐다. 선거는 재산이나 소득 규모와 관계없이 모든 남자에게 선거권이 주어지는 보통선거로 실시됐다. 그 결과 총 749명의 새 의원들이 선출됐고 국민공회가 출범했다. 국민공회는 9월 21일 군주제를 완전 폐지하고 공화정을 선포했다. 이로써 '프랑스 제1공화국'이 수립됐다. (매우 시의적절하게도, 발미 전투의 승리는 프랑스 공화정의 출발에 큰 도움을 줬다.) 초기 국민공회를 주도한 세력은 지롱드파였다. 이들은 자코뱅파와 대비되는 온건파에 속했다. 공정가격제를 거부하고 경제 자유주의를 표방했으며 비상 재판소를 폐지했다. 아울러 루이 16세에 대한 관대한 처분을 선호했다. 당시 자코뱅파와 수많은 시민들은 왕가가 적군과 내통했기 때문에 사형에 처해야 한다고 주장했다. 이에 대해 지롱드파는 이미 국왕이 폐위돼 쓸모없는 존재가 된 만큼, 굳이 사형에까지 처할 필요는 없다고 주장했다. 지롱드파가 국민공회의 주도권을 쥐고 있었기에 루이 16세 등은 목숨을 부지할 수 있을 것으로 전망됐다. 하지만 머지않아 반전이 일어났다.

공포정치

국민공회에서의 권력 구도가 점차 변화하기 시작했다. 로베스피에르, 장 폴 마라, 당통이 중심이 된 자코뱅파가 소시민, 노동자, 상퀼로트 등의 지지를 기반으로 득세했다. 이들은 커지는 힘과 여론을 등에 업고, 루이 16세를 혁명 재판에 회부할 것을 강하게 주장했다. 특히 자코뱅파의 거두가 된 로베스피에르는 전면에 나서서 루이 16세 처형을 외쳤다. 그는 "프랑스가 살기 위해선 루이가 죽어야 한다. 평화롭고 자유로운 나라에서 존중을 받는 인민들이라면 당신들(사형에 반발하는 세력)이 말하는 대로 관대한 자비를 베풀 수 있을 것이다. 그러나 이만큼 참혹한 전투와 희생을 치르고 여전히 자유를 위해 투쟁 중인 인민, 법이 완성되지 않은 인민, 폭정이란 죄를 어찌 처리할지 여전히 논란 중인 인민, 이러한 인민들은 복수를 부르짖고 있다"라고 말했다. 전쟁이 한창일 때, 루이 16세가 프랑스 정부와 시민들을 배신했다는 (확인되지 않은) 증거들도 많이 제출된 상태였다. 국왕의 마지막 지킴이 구실을 했던 지롱드파는 예전과 같은 힘을 행사하지 못하고 있었다.

결국 1793년 1월 14일 루이 16세의 처형과 관련한 찬반 투표가 실시됐다. 투표 결과는 의외로 팽팽했다. 투표 인원 총 721명 중 즉시 처형 361표, 처형 판결에는 찬성하되 집행유예 26표, 처형 반대 및 종신 금고형 319표, 기권 15표였다. 집행유예 26표를 처형 반대표로 의결하면 처형 찬성 361 대 처형 반대 360이었다. 애매한 상황이었기 때문에, 4일 뒤에 집행유예와 관련한 투표가 다시 실시됐다. 바로 여기에서 루이 16세의 운명이 갈렸다. 투표 결과, 집행유예 없음으로 의결됐고 루이 16세의 처형이 확정됐다. 1월 21일, 루이 16세는 2만 명의 시민들이 지켜보는 가운데 파리의 혁명 광장에 있는 단두대에 올랐다. 단두대 앞에서 그는 매우 의연한 태도를 유지한 것으로 알려졌다. 마지막 말은 "짐의 피가 프랑스 국민들의 행복을 강화할 수 있기를 희망한다"였다. 앞서 가족들에게는 "내가 죽더라도 절대로 복수는 생각하지 말라"라고 말했다. 이때 시민들은 처형장에 손수건을 들고 나왔는데, 이유는 왕의 피를 묻혀가기 위해서였다. 목이 잘린 루이 16세의 시신은 마들레느 묘지에 비밀리에 안장됐다.

루이 16세 처형 소식은 즉각적으로 유럽 전역에 퍼졌다. 일개 평민들이 봉기를 일으켜 국왕을 폐위시키고 공화국을 세운 것도 모자라 목까지 자른 것은, 모든 유럽 국가들을 큰 충격에 빠뜨렸다. 자연스레 위기감을 갖게 된 수많은 유럽 군주들은 프랑스 혁명을 적대시하게 됐다. 이에 따라 영국, 스페인 등 11개국이 '대불 동맹'을 결성했다. 프랑스 혁명 정신 유입을 차단하기 위해, 프랑스 혁명 정부를 무력으로 굴복시킬 필요가 있었던 것이다. 유럽에서 공공의 적이 된 프랑스 혁명 정부는 공격적이고 담대하게 맞섰다. 당통은 "유럽의 군주들이 감히 우리에게 맞서겠단 말인가? 그들의 발 밑에 군주의 모가지를 대신 던져주겠다"라고 경고했다. 다만 실제로 전황은 매우 좋지 못했다. 오스트리아―프로이센 연합군과의 전쟁에서처럼, 프랑스군은 초반에 연이어 패배했다. 다급해진 혁명 정부는 강제 징병령을 발동했다. 하지만 엎친 데 덮친 격으로, 이번에는 내부 문제가 발생했다. 3월에 방데 지역을 중심으로 왕당파 농민들이 반란을 일으킨 것이다. 이처럼 전례가 없는 국가적 위기는 로베스피에르의 자코뱅파가 권력을 완전히 장악할 수 있게 만들었다. 시민들은 물론 국민 공회 내부에서도 유약한 지롱드파가 아닌 강경한 자코뱅파가 프랑스를 이끌어야 한다는 여론이 다수를 형성했다. 더욱이 지롱드파 계열 뒤무리에 장군의 쿠데타 음모가 발각됐고, 12인 위원회의 실책으로 적지 않은 의원들이 제명됨에 따라 지롱드파는 사실상 무력화됐다.

　권력을 잡은 로베스피에르 주도로 혁명의 최종적 승리를

위한 '공안위원회'가 창설됐다. 우선 공안위원회는 방데 반란 진압을 위해 정규병을 파견, 숄레와 르망을 탈환하고 사브네에서 대승을 거뒀다. 그런데 이때 진압을 하는 과정에서 무차별적인 학살이 자행됐다. (사실상 이때부터 공포정치가 본격적으로 시작된 것으로 볼 수 있다.) 임산부와 노약자, 갓난아기까지 포함해 최소 30만 명에 달하는 사람들이 반혁명분자라는 죄목을 뒤집어쓰고 학살된 것으로 추정된다. 다만 방데 학살은 로베스피에르가 주도한 것은 아니며, 되레 그는 방데 학살을 책망했다고 전해진다. 공안위원회는 효과적인 전쟁 수행을 위해 다양한 정책도 취했다. 국민총동원을 표방하는 징병제를 실시했고, 병사들과 간부들에게 능력 및 실적에 따른 승진 기회를 제공했다. 공안위원회 소속 의원들이 최전선에 나가 군대의 사기를 드높이는 역할도 수행했다. 경제적으로는 최고가격제를 도입, 효과적인 경제적 통제를 실시했다. 이러한 노력으로 인해 프랑스는 전황을 반전시킬 수 있었다. 크게 불어난 프랑스군은 많은 전선에서 승리했고, 외국을 점령하기도 했다. 기실 프랑스군은 이때부터 나폴레옹 시대까지 유럽에서의 최강군 지위를 유지하게 된다.

한편, 로베스피에르는 암담한 프랑스의 상황을 개선시키

기 위한 주요 수단으로 공포정치를 적극 도입했다. 지속적으로 불안한 정세를 극복하기 위해선, 일정 기간 공포에 기반을 둔 강력한 정치가 필요하다고 판단했다. 공안위원회, 보안위원회, 혁명재판소 등의 기관들이 공포정치의 최일선에서 무자비한 역할을 수행했다. 상술한 방데 학살은 공포정치의 시작이었고 머지않아 전방위적으로 뻗어나갔다. 확실한 반혁명분자는 물론 반혁명 혐의가 뚜렷하지 않은 사람들까지 강압적인 자택 수색 및 체포의 대상이 됐다. 밀고자들에게는 후한 포상금이 지급됐기 때문에 사회 곳곳에서 근거 없는 고발이 난무했다. 프랑스에 있는 시민들 '누구나 언제 어디서든' 체포될 수 있었고, 이에 대한 두려움과 공포가 온 사회를 짓눌렀다. 체포된 사람들은 재판 같지도 않은 약식 재판을 거친 후 신속히 형을 확정 받았다. 1794년 6월에 제정된 '프레리알 22일 법'으로 인해 법률조력, 증인심문, 변론 등은 폐지된 상태였다. 최종 판결은 오로지 두 개, 무죄 아니면 처형이었다. 법에 의한 보호, 신체의 자유 등을 담은 '인권 선언'은 그저 휴지조각이나 다름없었다. 로베스피에르 집권 1년여 동안 파리에서만 무려 30만 명이 체포됐고, 약 1만5000명이 처형됐다. 이때 처형된 유명 인사들은 왕비인 마리 앙투아네트, 오를레앙 공작, 지롱드파 지도자들 등이었다.

자코뱅파 내부도 로베스피에르가 주도한 공포정치의 광풍에서 자유로울 수 없었다. 구체적인 표적은 한때 로베스피에르의 동지였던 당통파와 에베르파였다. 사실상 정적들 제거가 공포정치의 또 다른 의도였던 것으로 보인다. 로베스피에르는 프랑스 동인도 회사를 청산할 때 발생한 부패 혐의를 이유로, 당통과 그의 측근들을 단두대로 보내버렸다. 매우 급진적인 혁명주의자였던 에베르 및 관련 인사들도 가혹하게 처형했다. 이를 통해 로베스피에르는 권력 기반을 공고히 하며 '1인 독재'에 가까운 정치를 행했다. 종합적으로 살펴봤을 때, 당시의 공포정치는 혼란스러웠던 프랑스 내부를 어느 정도 정리하는 효과를 거뒀다. 그러나 숙청이 무분별하게 남발됨에 따라 부작용이 나타나게 됐고, 로베스피에르는 매우 난처한 상황에 처하게 된다.

테르미도르 반동

로베스피에르와 공안위원회 등의 활약으로 프랑스는 국가적 위기에서 벗어날 수 있었다. 이때까지만 해도 정치적으로 크게 성공한 로베스피에르의 앞날에 장밋빛만이 가득할 것으로 전망됐다. 하지만 역설적으로 비교적 안정화된 정국이 로베스피에르의 발목을 잡았다. 대다수 시민들과 의원들은 더 이상 공포정치의 필요성을 느끼지 못했고 피로감만 누적돼 있었다. 자연스레 로베스피에르에 대한 반감이 증폭됐다. 이러한 모습은 한때 로베스피에르와 함께 공포정치를 행했던 사람들 사이에서도 나타났다. 설상가상으로 로베스피에르의 강력한 우군이었던 (상퀼로트 등이 기반이 된) 혁명군은 전쟁으로 인해 국내에 부재한 상황이었다.

상황이 불리하게 돌아가는 가운데 로베스피에르는 1794년 7월 국민공회에서 자충수가 되는 연설을 했다. 내용은 또다시 공포정치를 야기하는 것이었다. 그는 "국민공회 안에 반혁명분자가 있으니, 이들을 색출해 처단해야 한다"라고 주장했다. 그런데 문제는 국민공회를 대놓고 언급해 현장에 있던 공회 의원들의 불만과 불안감을 증폭시켰고, 반혁명분자가 구체적으로 누구인지 명확히 밝히지 못했다는 것이다. 이미 과도한 숙청에 대한 반감이 최고조에 달했던 일부 의원들은 참지 않고 단상으로 뛰쳐나왔다. 장랑베르 탈리앵은 "어제도 그저께도 이러한 고발을 들어야 했다. 오늘도 어김없이 의원들에 대한 중상과 모략이 이어지고 있다. 이 자는 지칠 줄도 모르고 동료들을 공격한다. 그리고 이 나라에 재앙을 가져오고 있다. 끝이 보이지 않는 늪 속으로 떨어뜨리고 있다. 나는 감히 제안한다. 이 사악한 음모의 장을 이제 그만 걷어치워 버리자"라고 외쳤다.

탈리앵의 외침은 상당한 효과를 거뒀다. 뒤이어 수많은 의원들이 들고일어나 로베스피에르를 비난하며 "반혁명분자가 누구인지 제대로 밝혀라"라고 소리 질렀다. 국민공회는 순식간에 아수라장이 됐다. 위기감을 느낀 로베스피에르는 일단 회의장을 빠져나와 파리코뮌 등에 지원을 요청했다. 그런데 무슨 연유에서인지 적시에 지원이 이뤄지지 않았다. 그 사이에 '반 로베스피에르' 세력이 신속하게 결성돼 행동에 나섰다. 여기에는 지롱드파는 물론 자코뱅파 및 공안위원회 소속 의원들까지 포함돼 있었다. (자코뱅파 및 공안위원회 소속 의원들은 로베스피에르가 오래가지 못할 것이라고 판단해 기회주의적인 행태를 보였다.) 결국 이들이 중심이 돼 국민공회에서 로베스피에르 및 그 측근들에 대한 고발과 체포안 통과가 이뤄졌다. 로베스피에르는 일단의 군사들이 자신을 체포하러 온다는 소식을 듣자 "공화국은 망했다"라고 외쳤다. 더욱이 과거에 함께 했던 사람들이 배신했다는 점에 크게 분노를 한 것으로 전해진다. 바깥에서 로베스피에르를 옹호하는 세력이 움직이긴 했지만 일사불란하지 못해 빠르게 와해됐다.

좌절한 로베스피에르는 자결을 결심했다. 그는 턱에 총구를 대고 방아쇠를 당겼다. 그러나 실제로 죽지 않았고 턱뼈만 날아가버렸다. 덜렁거리는 턱뼈를 붕대로 고정시킨 채, 로베스피에르는 법정에 서게 됐다. 재판은 공포정치 시기에 행해졌던 방식 그대로였다. 법률조력, 증인심문, 변론 등은 허용되지 않았고, 신속히 사형이 선고됐다. 결국 로베스피에르는 지금껏 본인이 수많은 사람들을 서게 만들었던 그 단두대 앞에 섰다. 사형 집행을 위해 붕대가 풀리자 그의 턱뼈가 다시 덜렁거렸다. 말을 할 수도 없는 상태였기 때문에, 별다른 유언은 없었고 그저 비명만이 울려 퍼졌다. 머지않아 로베스피에르의 목이 단두대에 의해 잘려나갔다. 그의 뒤를 이어 수많은 측근들이 단두대에서 목이 떨어졌다. 일부 측근은 체포되기 전에 자결했다. 한때 프랑스 정계를 주름잡았던 자코뱅파는 사실상 역사의 뒤안길로 사라졌다. 아울러 테르미도르 반동을 계기로 프랑스 대혁명도 종결됐다고 보는 시각이 많다.

국민공회는 1795년에 기존 헌법을 폐기했고, 양원제 의회와 5명의 총재로 구성된 집행부를 규정하는 신규 헌법을 제정했다. 하지만 이 '총재정부'는 프랑스의 산적한 어려움을 해결하기엔 무기력하고 부패했다. 이에 따라 국가적 위기가 다시 조성됐다. 이 즈음에 두각을 나타낸 인물이 바로 '나폴레옹 보나파르트'였다. 국가적 위기 상황은 역설적으로 나폴레옹에게 집권의 길을 열어줬다. 그는 1799년 브뤼메르 18일에 쿠데타를 일으켜 총재정부를 전복시켰다. 이후 '통령정부'를 수립해 제1통령의 자리에 올랐다. 더 나아가 나폴레옹은 1804년 절대군주 정권인 '프랑스 제1제국'까지 수립했다. 이에 따라 프랑스 제1공화국은 10여년만에 막을 내렸다.

숙청의 역사

02

히틀러의 '장검의 밤'

총통의 탄생

나치 돌격대 일거에 숙청한 친위쿠데타 전말

아돌프 히틀러.

"인간은 영원히 강철의 법칙에 따라 반역을 파괴한다. 누군가 '왜 정상적인 재판을 열어 판결을 내리지 않았느냐'라고 우리를 비난한다면, 나는 이렇게 대답할 것이다. 이 순간 나는 독일 민족의 운명에 대해 책임을 지고 있고, 이에 따라 나는 독일 민족의 최고 재판관이었노라고 말이다. 나는 이 반역죄의 주동자들을 사살하라는 명령을 내렸으며, 우리 내면의 우물을 오염시킨 종양을 빨간 살이 보일 때까지 잘라내고 소독하라고 명했다. 그 누구라도 우리 국민들의 존재를 위태롭게 만들고도 벌을 받지 않는 일은 없다는 사실을 알아야 한다. 누구라도 국가를 향해 한방 먹이려고 손을 쳐들었다가는, 더욱 확실한 죽음이 자신의 운명이라는 사실을 알아야 할 것이다."

_히틀러 의회 연설 中

인류 역사상 최악의 사건인 '제2차 세계대전'을 일으키고 수백만명의 유대인들을 학살해 최악의 독재자 반열에 오르내리는 '아돌프 히틀러'. 그는 처음에는 평범하기 그지없던 미술 학도였다. 그러다 '제1차 세계대전' 등 거센 파고를 겪으며 한 작은 정당(나치당)의 정치인으로 변모했다. 머지않아 국민들의 마음까지 얻어 일약 '전국구 스타'로 떠올랐다. 이것이

단기간에 가능했던 것은 히틀러의 탁월한 '연설' 능력이 상당한 효과를 발휘했기 때문이다. 그는 1차 세계대전에서 패배해 어려움에 허덕이던 독일 국민들의 부정적인 감정에 적극적으로 감응했다. 보다 구체적으로 살펴보면, 국민들의 패배감, 불안, 분노의 감정을 이용하며 유대인과 서방국가 등 공격 대상을 끊임없이 설정했다. 다음으로 표적에 대응해 국민들의 총체적인 단결을 강조하며 지지세를 대폭 끌어올렸다. 1929년에 불어닥친 '세계 경제 대공황'은 이 같은 히틀러의 전략에 날개를 달아줬다. 이후 계속된 선거 승리를 통해 나치당은 의회 1당으로 자리매김했고, 히틀러는 총리 자리를 거머쥐었다. 나아가 과감한 움직임을 통해 입법부의 권한까지 탈취하면서 '1당 독재체제'를 구축했다. 불행한 역사적 사건과 국민들의 부정적인 감정을 먹고 자란 한 '괴물'의 탄생이었다.

다만 히틀러가 권력의 최정점, 즉 '총통'의 자리까지 올라가려면 넘어야 할 마지막 산이 있었다. 바로 극단적으로 좌편향된 '돌격대'였다. 한때 히틀러는 돌격대와 한 몸이었고, 사실상 돌격대의 도움이 없었다면 권력을 잡는 게 불가능했을 정도였다. 그럼에도 (과거 친구였던 '에른스트 룀'의 영향하에 있는) 돌격대는 급진적인 좌파 노선을 내세우며 히틀러를 곤경에 빠뜨렸기 때문에, 이에 대한 정리가 반드시 필요했다. 그래서 1934년 히틀러의 친위쿠데타, 일명 '장검의 밤' 사건이 발생했다. 과거의 친분과 앞으로의 활용 가능성이 충분함에도, 히틀러와 친위대는 절대권력을 향한 집념 하나로 매우 신속하게 룀과 돌격대를 숙청했다. 일각에서 명백한 불법 행위라는 비판이 있었지만 전혀 개의치 않았다. 대다수 국민들은 히틀러와 친위대의 행동에 절대적인 지지를 보내며 힘을 실어줬다.

이를 계기로 히틀러는 '절대권력자'의 반열에 올라섰다. 국내를 완전히 장악한 그는 이제 국외로 시선을 돌렸다. 오래전부터 생각했던 게르만 민족의 영토 확장을 노골적으로 표방하며 전쟁 준비에 박차를 가했다. 2차 세계대전의 서막이 열린 것이다. 우리는 본편을 통해 돌격대 숙청 전말과 더불어 분노의 집단화와 전체주의, 마녀사냥식 폭력의 발현이 얼마나 끔찍한 비극을 초래할 수 있는지를 목도한다. 히틀러와 나치당은 인간의 내면 깊숙이 존재하는 가장 악한 본성을 극한으로 끌어올려 이와 같은 비극을 만들어냈다. 그들의 잘못된 유산은 현재 전 세계인들에게 반면교사가 되고 있지만, 다른

숙청의 역사

한편에선 '신인종주의' 출현 등 여전히 심대한 악영향을 미치고 있다. 권력의 최정점에 오르게 함은 물론, 추후 광기에 찬 전쟁까지 가능하게 만들었던 중대한 단초. 히틀러의 '장검의 밤' 사건과 집권 과정 전말을 되돌아봤다.

미술 학도에서 정치인으로

1889년, 오스트리아-헝가리 제국의 브라우나우암인이라는 도시에서 평범한 세관원의 아들로 태어난 히틀러는 자라면서 화가가 되겠다는 소망을 가졌다. 꿈 많은 미술 학도였던 그는 오스트리아 최고의 미술 학교인 빈 미술 아카데미에 입학하기 위해 줄기차게 입학 원서를 제출했다. 그러나 번번이 낙방했다. 이후 독일에 건축을 공부하러 간 히틀러는 그 당시 잘 나가던 독일 제국의 위용에 흠뻑 빠졌다. 비스마르크의 통일 이래, 독일은 유럽은 물론 전 세계에서 손꼽히는 강대국으로 성장했다. 히틀러는 건축 공부는 뒷전으로 미룬 채, 독일 민족의 역사 등을 다룬 서적들을 탐독했다. 이런 가운데 1914년 7월 '제1차 세계대전'이 발발했다. 히틀러는 전쟁 발발 직후 바이에른 16 보병 연대에 자원입대했다. (오스트리아에 있을 땐, 군 입대를 거부했다.) 오스트리아가 아닌 독일을 진정한 마음의 조국으로 여기던 그는 비로소 독일에 봉사할 수 있는 기회가 왔다고 판단했다. 애국심이 매우 컸던 만큼 히틀러는 전장에서 맹활약을 펼치며 철십자 훈장을 두 번 받기도 했다. 하지만 독일은 전쟁에서 미국, 영국, 프랑스 연합군에게 참패해 패전국이 됐다. 히틀러는 눈물을 흘리며 크게 좌절한 것으로 전해진다.

히틀러에게 중요한 변화가 찾아온 것은 1919년 9월이었다. 아직 군대에서 복무 중이던 그에게 군 정보작전참모부에서 지시가 내려왔다. 전후의 혼란이 들끓는 가운데 발생한 한 민족주의 운동을 현장 조사해 보라는 것이었다. 그렇게 히틀러는 독일 뮌헨의 한 맥주홀에서 '독일 노동자당'과 운명적인 조우를 했다. 이 정당은 (독일 패전 이후 출범한) 바이마르 공화국의 초기 혼란과 정치적 자유 등의 영향으로 곳곳에서 난립하던 기타 군소 정당들 중 하나였다. 기실 이름만 정당이지 실질적인 능력은 별로 없는, 불만 많은 사람들의 모임 정도에 불과했다. 당원 수도 수십 명에 지나지 않았기 때문에 웬만한 군소 정당보다도 당세가 미약했다. 그런데 조사하러 간 히틀러는 의도치 않게 '즉석연설'을 하게 됐다. 패전 이후 독일 민족이 나아가야 할 방향성 등과 관련, 자신의 생각을 거침없이 내뱉었다. 연설 능력은 기대 이상이었고, 이에 대한 현장 반응도 매우 좋았다. 독일 노동자당 당원들은 히틀러를 열렬히 환영했다. 그는 이 자리에서 자신의 적성을 발견했으며, 앞으로 군대에서 나와 정당 활동을 하기로 결심했다. 곧 당원증도 발급받았다. 번호는 555번이었다.

이후 히틀러는 당의 지도위원 및 선전부 책임자로 일했다. 여기저기에서 주특기인 연설 능력을 가감 없이 뽐내며 이름을 널리 알려나갔다. 그런데 어느 순간 히틀러는 자신이 속한 정당에 뚜렷한 변화를 줄 필요가 있다고 생각했다. 이에 정당 명칭을 '국가 사회주의 독일 노동자당', 축약해 '나치당'으로 교체했다. 아울러 25개 조항으로 된 나치당의 강령을 발표했다. 대표적인 조항으로 '베르사유 조약' 파기, 민주공화제 타도 및 독재정치 시행, 민족주의 및 반유대주의 지향 등이 있었다. 강령에 대한 독일 국민들의 반응은 매우 우호적이었다. 특히 베르사유 조약 파기는 국민들의 환심을 사기에 충분했다. 1차 세계대전에서 패배한 독일은 베르사유 조약이라는 거대한 짐을 짊어졌다. 연합국은 패전의 대가로 독일이 감당하기 힘든 전쟁 배상금 지불을 요구했고, 앞으로 재무장을 하거나 군비를 증강할 수 없다고 못 박았다. 최악의 경제난에 더해 막대한 전쟁 배상금까지 있는 한, 독일 국민들은 시련의 늪에서 빠져나오기 어려웠다. 이 같은 상황에서 히틀러라는 인물이 혜성처럼 등장해 조약을 휴지통에 던져버리겠다고 했으니 박수를 칠만도 했다.

시간이 갈수록 히틀러의 인기는 높아졌다. 덩달아 그의 자신감도 높아졌다. 이런 가운데 히틀러에게 큰 감명을 주는 사건이 발생했다. 이탈리아에서 베니토 무솔리니와 파시스트당이 '로마 진군'이라는 무혈 쿠데타를 성공시킨 것이다. 히틀러는 자신과 성향이 비슷한 무솔리니의 성공을 목도한 후 자신도 이와 비슷한 일을 해낼 수 있다고 확신했다. 쿠데타를 감행해 바이마르 공화국을 전복시키고 독일의 권력을 손에 쥘 요량이었다. 1923년 11월, 히틀러는 600여 명의 무장돌격대와 함께 뮌헨의 맥주홀에서 폭동을 일으켰다. 하지만 히틀러의 생각과 달리 쿠데타는 금세 실패했다. 쿠데타 계획 자체의 엉성함과 중앙정부의 압박에 못 이긴 바이에른주 관료들의 비협조가 악영향을 미쳤다. 자결 시도까지 했던 히틀러는 반역죄로 경찰에 체포돼 란츠베르크 감옥에 갇혔다. 그런데 이 사건은 히틀러를 일약 '전국구 스타'로 만드는 결정적 계기가 됐다. 국민들은 바이마르 공화국에 불만이 쌓여있었고, '이를 변혁하기 위해 폭동까지 단행할 정도로 과단성이 있는'

숙청의 역사

히틀러에게 매료됐다. 그가 갇혀있는 감옥에 수많은 응원의 편지가 오기도 했다. 국민들 뿐만 아니라 재판을 하는 판사들도 히틀러에게 호감을 가졌다. 재판 당시 히틀러는 현재 독일의 문제점과 향후 나아가야 할 방향성 등에 대해 거침없이 이야기했다. 이의 영향으로, 반역죄가 중죄였음에도 불구하고 히틀러는 징역 5년이라는 매우 가벼운 형량을 선고받았다. (실제로는 9개월만 복역했다.)

한편 히틀러는 감옥에 있을 때 『나의 투쟁』이라는 자서전을 집필했다. 쿠데타 실패로 와해될 위기에 처한 나치당을 재결집시키고, 국민들에게 자신의 비전을 명확히 보여주기 위해서였다. 책 곳곳에는 히틀러의 위험한 정치관이 적나라하게 기록돼 있다. 특히 그는 게르만 민족의 생존권을 동방으로 확장해야 한다고 강조했다. 사실상 이때부터 '독일-소련 전쟁'은 예고된 것이나 다름없었다. 그리고 유대인 제거 등 인종주의 정책을 노골적으로 표방했다. 객관적으로 봤을 때 히틀러의 책은 품질이 매우 떨어지는 것이었지만, 수많은 국민들은 그의 책 내용에 공감하고 환호할 뿐이었다.

권력의 중심부를 향해
히틀러는 출소 후 잠시 휴식을 취했다. 그런 다음 당을 재건하고 권력을 쟁취하기 위해 다시 정치판으로 뛰어들었다. 이전처럼 그는 여러 지역에서 탁월한 연설 능력을 발휘하며 명성을 떨쳤다. 이쯤에서 히틀러 연설의 특징에 대해 살펴볼 필요가 있다. 우선 논리보다 '감정'에 호소했다. 문제의식을 일으키는 자극적인 단어들을 많이 사용하면서 말이다. 그리고 나보다는 '우리'라는 화법을 자주 사용했다. 하나로 단합된 우리가 적대 세력에게 대항해야 한다고 강조했다. 적대 세력으로 지목된 것은 (히틀러가 보기에) 독일 국민들을 힘들게 만드는 유대인, 공산주의자, 반나치주의자, 서방 국가 등이었다. 이에 따라 국민들의 일체감 및 연대감이 효과적으로 형성됐다. '연설의 흐름'도 눈여겨봐야 한다. 연설 도입부에서는 어김없이 위기 상황을 제시했다. 그러다가 중반부에 가서는 적대 세력에 대한 비방과 분노를 쏟아냈다. 끝으로 후반부에서는 공동체 의식과 적극적인 동참을 이끌어내며 마무리했다. 결국 패배감과 불안, 분노에 사로잡혀 있는 국민들의 부정적인 감정에 적극 감응하고, 유대인과 공산주의자 등 끊임없이 공격해야 할 대상을 찾아낸 후 국민들의 단합된 공격을 유도한 것이 특기할 만한 점이다. 국민들의 가려운 곳을 적시에 긁어주는 격이었다고도 할 수 있다. 여기에 히틀러 특유의 '제스처'까지 첨가되면서 연설의 효과는 극대화됐다. 이로 인해 히틀러의 인기는 날이 갈수록 높아졌고 나치당과 돌격대의 힘도 점점 커졌다.

　다만 독일 정계를 뒤흔들 만큼 확실한 주도권을 갖는 것은 아직 요원한 상황이었다. 이런 가운데 히틀러와 나치당에게 천운을 안기는 거대한 사건이 발생했다. 바로 1929년 검은 목요일로 시작된 '경제 대공황'이다. 전 세계의 경제가 순식간에 나락으로 떨어졌다. 물론 독일도 예외가 아니었다. 과거에 비해 경제가 조금씩 나아지고 있었는데, 이제 다시 원점으로 돌아갔다. 히틀러와 나치당은 이것이 권력을 잡을 수 있는 절호의 기회라고 판단했다. 부정적인 감정에 더욱 적극적으로 감응하면서 수많은 국민들을 자신들 쪽으로 끌고 왔다. 이의 결과는 1932년 7월에 가시적으로 나타났다. 당시 독일 국가의회 선거에서 나치당은 37%를 득표하며 역사상 유례가 없는 대승을 거뒀다. 그러나 아직 권력을 완전히 장악한 것은 아니었다. 의회 과반수를 확보하지 못했기 때문에 다른 정당들과 '연정'을 해야만 했다. 나치당 내 좌파는 사회당과의 연정을 주장했다. 히틀러는 좌파는 물론 그 누구와도 손을 잡지 않겠다고 밝힌 후, 힌덴부르크에게 자신을 총리로 지명해 줄 것을 요청했다. 하지만 히틀러를 불신했던 힌덴부르크는 이 요청을 거부했다. 이후에도 히틀러는 연정이 아닌 단독 집권을 추구했다. 단기간에 의회에서 큰 세력을 형성한 만큼, 추후에 치러질 선거에서 과반수 이상의 의석을 확보해 단독 집권이 가능할 것이라고 전망했다.

하지만 이 같은 전망은 보기 좋게 빗나갔다. 그해 11월에 치러진 선거에서 나치당은 고전을 면치 못했다. 득표율은 이전보다 더 떨어진 33%였다. 당시 독일 경제가 조금씩 회복세를 보이고 있었고, 히틀러의 공격적인 모습에 회의감을 느낀 일부 유권자들이 떨어져 나간 탓이었다. 반면 사실상 집권당이자 보수 정당인 독일 국가인민당은 지지율이 높아지고 있었다. 이 와중에 내각에도 큰 변화가 찾아왔다. 군부의 지지를 얻은 '쿠르트 폰 슐라이허'가 '프란츠 폰 파펜'을 6개월 만에 총리직에서 끌어내리고 새로운 총리가 됐다. 슐라이허는 여전히 의회 1당이었던 나치당의 지지를 확보하려고 노력했다. 그는 히틀러에게 부총리를 주겠다고 제의하기도 했다. 그러나 히틀러와 나치당은 계속 부정적으로 나왔다. 이에 슐라이허는 나치당 내에서 히틀러의 경쟁자로 여겨졌던 그레고어 슈트라서와 결탁, 나치당 분열을 획책했다. 하지만 이 계획은 사전에 발각돼 무산됐다. 이로 인해 궁지에 몰린 슐라

숙청의 역사

이허는 힌덴부르크에게 의회를 해산하자고 주장했다. 이마저도 힌덴부르크의 반대로 무산됐다. 결국 슐라이허는 1933년 1월 바이마르 공화국의 최단명 총리라는 불명예를 안고 사임했다.

슐라이허가 물러나자 이번에는 전임 총리였던 파펜이 다시 움직였다. 그는 히틀러에게 접근해 한 가지의 제안을 했다. 히틀러가 총리를, 자신이 부총리를 하자는 것이었다. 대신 연립내각에 나치당 각료는 총리를 포함해 3명으로 한정했다. (빌헬름 프리크가 내무장관, 헤르만 괴링이 무임소장관을 맡았다.) 아울러 파펜은 국가인민당의 후겐베르크와도 만나 우파 연립내각에 참여하라고 설득했다. 히틀러는 파펜의 제안을 수용했다. 그런데 최종 결정권자였던 힌덴부르크는 파펜이 해당 사안을 들고 오자 매우 탐탁지 않게 여겼다. 여전히 히틀러를 불신했기 때문이다. 파펜은 정치공학을 들이밀며 힌덴부르크를 설득했다. 최근에 보면 나치당의 지지율이 하락하고 있고, 연립내각에 나치 각료는 3명에 불과하므로 히틀러가 총리를 맡더라도 힘이 별로 없을 것이라고 말했다. 고령의 힌덴부르크는 파펜의 현란한 설득에 넘어갔다.

히틀러는 그토록 바라던 총리 자리를 얻기는 했지만 불안정한 집권이었다. 언제든 보수파가 다른 마음을 품고 이탈한다면 히틀러 정권은 무너질 판이었다. 실제로 파펜과 보수파는 히틀러의 약점을 간파하고 있었고, 이를 이용해 막후에서 히틀러를 조종할 수도 있다고 판단했다. 그러나 히틀러는 그렇게 호락호락한 인물이 아니었다. 그는 보수파의 허를 찔렀다. 집권하자마자 힌덴부르크를 찾아간 히틀러는 의회 해산과 총선거 실시를 요구했다. 무슨 연유에서인지, 힌덴부르크는 이를 수용했다. 그 즉시 나치당은 선거운동에 돌입했는데, 이는 매우 폭력적인 방식으로 진행됐다. 좌파 정당의 집회에 물리적인 탄압을 가했고 중도 정당 후보들을 위협했다. 이런 상황에서 히틀러와 나치당에게 날개를 달아주는 사건도 발생했다. '제국의회 의사당 방화 사건'이었다. 방화범은 네덜란드 출신의 전 공산주의자 루베였다. 24세의 이 청년은 파시스트에 저항하는 독일 노동자들을 위해 방화를 했다고 주장했다. 단순범에 불과했지만 건수를 잡았다고 판단한 나치당은 이를 부풀렸다. 루베 뒤에 국제공산주의 조직인 '코민테른'과 독일 공산당이 있다고 억지를 부렸다.

히틀러는 다시 힌덴부르크를 찾아가 대통령의 긴급명령권을 발동, '제국의회 방화포고령'을 내리자고 건의했다. 힌

숙청의 역사

덴부르크도 동의했다. (힌덴부르크는 정국 혼란에 과감하게 대처하는 히틀러를 보면서, 그동안의 불신을 거둬들인 것으로 보인다.) 해당 포고령은 바이마르 헌법이 보장하는 국민의 기본권을 제한하는 내용을 담고 있었다. 이로써 집회 금지, 반정부 인사 체포 및 탄압 등이 가능한 법적 근거가 마련됐다. 국민들은 기본권이 제한됨에도 불구하고, 나치당의 기만 전술에 속아 넘어가 대체로 포고령을 지지하는 모습을 보였다. 이후 나치 돌격대는 백주대낮에 히틀러에 반하는 인사들을 마음대로 체포하거나 구타했다. 심지어 죽이기까지 했다. 1933년 3월 5일, 바이마르 공화국의 모든 정당이 참가하는 마지막 총선거가 실시됐다. 공포 분위기 속에 치러진 선거에서 나치당은 43.9%의 득표율을 올렸다. 의사당 방화 사건의 영향으로 이전보다 더 높은 득표율을 올렸고, 보수파에게 휘둘리지 않는 안정적인 정치 기반도 마련했다. 다만 여전히 과반의석 확보에는 실패했다. 이에 히틀러는 기세가 한풀 꺾인 독일 국가인민당을 끌어들여 과반의석을 확보했다.

이제 히틀러와 나치당은 더욱 노골적으로 마각을 드러냈다. 바로 '전권위임법', 다른 말로 '수권법'을 제정하기로 의결한 것이다. 이 법은 입법부가 행정부에 입법권을 위임해 행정부가 입법권까지 행사하게 하는 초유의 법이었다. 사실상 강제적인 정당 해산이 가능해져 정당 제도가 붕괴되고, 히틀러와 나치당은 마음대로 법안을 공포할 수 있게 되는 것이었다. 다만 이 법은 헌법을 개정해야 할 사안이었기 때문에, 전체 의석 중 3분의 2가 동의해야만 했다. 이때도 돌격대가 움직였다. 그들은 의사당에 난입해 다른 당의 의원들을 협박하거나 회유했다. 이 와중에도 사민당은 끝까지 반대하는 모습을 보였다. 결국 법안은 가톨릭 중앙당의 지지와 돌격대의 활약 등에 힘입어 의회를 통과했다. 힌덴부르크도 법안에 서명했다. 마침내 무소불위의 권력을 손에 쥔 히틀러와 나치당은 수많은 정당 및 조직들을 해산하기 시작했다. 공산당이 해산됐고 사민당도 해산됐다. 지방의회도 해산됐고 노조 활동도 금지됐다. 각종 단체와 조합들이 나치당의 하부조직이 됐다. 1933년 중반에 이르렀을 때, 독일에서 제대로 된 정당은 사실상 나치당 하나뿐이었다.

돌격대의 부상

히틀러 세력이 집권하는 과정에서 눈여겨봐야 할 것은 돌격대의 존재였다. 이들은 중요한 순간마다 과격한 방식을 기반으로 맹활약을 펼치며 히틀러의 집권에 크게 기여했다. 초창기 돌격대는 군 장교 출신들이 지휘부에 있었고, 나치당 산하 조직이 아닌 히틀러의 개인 사병집단이었다. 히틀러의 연설이나 나치당 행사 때, 외부의 공격을 방어하기 위한 경호 조직으로 시작했다. 히틀러가 뮌헨 폭동으로 감옥에 있다가 출소한 후 나치당을 재건할 때 돌격대는 나치당 산하로 들어갔다. 그러나 여전히 나치당과는 별개로 독립된 조직처럼 활동했다. 돌격대에 소속된 사람들은 자신들이 진정한 독일제국의 군인이며, 나치당은 민간 조직에 불과하다고 생각했다. 자부심과 자만심이 대단했다. 이를 바탕으로 정치깡패 역할도 서슴없이 수행했다. 반히틀러로 보이는 인사들 및 정당들을 찾아가 테러를 가하거나 패싸움을 벌이기 일쑤였다. 표적이 된 기업들을 겨냥해선 불매운동을 벌이기도 했다.

1930년대 이후 히틀러가 돌격대의 지휘권을 인수함에 따라, 돌격대는 나치당 산하 조직에서 히틀러의 직속 조직으로 재편성됐다. 이때 히틀러는 돌격대 참모장에 에른스트 룀을 임명했다. (참모장이 사실상 돌격대의 수장이었다.) 룀은 오래전부터 히틀러와 각별한 친구 사이였다. 그는 자신을 히틀러와 동급 내지는 2인자라고 생각했으며, 수많은 사람들이 보는 앞에서 히틀러를 '너'라고 불렀다. 룀은 이념적으로 '튀는' 측면도 있었다. 바로 노골적인 사회주의 성향을 갖고 있었던 것이다. 그는 이러한 성향을 여과 없이 돌격대에 주입시켰다. 이에 따라 돌격대는 점점 좌파적인 조직으로 변모해 갔다. 심지어 공산당처럼 노동쟁의에 개입해 노동자의 편을 들었고, 공산당 정치깡패들을 흡수하기도 했다. 그러면서 과격한 좌파 정당의 지지 기반을 잠식해 나갔다. 이는 결과적으로 히틀러의 집권에 기여한 측면도 있다. 한편, 히틀러와 나치당이 권력의 중심부로 나아갈수록 돌격대의 규모도 눈에 띄게 커졌다. 철저히 엘리트 위주의 조직으로 운영됐던 나치 친위대와 달리 돌격대는 나치당원이라면 누구나 가입할 수 있었다. 여기저기에서 제대로 검증되지 않은 사람들이 파리떼처럼 몰려들었다. 히틀러가 권력을 잡기 직전에 돌격대 숫자는 40만 명이었는데, 권력을 잡은 후에는 무려 200만 명까지 급증했다.

급진적인 돌격대, 난관에 처한 히틀러

룀 아래에 있는 돌격대의 문제는 머지않아 표면화됐다. 규모가 커질수록, 돌격대는 오만하게 보일 정도로 급진적인 좌파 노선을 표방했다. 그들은 '제2제국'에 있는 기득권 세력에 대한 철저한 청산을 공언했다. 대상은 자본가, 귀족, 자유주의자, 유대인 등이었다. 아울러 자본 몰수, 산업 국유화, 노동자 지배, 무상 분배 등을 내세우며 '제2의 혁명'을 부르짖었다. 룀과 돌격대는 독일을 이전과는 완전히 다른 국가로 변화시킬 작정이었다. 돌격대는 독일 군부도 손보려고 했다. 그들은 구 프로이센 귀족들이 독일 군부를 주름잡고 있는 만큼 혁명 정신이 크게 떨어진다고 판단했다. 이에 따라 룀은 군부를 돌격대에 편입시킨 후 새로운 군부를 창설하려 했다. 군부 내에서는 일개 정치깡패 집단에게 군부가 예속될지도 모른다는 불안감이 확산됐다. 이밖에 돌격대는 사회 곳곳에서 폭력 사태를 계속 유발했다.

돌격대가 이렇게 나갈수록 히틀러는 난감했다. 그는 집권 과정에서 돌격대와 함께 했지만, 그 이후 돌격대의 급진적인 행보를 매우 탐탁지 않게 여겼다. 히틀러는 기본적으로 좌파 노선과 세력을 경멸했다. 반면 독일의 경제 성장과 영토 확장을 위해, 현실적으로 자본가, 귀족, 군부 등 보수우파 세력과 손을 확실히 잡아야 한다고 생각했다. (히틀러의 이러한 뜻에 화답해 보수우파 세력도 히틀러 정권에 힘을 실어줬다.) 더욱이 돌격대가 정국을 주도해 자신을 제칠 수도 있음을 우려했다. 이런 가운데 히틀러를 더욱 난감하게 만드는 움직임이 나타났다. 돌격대의 행보를 염려한 주변의 수많은 세력들이 히틀러에게 조치를 취하라며 압박을 가했다. 우선 독일 보수의 주류 세력인 자본가와 토지 귀족들이 나섰다. 당시 히틀러 정권을 지탱하는 핵심 세력 중 하나였던 만큼 이들을 안심시키는 것이 급선무였다. 히틀러는 "일부 좌파 세력이 말하는 것처럼 제2의 혁명은 결코 없다"라고 밝혔다. 뒤이어 독일 군부도 나섰다. 기실 히틀러는 군부에 대해 적대감을 갖고 있었지만, 자칫 군부를 적으로 돌렸다간 위험할 수 있었기 때문에 그들의 의사를 무시하지 못했다.

엎친 데 덮친 격으로 독일 정계의 보수파도 히틀러에게 압박을 가했다. 그동안 히틀러 세력의 힘에 짓눌려 있던 보수파는, 돌격대 문제를 빌미로 삼아 히틀러 세력의 힘을 약화시킨 후 정국 주도권을 다시 잡을 수 있을 것이라고 기대했다. 이는 1934년 부총리이자 보수파의 핵심인 파펜의 '마르부르크 대학 연설'로 가시화됐다. 그는 다음과 같이 말했다. "위대한 인물은 선전에 의해서 만들어낼 수는 없다. 국민과의 밀접한 접촉과 결속을 바라는 자는 국민의 이해력을 과소 평가해서는 안 된다. 손에 잡은 고삐 끝에다 국민을 영원히 붙들어 매 놓아서는 안 된다. 긴 안목으로 보면 아무리 그것이 뛰어

숙청의 역사

난 것이라도 조직이나 선전만으로는 신뢰를 유지해 나갈 수 없다. 무력한 국민을 선동하거나 협박하는 것만으로는 신뢰와 헌신을 유지할 수 없다." 히틀러와 돌격대를 정면으로 겨냥한 것이었다. 이에 히틀러와 그의 측근들은 경악을 금치 못했다. 유력한 정치인이 행한 중대한 연설이 사회 각계각층에 미칠 수 있는 파급 효과를 어떻게든 방어해야 했다.

히틀러의 해법은 자세를 완전히 낮추는 것이었다. 그는 파펜의 연설 내용을 국정에 적극 반영할 것이며, 보수파뿐만 아니라 모든 세력의 심기를 건드리는 돌격대 문제를 해결하겠다고 처음으로 공언했다. 이에 대해 룀과 돌격대는 강력히 반발했고 되레 자신들의 힘을 강화하려 했다. 비록 히틀러의 공언이 있었지만 이때까지만 해도 그의 머릿속은 매우 복잡했던 것으로 보인다. 정치적 상황으로 인해 정리 필요성이 다분했음에도, 과거 함께 활동했던 경험과 추후 돌격대의 활용 가능성을 감안할 때 일순간 버리는 것은 쉽지 않았다. (숙청이 아닌 돌격대의 권력 축소를 선호했을 수 있다.) 그러나 히틀러를 최종적으로 결단하게 만드는 몇 가지 사안이 발생했다. 우선 군부가 나치와의 비밀 협상을 통해 돌격대 숙청 시 히틀러의 차기 대통령직 승계를 지지할 것이라고 약속했다. 돌격대와 관련한 해외 주요 국가들의 반응도 영향을 미쳤다. 해외 국가들은 돌격대가 독일 군부를 대신할 것이며, 돌격대가 자국민들에게까지 무자비한 폭력을 행사하는 집단이라고 비판했다. 그리고 가장 결정적으로 힌덴부르크의 경고가 있었다. 그는 돌격대 문제가 해결되지 않을 경우 계엄령 선포 및 군부의 정국 주도 가능성을 시사했다. 이는 히틀러 세력에게 사실상 최후통첩으로 받아들여졌다. 만약 계엄령이 선포된다면, 군사력이 충분히 갖춰지지 않은 히틀러 세력은 속절없이 무너질 판이었다.

장검의 밤

다급해진 히틀러 세력은 본격적으로 움직이기 시작했다. 우선 친위대장인 '하인리히 힘러'는 일부 군부 인사들을 만나 돌격대를 숙청할 수 있는 물리적 수단을 제공해 줄 것을 요청했다. 힘러의 의지를 확인한 군부 인사들은 그의 휘하에 있는 친위대에게 군용 차량과 무기들을 제공했다. 이와 거의 비슷한 시점에 총통 대리인 루돌프 헤스는 미디어를 활용, 대놓고 돌격대를 비판함과 더불어 숙청 의사를 표명했다. 그는 "혁명 게임을 하는 자들에게 말한다. 위대한 혁명의 전략가인 아돌프 히틀러를 오판하지 말라. 히틀러에 대한 충성심을 저버리는 자들은 큰 화를 입게 될 것"이라고 밝혔다. 히틀러 역시 국방장관인 블롬베르크를 만나 돌격대 핵심 인사들에 대한 구체적인 체포 계획을 알려줬다. 이 자리에서 블롬베르크는 군부가 히틀러의 숙청 계획을 적극 지지할 것임을 공언했다.

'괴링'은 한발 더 나아갔다. 그는 룀과 돌격대를 용이하게 숙청하기 위한 결정적 명분 찾기에 골몰했다. 그 명분이란 바로 '반역' 혐의였다. 이에 따라 괴링은 비밀경찰인 게슈타포를 힘러 아래에 놓은 뒤, 돌격대의 반역 혐의를 입증할 만한 증거를 찾아내라고 명했다. 사실상 조작된 증거를 억지로 만들어내라는 것이었다. 괴링의 바람대로 머지않아 그 증거가 나타났다. 룀이 프랑스로부터 거액의 뇌물을 건네받았고, 조만간 돌격대를 대거 동원해 히틀러 정권의 붕괴를 획책한다는 것이었다. 괴링에게 이 같은 내용을 보고받은 히틀러는 그것이 조작인 줄 알면서도 전적으로 수용했다. 어쨌든 반역의 증거까지 확보된 만큼 히틀러 세력은 더 이상 숙청을 머뭇거릴 이유가 없었다. 마침내 나치 친위대에 동원 명령이 하달됐다.

돌격대 숙청이 초읽기에 들어간 가운데 룀과 그의 측근들은 무엇을 하고 있었을까. 그들은 태평하게 휴양지에서 휴가를 즐기고 있었다. 히틀러 세력이 암암리에 숙청 작업을 준비했던 만큼, 이의 실체를 까마득히 모를 법도 했다. 우선 히틀러가 움직였다. 1934년 6월 28일, 그는 직접 룀에게 전화를 해서 "조만간 중요한 회의를 가질 것이니, 돌격대의 모든 지휘관들을 뮌헨의 바트비제 온천에 모이게 해 달라"라고 전했다. 돌격대의 핵심 인사들을 한 자리에 모아놓고 일거에 처단할 계획이었다. 룀은 별다른 의심 없이 이 요청을 받아들였다. 운명의 날은 6월 30일이었다. (전날인 29일에는 뮌헨에서 수많은 돌격대가 히틀러를 겨냥한 가두시위를 벌였다.) 당일 오전, 친위대 기갑상급대장인 요제프 디트리히가 친위대 2개 중대를 이끌고 가장 먼저 뮌헨에 도착했다. 뒤이어 히틀러, 괴링, 괴벨스 등도 뮌헨에 진입했다.

히틀러가 오자 뮌헨의 돌격대 지휘관 2명이 마중을 나왔다. 히틀러는 이들을 즉시 총살하라고 명했다. 예상치 못한 지시에 돌격대 지휘관들은 어안이 벙벙했다. 총살의 이유는 전날에 벌어진 돌격대 가두시위에 책임이 있다는 것이었다. 이후 히틀러는 직접 친위대 및 경찰 병력을 이끌고 돌격대 주요 지휘관들이 머무르고 있는 바트비제 온천 인근 호텔로 직

숙청의 역사

행했다. 이때까지도 룀과 돌격대 지휘관들은 상황 파악을 전혀 못한 채 깊은 잠에 빠져있었다. 히틀러와 친위대가 들이닥치자 호텔은 일순간 아수라장이 됐다. 그들은 매우 신속하게, 무방비 상태에 있던 룀과 돌격대 지휘관들을 체포했다. (이때 히틀러는 룀에게 "너를 체포한다"라고 소리 질렀다.) 그런 다음 뮌헨의 슈타델하임 형무소에 모조리 쳐 넣었다. 불과 몇 시간 전까지만 해도 나치당의 제2인자였던 룀과 막강한 무력을 보유했던 돌격대 지휘관들이 완전히 나락으로 떨어지는 순간이었다.

사건은 숨 가쁘게 돌아갔다. 시간이 정오가 됐을 때, 히틀러는 뮌헨의 나치 당사에서 긴급회의를 열었다. 여기서 그는 "룀과 돌격대 지휘관들이 쿠데타를 획책했다"라고 발표했다. 이어서 그들을 모조리 처단하겠다고 선언했고, 머지않아 돌격대 간부 6명이 총살형을 당했다. 다만 룀에게는 아직 어떠한 처분도 내려지지 않았다. 비슷한 시각, 베를린 등 주요 도시에서도 대대적인 숙청 작업이 전개됐다. 괴링의 주도 하에 해당 지역 친위대와 경찰이 행동에 들어갔다. 이들은 돌격대는 물론 반나치, 반히틀러 세력 전체를 표적으로 삼았다. 이번에도 반역 혐의가 적용됐다. (돌격대의 경우 그 지휘부가 사실상 궤멸된 만큼 별다른 저항을 하지 못했다.) 히틀러 세력은 이참에 모든 반대파들을 싸잡아 제거함으로써, 확실한 권력을 손에 쥐고자 했다. 이때 숙청된 대표적인 사람들은 나치당 좌파의 영수인 그레고어 슈트라서, 힌덴부르크의 측근인 쿠르트 폰 슐라이허, 문제의 마르부르크 연설 원고를 쓴 에드가르 융, 파펜의 공보비서인 헤르베르트 폰 보세 등이다. 반면 마르부르크 연설을 했던 보수파의 핵심인 파펜은 생존할 수 있었다. 히틀러의 집권에 기여한 공로가 있었고 힌덴부르크의 신임도 남달랐기 때문에 히틀러도 섣불리 파펜을 제거할 수 없었다. 대신 그는 가택연금에 처해졌다.

숙청된 사람들 면면을 보면 알 수 있듯, 나치당 내 좌파 세력뿐만 아니라 보수파 세력도 상당수 숙청됐다. 종합적으로 살펴봤을 때, 희생된 사람들은 적게는 수백 명에서 많게는 수천 명에 이르는 것으로 추정된다. 이것이 6월 30일 하루 동안 벌어진 일이다. 그야말로 '전격적인' 숙청이었다. 이제 남은 표적은 룀 밖에 없었다. 그의 운명은 매우 위태로운 상황에 처해있었다. 히틀러는 과거 룀의 공적과 친분을 감안해 처벌의 수위를 낮춰줄 생각도 했었다. 하지만 그의 측근들이 가만히 있지 않았다. 평소 룀을 노골적으로 싫어했던 괴링, 괴벨스, 힘러 등은 룀을 반드시 죽여야 한다고 주장했다. 그렇지 않으면, 언젠가 룀과 돌격대가 또다시 발호할 가능성이 있다고 경고했다. 히틀러는 고심 끝에 이들의 의견을 따랐다. 그러면서도 마지막 배려를 해줬다. 룀을 사살하지 말고 명예롭게 자결할 기회를 주라고 한 것이다. 7월 1일, 제3SS기갑사단 토텐코프의 창설자인 테오도어 아이케가 슈타델하임 형무소 안에 있는 룀의 독방을 찾아갔다. 그는 나치당 기관지와 자결용 권총을 룀에게 건넸다. 그러나 룀은 자결하지 않고 버텼다. 이에 아이케는 자신의 부하에게 룀을 사살하라고 명했다. 결국 룀은 3발의 총탄을 맞고 숨을 거뒀다.

총통 취임, 전쟁의 서막

'장검의 밤' 사건은 사건 발생 며칠 후에야 독일 국민들과 해외 국가들에 널리 알려졌다. 대부분의 해외 국가들은 경악했다. 명백히 반대파에 대한 정치적 숙청이자, 어떠한 법률적 권한도 없이 이뤄진 불법행위로 규정했다. 일부 독일 국민들과 나치당원들도 룀을 동정하며 히틀러를 비판하는 모습을 보였다. 하지만 히틀러는 이에 아랑곳하지 않았고, 7월 13일 숙청을 정당화하는 의회연설을 통해 정면돌파를 시도했다. 선전장관인 괴벨스도 "룀과 돌격대가 반역을 꾀한 만큼,

이들을 처단하는 것은 지극히 당연했다"라며 대대적인 선전 활동을 펼쳤다. 기실 극히 일부를 제외한 대부분의 독일 국민들은 돌격대 숙청에 환호했다. 그동안 돌격대의 폭력적인 행태를 많이 목도한 만큼 이들에 대한 반감이 상당했기 때문이다. 그러면서 과감하고 신속하게 돌격대를 해치운 히틀러에 대한 지지세가 크게 높아졌다. 일부 해외 국가들도 돌격대 숙청에 찬사를 보냈다. 특히 소련의 스탈린은 측근인 미코얀에게 "히틀러는 정말 대단한 친구야. 멋지게 해냈군"이라고 말했다. 히틀러의 숙청 방식을 자신의 롤모델로 삼기도 했다.

숙청의 여파는 히틀러의 정적들로 하여금 더 이상 대놓고 반감을 드러내지 못하게 했다. 이들은 함부로 히틀러에게 반대했다간, 앞선 사례처럼 일순간 숙청을 당할 수도 있음을 우려했다. 좌파는 물론 보수파 모두가 겁을 먹었다. 그나마 히틀러에게 뭐라고 할 수 있는 존재는 힌덴부르크와 군부였다. 그런데 이들 역시 '장검의 밤' 사건 이후 히틀러 쪽으로 완전히 기울었다. 힌덴부르크는 "단호한 행동과 용감한 개입으로 반역의 씨를 사전에 제거하고, 독일 국민을 커다란 위험에서 구했다"라며 히틀러에게 찬사를 보냈다. 블롬베르크를 포함한 군부 수뇌부는 히틀러에게 대놓고 감사와 충성을 표했다. 히틀러가 자신들의 기득권을 크게 위협하던 돌격대를 전광석화처럼 제거했으니, 그에게 밀착하는 것은 당연한 수순이었다. 심지어 거의 모든 법률가들도 히틀러를 지지했다. 히틀러의 숙청이 명백히 불법적인 행위였음에도, "총통은 실정법에 구애받지 않는 최고 인민재판관"이라고 밝혔다. 이제야 히틀러의 권력은 탄탄한 반석 위에 섰다. (반면 돌격대는 완전히 해체되지는 않았지만, 정치적 영향력을 거의 상실한, 평범한 나치당 산하 조직이 됐다.)

1934년 8월, 마침내 히틀러는 절대권력자의 반열에 올라섰다. 80세 고령의 힌덴부르크가 사망한 후 히틀러는 독일 대통령과 총리를 겸하는 절대권력자, 진정한 '퓌러'(총통)에 취임했다. 이와 관련해 국민투표를 실시해 88.1%의 절대적 찬성을 얻기도 했다. (사실상 이때 바이마르 공화국이 종말을 고했다.) 독일 내에서 히틀러의 권력과 권위에 대항할 수 있는 존재는 아무도 없었다. 독일 내부를 완전히 장악한 그는 오랜 기간 구상해 왔던 계획을 공격적으로 실행에 옮겼다. 우선 독일을 옥죄던 베르사유 조약을 파기했다. 전쟁 배상금을 한 푼도 물어주지 않을 것이며, 비무장 지대였던 라인란트에 군대를 주둔시키겠다고 일방적으로 선포했다. 뒤이어 중공업과 군수 산업 육성에 매진했는데, 이는 결과적으로 독일의 경제를 다시 일으켜 세우는 데에 기여했다. 독일 국민들은 히틀러와 나치당에 열렬히 환호했다. 그런데 문제는 히틀러의 독일이 급속도록 군국주의와 전쟁의 길로 나아갔다는 것이다. 베르사유 조약 파기를 계기로 재무장에 성공한 독일은 자국 민족의 우수성과 향후 살아갈 영토 확보를 부르짖으며 주변 국가들에 대한 군사적 위협의 강도를 높여갔다. 1차 세계대전의 악몽을 지우지 못했던 영국, 프랑스 등 서구 열강들은 히틀러에게 소극적으로 대처하며 문제를 더욱 키웠다.

　자신감을 얻은 히틀러는 급기야 주변 국가들에게 마수를 뻗쳤다. 그는 우선 자신의 고향인 오스트리아를 합병했다. 이어서 체코슬로바키아의 일부 지역을 독일의 지배 하에 놓으려 했다. 독일과의 전쟁을 피하려 한 영국, 프랑스는 1938년 9월 '뮌헨 협정'이라는 치명적인 실수를 범했다. 이탈리아 무솔리니의 중재 하에 독일 뮌헨에서 만난 영국, 프랑스, 독일 정상들은 주권국인 체코슬로바키아의 의견은 완전히 무시한 채, 독일에게 체코슬로바키아의 주데텐란트를 양도하기로 합의했다. 체코슬로바키아는 하루아침에 전체 영토의 30%, 500만 명의 인구를 잃었다. 대신 독일은 앞으로 더 이상의 영토 합병은 하지 않기로 약속했다. 하지만 히틀러는 이 협정을 계속 준수할 의향이 조금도 없었다. 그는 고작 6개월 만에 협정을 파기한 후 체코슬로바키아의 모든 지역을 합병했다. 뮌헨 협정 당시, 체임벌린 영국 수상이 외친 '뮌헨의 평화'는 순식간에 깨졌고 유럽은 전쟁의 소용돌이에 성큼 다가가고 있었다.

히틀러의 다음 목표는 폴란드였다. 그는 베르사유 조약에 의해 자유 무역항이 된 단치히를 독일에 반환할 것을 폴란드 정부에 요구했다. 국제적으로는 이 지역에서의 민족 자결을 주장했다. 폴란드는 해당 요구를 단호히 거부한 후 전군 동원령을 발동해 결사항전 태세를 갖췄다. 영국과 프랑스는 폴란드의 주권을 옹호한다고 밝혔다. 이에 히틀러는 군사력을 더욱 증강함과 동시에 무솔리니와 군사 동맹을, 에스토니아 라트비아 덴마크와는 불가침 조약을 체결하며 폴란드 침공 준비를 착실히 해나갔다. 하이라이트는 최대 장애물인 소련과의 불가침 조약 체결이었다. 근본적으로 철천지 원수일 수밖에 없는 두 국가가 폴란드 점령이라는 공통의 목표 하에 손을 잡은 것이다. 영국과 프랑스는 물론 전 세계가 경악했다. 모든 준비를 끝마친 히틀러는 (선전포고 없이) 독일군에게 침공

명령을 하달했다. 1939년 9월 1일, 독일군이 전격적으로 폴란드 국경선을 돌파함에 따라 인류 역사상 최대의 비극인 '제2차 세계대전'이 발발했다.

03

스탈린의 '대숙청'

자국민에 대한 테러

소련 국민 누구도 안전할 수 없었던 공포정치 전말

이오시프 스탈린.

"자본주의의 포위가 지속되는 한, 소련 국경 너머에서 파견된 파괴자와 교란 분자, 간첩, 테러리스트가 존재하리라는 점을 기억하고 결코 잊지 말아야 합니다. 우리는 토론이라는 옛 방법이 아니라 '분쇄와 절멸'이라는 새로운 방법을 구사해야만 합니다."

_1927년 스탈린 연설 中

    현재 러시아의 대통령인 블라디미르 푸틴은 올해로 23년째 집권하고 있다. 푸틴을 대체할 만한 인물이 좀처럼 등장하지 못하면서, 그의 장기 집권과 독재는 아무렇지 않게 계속되고 있다. 새로운 '차르'라는 말이 나올 정도다. 그런데 과거 푸틴을 능가하는 독재자가 있었다. 바로 제2대 소련 공산당 서기장이자 소비에트 연방 총리를 역임한 '이오시프 스탈린'이다. 그는 무려 31년을 집권하며 공포정치를 행한 유일무이한 독재자였다. 다만 스탈린은 '볼셰비키 혁명'(러시아 혁명) 때나 소련이 건국된 직후에는 차기 지도자로서 크게 주목을 받았던 인물은 아니었다. 천재적인 레프 트로츠키 등 쟁쟁한 인물들에 비해 스탈린은 상대적으로 가려진 존재였다. 하지만 그는 조용하지만 치밀하게 권력의 최정점으로 나아갔고 마침내 경쟁자들을 모두 물리치고 소련의 최고 지도자가 됐다. 초창기에 스탈린은 다른 국가의 지도자들과 크게 다르지 않아 보였다. 따라서 그의 다음 행보가 광기 어릴 것이라고 예상한 사람은 아무도 없었다. 자신의 친구였던 '세르게이 키로프'가 암살된 직후부터 스탈린은 악마적인 본색을 여과 없이 드러냈다. '반혁명분자' '인민의 적' 색출 등을 명분으로 역사상 유례를 찾아보기 힘든 '대숙청'을 단행했다. 숙청의 칼날은 고위 공산당원에서부터 평범한 국민에 이르기까지 전방위적으로 뻗어나갔다. 소련 사회 전체가 공포의 도가니에 빠져들었으며 스탈린을 제외한 그 누구도 안전할 수 없었다.

대숙청을 이야기할 때, 결코 간과할 수 없는 것은 바로 스탈린의 '기괴한 성품'이다. 그는 타인의 행동에 대한 병적인 의심과 더불어 타인의 의도에 대한 병적인 불신을 갖고 있었다. 현대 의학에서는 이를 '편집성 인격장애'라고 일컫는다. 혁명의 시기에 스탈린은 강도, 살인, 테러 등을 마다하지 않았는데, 이때를 계기로 내면에 의심과 불신, 폭력성 등 부정적인 성품이 확고히 형성된 것으로 보인다. 권좌에 올라선 이후에는 편집성 인격장애에 이어 암살과 축출에 대한 과도한 불안감까지 더해졌다. 이로 인해 숙청은 꼬리에 꼬리를 물고 이어져 걷잡을 수 없이 확대됐다.

대숙청의 '후과'(後果)는 매우 혹독했다. 사회 각계각층에서 유능한 인재들이 대거 사라져 국가의 성장은 정체되거나 오히려 퇴보했다. 특히 제2차 세계대전 중 최대, 최악의 전쟁으로 평가를 받는 '독소전쟁'에서, 소련은 유능한 군 지휘관들의 부재로 처참한 인적 피해를 입었다. 그럼에도 스탈린의 시대에는 대숙청의 진상이 미화되거나 은폐됐다. 그가 사망한 후 '니키타 흐루시초프' 시대에 이르러서야 비로소 그 진상이 적나라하게 드러날 수 있었다. 그동안 소련 국민들의 친근한 벗이자 국제공산주의 운동의 '신'으로 추앙받았던 스탈린은 일순간 잔혹한 독재자로 격하됐다. 다만 오늘날 스탈린에 대한 평가는 반드시 부정적이지만은 않다. 상술했듯 한편에서는 잔혹한 독재자로 평가하지만, 또 다른 한편에서는 훌륭한 경제 및 전시 지도자로 평가한다. 이는 현재 취약한 러시아 상황에 대한 아쉬움과 과거 소련 시대에 대한 향수가 작용했기 때문으로 분석된다. 음울한 역설의 한 단면인 것이다. 1930년대, 소련 국민 그 누구도 안전할 수 없었던 대공포의 시대를 만들어낸 스탈린의 '대숙청' 전말을 되돌아봤다.

레닌 사망과 권력 투쟁

1922년, 러시아 혁명을 주도한 볼셰비키 세력은 적백 내전에서 승리를 거둔 후 인류 최초의 사회주의 국가인 '소비에트 사회주의 연방공화국'(소련)을 수립했다. 이 거대한 국가를 이끄는 중심인물은 혁명 지도자이자 건국의 아버지로 일컬어졌던 '블라디미르 레닌'이다. 수많은 소련 국민들의 존경과 희망을 한 몸에 받았던 그는 우선적으로 '신경제정책'(NEP)을 도입했다. 소련의 심각한 경제 상황을 감안한 조치였다. 당시 소련은 기록적인 가뭄으로 농업생산량이 급감해 기근이 발생했고, 중공업 발달의 척도인 철강 생산량은 이전 대비 5분의 1 이하로 대폭 줄었다. 레닌은 신경제정책을 통해 소규모 사업 및 자유 소매업을 허가했으며 외국의 선진 기업들을 초청해 투자를 장려했다. 말 그대로 경제 활성화를 도모하는 정책이었는데, 이는 엄연히 말해 사회주의적인 정책은 아니었고 자본주의적 특성에 기반을 둔 지극히 '현실적인' 정책이라고 할 수 있다. 레닌은 소련에서 사회주의가 성공적으로 구축되기 위해서는 자본주의적 물적 토대가 반드시 마련돼야 한다고 판단했다. 실제로 사회주의로 넘어가기 위한 전 단계, 과도기적인 형태로 도입된 자본주의적 체제를 '국가자본주의'로 규정했다. 다만 일각에서 주장하는 것처럼 레닌은 자본주의 국가와의 공존을 모색한 것이 아니라 궁극적으로 온전한 사회주의 국가를 건설하기 위한 일시적 수단으로써만 활용했다.

　레닌은 정치적으로 유연한 모습도 보였다. 한편으로는 독단적이고 과감하게 폭력을 휘둘렀지만 다른 한편으로는 상황 안정 시 이념이 다르더라도 상대방을 포용할 줄 알았다. 이에 따라 적지 않은 수의 멘셰비키, 사회혁명당원, 아나키스트 등 볼셰비키와 대립했던 좌파 세력이 새로운 소련 체제에 순조롭게 적응할 수 있었다. 정치 경제적으로 변화가 찾아오면서 소련 사회에는 조금씩 희망의 기운이 싹트기 시작했다. 하지만 얼마 안 가 레닌에게 치명적인 불행이 닥쳤다. 과거 좌파 사회혁명당원의 암살 미수 후유증과 누적된 피로로 인해 1922년 뇌일혈로 쓰러진 것이다. 당연히 권력의 중심에서 내려올 수밖에 없었다. 갑자기 레닌의 뒤를 이을 후계자와 관련된 논의가 화두로 떠올랐다. 세간에서 후계자로 거론되는 인물은 대표적으로 두 명이 있었다. 한 명은 당내 최고의 엘리트이자 붉은 군대를 창시한 '레프 트로츠키'였다. 또 다른 한 명은 소련 공산당 중앙위원회 초대 서기장인 '이오시프 스탈린'이었다.

　표면적으로는 트로츠키가 스탈린을 압도할 것처럼 보였다.

트로츠키는 당시 2인자로 여겨졌다. 결정적인 이유는 '10월 혁명' 당시 많은 이들의 반대를 무릅쓰고 적위대를 동원해 임시정부를 전복하자고 주장했고, 실제로 이를 성공적으로 완수했기 때문이다. 또한 선동 연설과 조직 부분에서 대단한 능력을 발휘했으며 군사적 안목도 탁월해 과거 수많은 반란군들을 효과적으로 진압하기도 했다. 학문적인 식견이 출중한 것도 빼놓을 수 없었다. 그러나 트로츠키는 권력의 최정점으로 나아가지 못했다. 무엇보다 교만한 성품으로 인해 당 내에서 지지를 받지 못했기 때문이다. 그는 자신의 천재적인 능력을 너무 맹신했고 이를 기반으로 수많은 당 내 인사들을 무시하거나 모욕했다. 대부분의 당원들은 교만하고 독선적인 트로츠키가 권력을 잡으면 나폴레옹과 같은 '군사독재자'가 될 것이라고 우려했다. (당시 트로츠키는 군사혁명위원회 의장 겸 국방장관(육해군 인민위원)을 역임하고 있었다.) 또한 당원들은 트로츠키가 남들보다 늦게 볼셰비키에 가담한 것도 문제 삼았다. 이에 따라 트로츠키는 정치적 영향력은 있었지만 사실상 자기 계파가 없는 1인 정파에 가까웠다.

반면 스탈린은 트로츠키만큼 화려하지는 않았지만 조용하고 겸손하며 묵묵히 자기 할 일에 매진하는 전형적인 관료로 비쳤다. 자연스럽게 당원들의 마음은 트로츠키보단 스탈린에게 기울고 있었다. 여기서 잠시 스탈린의 전력을 살펴보겠다. 그는 볼셰비키 혁명 시절, 비밀 지하 활동과 불법적인 선전 활동 등을 활발히 수행하며 몇 번의 체포와 유형, 탈출을 반복했다. 또한 열정적으로 글을 쓰고 논쟁하고 조직하는 일에도 뛰어들며 주목받기 시작했다. 1912년 스탈린은 당 중앙위원회 위원이 됐으며 레닌의 요청으로 상트페테르부르크로 옮겨가 『프라우다』를 창간하고 편집인까지 맡았다. 마침내 볼셰비키 핵심 지도부에 편입된 것이었다. 이때부터 그는 '스탈린'이란 가명을 사용했다. '강철'을 뜻하는 러시아 이름이었다. (본명은 이오시프 비사리오노비치 주가시빌리.) 스탈린은 주변 사람들을 조금씩 자기편으로 만들고 당 내에서 입지를 강화해 나가면서 오늘에 이르렀다.

트로츠키는 정치적 입지가 좁아지는 데에 위기감을 느끼고 반격에 나섰다. 그는 당 중앙위원회에 보낸 공개편지와 연석회의에서 스탈린이 '그리고리 지노비예프' '레프 카메네프' 등과 연합해 자신을 몰아내고 국가를 망치려 한다고 주장했다. 이에 스탈린도 맞대응했다. 그는 트로츠키가 현실을 모르고 정책에 트집을 잡는 분파주의자이며 레닌의 뜻을 거스르는 이단아라고 주장했다. 대부분의 당원들은 스탈린의 주장이 옳다고 생각했고 투표를 통해 트로츠키를 분파주의자로 규정했다. 열세에 직면한 트로츠키는 언론 및 저작 출판 활동을 통해 공개 논쟁과 당 중앙위원회 반대 운동 등을 펼치며 만회하려고 했다. 그러나 상황은 계속 악화될 뿐이었다. 1924년 중앙위원회 전체회의는 레닌의 뜻을 따라 당의 완전한 단결을 강조하면서 트로츠키를 분파주의자로 재차 지목했다.

그런데 후계자 정국에서 가장 중요한 것은 레닌의 의중이었다. 뇌일혈로 쓰러진 그는 자신의 운명을 직감하고 미리 유언장을 써놓았다. 거기에는 후계자로 거론되는 인물들에 대한 평가가 담겨있었다. 중요한 점은 레닌이 수많은 당원들과 달리 스탈린을 크게 경계했다는 것이다. 그는 과거 스탈린이 소수민족을 탄압할 때 보여준 폭력성과 권력을 향한 동물적인 야심을 똑똑히 지켜봤다. 이에 유언장에 "스탈린 동지는 너무 성격이 급하고 잔인하다"라고 적었다. 더 나아가 "스탈린을 서기장직에서 해임하라"라고 요구했다. 스탈린에겐 너무 불리한 내용이었다. 트로츠키에 대해선 "그의 능력은 당 내에서 최고다. 다만 교만하고 독단적인 측면이 강하므로 주변에서 이를 바로잡아줘야 한다"라고 적었다. (이 밖에 부하린, 지노비예프, 카메네프에 대해서도 평가했다.) 사실상 레닌은 후계자로서 트로츠키의 손을 들어준 셈이었다. 스탈린에게는 시종일관 비난만을 하며 쫓아낼 대상으로 규정했지만, 트로츠키는 일부 모난 성품이 있어도 당 내에서 가장 훌륭하며 주변에서 적절히 조력해 주면 괜찮다고 본 것이다. 궁극적으로 트로츠키를 중심으로 한 '집단지도체제'를 주문한 것으로 보인다.

만약 레닌이 몇 년만 더 살았다면 스탈린은 당에서 축출됐을 것이 분명하다. 하지만 레닌이 후계자를 명확히 지목하지 않은 채 1924년 1월에 사망함으로써 스탈린은 간신히 살아남을 수 있었다. 다만 레닌의 유언장이 공개되는 것은 막아야 했다. 정치국원들은 스탈린의 바람대로 유언장을 대중에게 공개하지 않기로 했다. 이런 결정이 나온 데에는 몇 가지 이유가 있었다. 우선 정치국원들은 레닌이 자신들도 비난한 것을 부담스러워했다. 더 중요한 이유는 유언장 공개로 스탈린이 사임할 경우 트로츠키가 권력을 잡게 되는 것을 두려워했다. 이런 상황에서 트로츠키의 행동이 매우 중요했는데 그는 여전히 감을 잡지 못하고 엇나갔다. 레닌 유언장 비공개에 대해서도 별다른 이의를 제기하지 않았고, 스탈린을 포함한 다른 정적들을 여전히 과소평가하며 소극적으로 나왔다.

　이런 가운데 스탈린은 레닌의 죽음을 이용해 트로츠키를 또 한 번 난관에 빠뜨렸다. 레닌이 사망할 즈음 트로츠키는 지방 순방 중이었는데 스탈린은 일부러 그에게 장례식 일자를 잘못 알려줬다. 트로츠키의 장례식 불참을 유도한 것이었고 이를 통해 그를 '반레닌주의자'로 몰아가려 했다. 실제로 트로츠키가 레닌 장례식에 불참했을 때, 많은 소련 국민들은 레닌과 트로츠키 사이를 의심하게 됐다. 그리고 자연스럽게 트로츠키는 레닌의 후계자와는 거리가 멀다는 인식이 생겼다. 이후 5월에 열린 제13차 당대회에서 트로츠키는 분파주의자, 해당분자라는 비난을 받았고 스탈린은 지노비예프, 카메네프와 함께 그를 반레닌주의자로 규정했다. 트로츠키의 설 자리는 거의 사라졌다. 좌절한 그는 다음 해인 1925년 1월 당 중앙위원회 전체회의 즈음에 군권을 내려놓게 된다. 뒤이은 정치국 회의에서는 트로츠키에 대한 '제명' 주장까지 나왔다. 그런데 무슨 이유에서인지 스탈린이 제명은 반대해 무산됐다.

　한편 트로츠키와 스탈린의 정치적 이론 대결에서도 트로

츠키는 완패했다. 당시 트로츠키는 '영구혁명론'을 주장했다. 후진국은 프롤레타리아가 권력을 장악해 부르주아 혁명을 완수하고 사회주의로 이행할 수 있지만, 자본주의로 복귀할 위험도 존재하므로 세계 사회주의 혁명, 특히 선진국 사회주의 혁명의 지원을 받아야 한다는 것이었다. 러시아 혁명이 유럽 혁명으로 이어져야 한다는 관점은 사회주의의 국제주의적 성격에서 필연적으로 도출되는 결론이다. 이와 달리 스탈린은 '일국 사회주의론'을 주장했다. 소련은 다른 나라의 혁명에 관여할 것이 아니라 자국의 발전에 중점을 둬야 한다는 것이었다. 소련의 생산력을 증대시킨다면, 선진국 사회주의 혁명의 지원을 받지 않고도 공산주의로 무난하게 넘어갈 수 있다고 생각했다. 당시 소련 국민들은 트로츠키의 영구 혁명론을 부담스러워했다. 당장 자국의 상황이 녹록지 않은데 어떻게 다른 나라 혁명까지 신경 쓸 수 있겠냐는 것이었다. 우선적으로 자국의 발전을 도모해 먹고사는 문제가 해결되기를 간절히 바랐다.

최대 정적이었던 트로츠키를 어느 정도 밀어낸 스탈린은 본격적으로 '1인 독재체제'를 굳히는 길로 나아갔다. 다음 상대는 정치적 동지였던 지노비예프와 카메네프였다. 트로츠키라는 공동의 적이 강성할 땐 연합했지만 이제 그것이 힘을 잃자 정적으로 돌아섰다. 지노비예프와 카메네프는 스탈린의 권력 장악을 우려하며 '당내 민주주의'를 주장했다. 또한 통합반대파를 구성하고 스탈린을 신랄히 비판하는 13인 선언까지 발표했다. 그러나 이미 당과 정치국 등을 장악한 스탈린에게 상대가 되지 못했다. 결국 지노비예프와 카메네프는 분파주의자로 몰려 정치국에서 축출됐다. 이후 잠잠했던 트로츠키가 다시 등장해 스탈린에게 대항하는 모습도 보였다. 이미 대세는 완전히 기울었지만 그는 작심한 듯 최후의 공격을 전개했다. 트로츠키는 15차 당 협의회에서 스탈린에 대해 "공산당의 무덤을 파는 인간"이라고 비난했다. 이후 정치국에서 제명당했지만, 굴하지 않고 당 중앙위원회-중앙통제위원회 연석회의에 나가 스탈린을 "레닌에게 불충하고 무례했던 분파주의자"로 규정했다. 곧바로 반격이 들어왔다. 스탈린은 물론 부하린, 카가노비치, 지방 당서기들까지 나서서 트로츠키를 '반레닌 분파주의자' '반혁명분자'로 몰아세웠다. 결국 그는 지노비예프 등과 함께 당에서 완전히 제명됐다. 여기서 끝은 아니었다. 트로츠키는 이후에도 스탈린에 대한 비난을 멈추지 않다가 시베리아 유배형을 받았고 추후에는 아예 소련에서 추방됐다.

스탈린이 1인 독재로 가는 데에 있어 마지막 표적이 된 것은 '부하린'이었다. 두 사람은 정치적 동지이자 오래된 친구였다. 부하린은 지노비예프의 뒤를 이어 공산주의 국제연합인 '코민테른'의 서기장이 됨으로써 세계 공산주의 운동에서 큰 입김을 행사했다. 이때 스탈린과 함께 사실상 '이두 정치'를 지휘한 셈이었다. 하지만 경제개발 방법론에 있어 스탈린과 마찰을 빚으면서 권력에서 점차 멀어지게 된다. 부하린은 스탈린의 농업집산화와 급격한 중화학공업화를 반대했다. 대신 점진적인 중화학공업 추진과 농업 및 경공업 성장과 연계한 경제 개발을 강하게 주장했다. 그러나 과거 트로츠키파들이 스탈린 노선 지지로 전향하는 등 상황은 부하린에게 불리하게 돌아갔다. 결국 그는 힘을 잃고 1929년 정치국에서 쫓겨났으며 여생을 숙청에 대한 위협을 느끼며 살아가게 된다. 부하린이 밀려나면서 스탈린은 소련에서 더 이상 대적할 자가 없는 명실상부한 '독재자'가 됐다.

경제 성장과 부작용

권력을 장악한 스탈린은 소련을 서구 열강에 필적하는 공업국가로 만들겠다는 목표를 세웠다. 이에 따라 1928년부터 '경제개발 5개년 계획'을 수립, 산업화를 강하게 밀어붙였다.

(러시아 제국 시대에도 산업화가 추진됐지만, 귀족 지주들이 인력과 토지를 대거 점유한 탓에 산업화는 지지부진했다. 결국 러시아는 계속 낙후된 농업 국가로 남았다.) 스탈린은 우선 귀족 지주들을 가혹하게 숙청하고 농업집산화(집단농장화)를 이뤄내면서 막대한 인력 및 토지를 획득했다. 뒤이어 해당 자산들을 고스란히 중공업 부문으로 밀어 넣었다. 이후 '콤비나트'라는 대규모 공업단지가 조성됐고 1500여 개의 공장이 들어섰다. 이를 기반으로 소련은 급격한 산업화의 길로 나아갔다. 또한 스탈린은 소련 국내 생산품의 사용을 적극 유도했고, 수입품 억제와 더불어 수출산업 육성 및 자국제품 수출 증대에도 힘썼다. 경제개발 5개년 계획 말기에는 소비재 생산과 군수산업에 큰 비중을 두고 적극적으로 육성했다.

이 같은 경제 정책은 결과적으로 상당한 성과를 거뒀다. 우선 각종 생산량이 눈에 띄게 증가했다. 1928년부터 1940년에 이르는 기간 동안 소련에서 강철은 4.5배, 전력은 8배, 시멘트는 2배, 석탄은 4배, 석유는 3배로 늘어났다. 더욱 두드러지는 건 경제성장률이다. 1930년대 소련은 매년 10%가 넘는 놀라운 경제성장률을 기록했다. 당시 소련을 제외한 대부분의 국가들이 '경제대공황'으로 인해 마이너스 성장률을 기록

하고 있었던 것과 대비되는 모습이다. 급기야 1938년, 소련은 영국, 프랑스 등을 제치고 세계 제2위의 경제대국으로 발돋움했다. 이전까지 낙후된 농업국가에 불과했던 소련이 단기간에 미국마저 넘보는 공업국가로 변모한 것이다.

하지만 부작용도 만만치 않게 뒤따랐다. 농업집산화와 급격한 산업화 등으로 수많은 농민들이 농업 생산에 회의적이 되면서 자연스레 농업생산량이 급감했다. 그 결과 '대기근'이 발생했다. 특히 과거에 비옥한 토지로 유명했던 소련의 자치 공화국인 우크라이나 소비에트 사회주의 공화국에서 대기근이 발생해 최소 250만 명에서 최대 350만 명이 사망했을 것으로 추정된다. 이를 '홀로도모르'라고 부른다. 아울러 성급하게 건설한 공장에서 기계 고장이 자주 발생했고 수많은 노동자들은 처우 개선을 요구하며 각종 시위를 벌였다. 이런 가운데 부작용에 대한 스탈린의 대처는 온당하지 못했다. 그는 기근 지역에 식량들을 충분히 보내지 않았고 수출을 하기 바빴다. 이를 통해 산업화를 위한 자본을 구하기 위해서였다. 공장 노동자들의 시위에는 시종일관 강경하게 대응했다. 그들을 극심하게 탄압하는 것은 물론 간부 및 산업 관리인들도 경영 잘못의 책임을 물어 희생양으로 만들었다.

숙청의 역사

결국 스탈린의 경제정책 부작용과 대처 방식은 국민들과 당 내부에서 적지 않은 반감을 야기했다. 스탈린의 반대파들이 점점 많아지기 시작했다. 심지어 일각에서는 '스탈린 이후'를 말하는 사람들도 생겨났다. 스탈린을 대체할 새로운 지도자를 생각하게 된 것이다. 이때 한 인물이 사람들에게 주목을 받았다. 바로 레닌그라드시 지구당의 당서기였던 '세르게이 키로프'였다.

키로프 암살

키로프는 스탈린의 부하이면서 각별한 친구였다. 스탈린은 타인에게 좀처럼 정을 주지 않는 편이었지만 유독 키로프만큼은 매우 좋아했던 것으로 전해진다. 키로프 역시 스탈린에 대한 애정이 컸고 사적으로나 정치적으로 지원을 아끼지 않았다. 그는 1926년 스탈린과 부하린의 연합에 가담해 트로츠키, 지노비예프, 카메네프 연합에 맞서기도 했다. 그런데 스탈린뿐만 아니라 거의 모든 사람들이 키로프에게 호감을 가졌다. 무엇보다 키로프의 긍정적인 성품이 큰 장점으로 작용했다. 그는 합리적이고 온화하며 개방적인 성품을 갖고 있었다. 당시 대부분의 소련 정치가들에게서는 찾아보기 힘든 유형이었다. 이를 기반으로 수차례 당대회를 거치며 승승장구하는 모습을 보이기도 했다.

키로프는 1926년 제14차 당대회에서 중앙위원회 위원에 재선 됐고, 지노비예프를 제치고 후임 레닌그라드당 제1서기에 임명됐다. (레닌그라드당을 성공적으로 이끌면서 당원들의 더 큰 신망을 얻게 된다.) 1927년 제15차 당대회에서는 정치국 후보위원으로 재선 됐으며, 1930년 제16차 당대회에서는 정치국 위원으로 승진했다. 1934년 제17차 당대회에서는 정치국 위원 및 서기국 서기, 조직국 위원으로도 선출됐다. 당시 키로프의 높은 인기로 인해 단 한 개의 반대표도 나오지 않았던 것으로 알려졌다. 심지어 서기국 선거를 할 때는 스탈린을 대신해 서기장에 선출될 수도 있다는 이야기가 나올 정도였다. 어찌 보면 스탈린의 권력을 크게 위협할 수 있는 모양새로 비쳤다.

그런데 1934년 12월, 별안간 충격적인 사건이 발생했다. 전도유망한 키로프가 괴한에 의해 암살을 당한 것이다. 모든 소련 국민들이 경악을 금치 못했다. 키로프를 암살한 범인은 레오니드 니콜라예프였다. 그는 키가 152cm로 작고 마른 체형이었다. 당원이었지만 자신이 마음에 들어 하지 않는 게시

숙청의 역사

물을 거절했다는 이유로 당으로부터 제명 처분을 받았다. 이후 뚜렷한 직업을 갖지 못했으며 재정적인 어려움에 빠져 있었다. 니콜라예프는 당에 대한 원망이 상당했다. 심지어 친구에게 자신을 제명시킨 당 통제위원장을 죽이고 싶다고 말하기도 했다. 더욱이 그의 부인은 지역 당위원회 위원이었는데 니콜라예프는 그녀가 키로프와 부적절한 관계를 맺고 있다는 의심도 한 것으로 전해진다.

니콜라예프는 10월에 키로프가 있는 스몰니 연구소에서 서성거리다가 소련의 비밀경찰인 'NKVD'(내무인민위원회)에게 체포된 적이 있었다. NKVD는 니콜라예프의 서류 가방에서 권총을 발견했다. 이때 그는 특별한 범죄 혐의점은 없어 풀려났다. 그런데 이후에 쉽게 이해가 되지 않는 상황이 벌어진다. 극히 일부를 제외하고 키로프에 대한 당국의 보호 조치가 대부분 사라진 것이다. (스탈린의 승인 없이는 불가능한 일이었다.) 한 소련의 관리는 "이렇게 고위 당 간부를 NKVD가 보호하지 않은 것은 태만이며 전례가 없는 일"이라고 밝혔다. 12월에 니콜라예프가 다시 스몰니 연구소를 방문했을 때, 그를 제지하는 사람은 아무도 없었다. 니콜라예프는 아무렇지 않게 3층으로 갔고 키로프를 향해 권총 방아쇠를 당겼다. 목이 관통된 키로프는 즉사했다. 그의 장례는 크렘린 장벽 네크로폴리스에서 국장으로 치러졌고 시신은 화장됐다. 스탈린과 주요 공산당 간부들이 직접 키로프의 관을 운반했다. 암살범인 니콜라예프는 비밀리에 재판을 받은 후 총살 당했다. 레닌그라드 지부 소속 NKVD 간부 몇 명은 키로프를 제대로 보호하지 못했다는 이유로 최고 10년형을 선고받았다.

이후 키로프 암살과 관련해 큰 논란이 불거졌다. 핵심은 암살 배후에 스탈린이 있다는 것이다. 근거는 다음과 같다. 당시 스탈린이 각종 실책으로 정치적 위기에 몰려있었고, 이에 대한 반작용으로 강력한 경쟁자인 키로프가 급부상했다. 스탈린은 난관을 타개하고 억압과 통제를 실행할 구실이 필요했다. 그것이 바로 키로프 암살로 연결됐다는 것이다. 결과적으로 스탈린은 이를 통해 정적들을 효과적으로 제거해 나갔고 자신의 권력을 크게 강화할 수 있었다. 암살 전후 상황을 돌이켜봤을 때, 이러한 주장은 어느 정도 '그럴듯한 것'으로 여겨졌다. 또한 흐루시초프는 그 유명한 1956년 비밀연설에서 스탈린에게 간접적으로 혐의를 씌웠다. 그는 키로프를 보호하는 임무를 맡았던 NKVD 요원들이 1937년 사살됐는

숙청의 역사

데, 이는 "키로프 암살 조직자의 흔적을 은폐하기 위한 것"이라고 주장했다.

하지만 반론도 만만치 않다. 스탈린 공모와 관련한 명확한 증거가 나오지 않았으며 암살 배후 주장은 전적으로 소문에 근거하고 있다는 것이다. 실제로 흐루시초프 재임 기와 1989년에 소련 수사기관에서 키로프 암살에 스탈린이 개입돼 있는지를 수사했지만 끝내 증거를 찾아내지 못하고 종결됐다. 더욱이 스탈린이 사건 직후에 보인 행동도 반론의 이유가 됐다. 뱌체슬라프 몰로토프의 회고에 따르면, 스탈린은 키로프가 암살당하자 충격을 받은 나머지 전화기에 대고 쌍욕을 퍼부었다고 한다. 그런 다음 보로실로프와 몰로토프를 데리고 레닌그라드로 달려가서 니콜라예프를 직접 심문하기도 했다. 개인적인 우정을 쌓은 몇 안 되는 친구였던 만큼 이러한 스탈린의 행동은 진정 어린 슬픔에 기인한 것으로 평가됐다.

여하튼 키로프 암살은 이후 소련 사회를 크게 변화시켰다. 스탈린은 이를 계기로 전방위적인 숙청을 단행하기로 마음을 먹었다. 그를 향한 암살 의구심을 완전히 제거한 상태로 본다면, 스탈린은 국가 지도자에 대한 물리적 위협이 극에 달했고 언제 어디서든 자신도 암살당하거나 축출될 수 있다는 우려를 갖고 있었던 것으로 보인다. 나아가 사회 곳곳에 위해를 가할 만한 '반혁명분자들'이 존재하고 있으며 이들을 모조리 '발본색원'해야 한다고 판단했다. 당 내부도 예외가 아니었다. 여기에 정치적 위기 국면을 단번에 전환하고 권력을 효과적으로 강화할 수 있는 수단이 필요했다. 마침내 '대숙청'의 서막이 올랐다.

대숙청의 서막

키로프가 암살된 후 다소 시간이 지난 1936년 12월. 중앙위원회 전원회의에서 사실상 대숙청을 개시하는 조치들이 나왔다. 스탈린의 주도 하에 '반혁명분자 색출'이 선포됐고 이를 명분으로 수많은 고위 공산당원들이 체포되기 시작했다. 여기에는 스탈린의 정치적 반대파는 물론 과거 스탈린과 손을 잡았던 동지들도 다수 포함됐다. 그런데 체포된 이들이 반혁명과 관련해 구체적으로 어떤 행동을 했는지는 제대로 밝혀지지 않았다. 기실 반혁명 혐의 여부보단 스탈린의 권력에 조금이라도 위협이 될 만한 인물들이 표적이 됐다. 지시를 받고 숙청을 직접적으로 주도한 기관은 1918년에 창설된 체카(반혁명, 사보타주, 투기 단속 비상위원회)의 후신인 국가보

위부를 확대 개편한 'NKVD'였다. 이 기관은 국가보위 및 경찰 기능을 총괄지휘하고 있었다. NKVD의 수장은 악명 높기로 유명한 '니콜라이 예조프'였다. 그는 스탈린에게 아첨하기 위해, 그리고 평소 개인적으로 싫어했던 사람들을 처단하기 위해 매우 적극적으로 움직였다.

체포된 사람들은 예외 없이 숙청이 됐다. 가장 먼저 숙청이 된 주요 인사는 그리고리 지노비예프와 레프 카메네프였다. 한때 트로츠키에 대항해 스탈린과 연합했던 이들은 어느새 트로츠키와의 테러 예비 음모 및 실행 혐의를 받고 반혁명분자로 낙인찍혀 있었다. 혐의가 명확히 밝혀진 것은 없었지만 스탈린의 정적으로 보였던 만큼 숙청돼야만 했다. 숙청은 단순히 당에서의 축출이 아니었다. 사형 아니면 강제노동수용소 행이었다. 지노비예프와 카메네프는 우선 공개재판에 회부됐고 본인들의 범죄 사실을 모두 인정한 후 총살됐다. 자백은 혹독한 고문과 압박을 이기지 못해 어쩔 수 없이 한 것이었다.

1937년 1월 말에 열린 대대적인 전시 재판에선 과거 트로츠키파에 속했던 게오르기 퍄타코프, 소콜니코프, 라데크,

세레브랴코프 등이 반 소비에트 트로츠키파 중앙 조직을 이
끈 죄로 기소됐다. 제시된 증거들은 빈약했지만 재판부는 이
들에게 가차 없이 사형 및 장기 징역형을 선고했다. 이때 스
탈린의 오래된 친구였던 오르조니키제의 동생도 총살당했다.
이에 격분한 오르조니키제는 스탈린을 찾아가 심하게 언쟁을
벌였다. 그는 숙청에 대한 불만을 여과 없이 드러냈고 "이제
멈추라"라고 요구했다. 물론 스탈린은 듣지 않았다. 절망한
오르조니키제는 그날 집으로 돌아가 권총으로 자살했다. 그
나마 스탈린에게 대놓고 따질 수 있는 인물이 죽음으로써, 사
실상 스탈린의 숙청을 억제할 만한 인물은 존재하지 않았다.

오르조니키제가 죽은 후 스탈린은 중앙위원회 전원회의에
서 트로츠키파와 지노비예프파의 연합 세력이 독일 첩보 기
관을 위해 간첩, 파괴, 테러 행위를 일삼는 조직을 만들었다
고 주장했다. 이어 예조프가 나서서 트로츠키파, 지노비예프
파, 우파가 하나의 조직에서 활동했다는 근거 없는 주장을 되
풀이했다. 스탈린은 전원회의의 동의를 얻은 후 예조프에게
철저한 수사를 지시했다. 이후 스탈린의 혁명동지이자 오래
된 친구였던 니콜라이 부하린과 예조프 이전 NKVD 수장이
었던 겐리흐 야고다 등이 앞서 제기된 혐의에 연루돼 체포됐

숙청의 역사

다. 뒤이어 '종심 작전' 이론을 설계한 천재군인 미하일 투하체프스키 원수 및 소련군 최고사령부에 있는 장성들도 대거 체포됐다. 이를 계기로 당과 경찰만이 아닌 군대도 숙청 리스트에 올랐다. 특히 투하체프스키 원수는 NKVD에 끌려가 처참하게 얻어맞았고 피범벅이 된 손으로 자술서에 서명한 후 빠르게 총살당했다.

1937년 6월. 또 한 번 중앙위원회 전원회의가 열렸다. 그동안 예조프가 수사한 것을 공식적으로 보고하는 자리였다. 그는 트로츠키파, 지노비예프파, 우파, 멘셰비키, 사회혁명당, 붉은 군대, 중앙 및 지방 당 지도자들이 하나로 결집한 중심 조직이 발각됐다고 밝혔다. 이는 과거에 제시된 것보다 훨씬 큰 규모였다. 그리고 가장 결정적으로 당 지도부에 반대했던 사람들뿐 아니라 현재의 수많은 당 지도자들, 즉 중앙위원회에 있는 사람들도 대거 연루돼 있다는 말이기도 했다. 전원회의에 참석한 사람들은 크게 술렁였다. 예조프는 본인이 수사하지 않았더라면 스탈린에 대항한 쿠데타를 저지할 수 없었을 것이라고 첨언했다. 기실 조작된 증거에 기반한 어처구니없는 수사 결과였지만, 스탈린이 대규모 숙청을 결심한 이상 진실 여부는 중요하지 않았다. 숙청의 광풍이 전방위적으로 확산될 조짐이었다.

　이에 대응해 보건 인민위원인 카민스키가 나서서 "이러다 간 우리가 당 전체를 죽여버리고 말 것이다"라고 외쳤다. 코민테른에서 소련을 대표하는 지도자였던 오시프 퍄트니츠키도 예조프의 NKVD가 사건을 조작했고 부하린을 처형해서는 안 된다고 목소리를 높였다. 스탈린은 이에 대해 매우 이례적으로 즉석에서 맞대응하는 발언도 했지만, 반대가 심상치 않자 일단 회의를 일시 중지한 후 정치국 회의를 소집했다. 정치국 회의는 적지 않은 시간 동안 진행됐다. 이 회의가 종료된 후 중앙위원회 전원회의가 다시 열렸는데 스탈린과 예조프 등은 작심한 듯 더욱 강경한 태도로 나왔다. 예조프는 퍄트니츠키가 제정 러시아의 비밀경찰인 오흐라나의 앞잡이였다고 비난하며 기세를 꺾었다. 스탈린과 그의 최측근들은 혐의가 있는 35명의 정식 위원 및 후보 위원을 즉각 축출하라고 중앙위원회에 거세게 요구했다. 중앙위원회는 마지못해 이를 가결시켰다.

안전지대가 없다
과정이 매끄럽진 못했지만 어려운 사안을 해결함에 따라

스탈린과 예조프 등은 자신감을 얻었다. 나아가 이를 기점으로 더욱 가혹한 숙청의 길에 들어서기로 마음먹었다. 7월 2일, '반소 분자'를 대거 숙청하기 위한 법령이 공포됐다. 이는 표면적으로 과거 쿨라크와 멘셰비키, 사회혁명당, 성직자, 볼셰비키 반대파, 백군의 군인, 석방된 일반 형사범 등에게 영향을 줄 것으로 보였다. 하지만 이뿐만이 아니었다. 실체가 불분명한 정치 조직을 제거하는 것을 넘어 모든 사회 부문, 즉 학계와 언론계, 문화예술계를 거쳐 궁극적으로 일반 민간인에게까지 숙청의 칼날을 들이대겠다는 의도였다. 강력한 권력에 대한 욕망과 의심 및 경계가 극에 달했던 스탈린은 이참에 전 사회에 도사리고 있는 적들을 무자비하게 '발본색원' 할 생각이었다. (스탈린의 '편집성 인격장애'가 적나라하게 드러나는 대목이다.) 이제 소련에서 스탈린을 제외한 그 누구도 안전할 수 없게 됐다. 이와 관련한 '명령 00447호'는 스탈린과 예조프가 작성해 정치국의 비준을 얻었고, 8월 5일에 숙청 작업이 실행에 옮겨질 예정이었다. 직접적으로 실행을 하는 인물은 예조프였고 스탈린은 흑해 연안으로 정기 휴가를 가지 않고 막후에서 감독하기로 했다.

　명령에서 특기할 만한 점은 '숙청 할당량'의 존재였다. 당초 예조프는 스탈린과 면밀히 상의해 소련 사회 전체에서 숙청할 인원을 할당했다. 그 결과 약 27만 명을 우선 체포하기로 했다. 또한 명령에는 구체적으로 몇 명을 강제노동수용소에 보낼지, 몇 명을 처형할지 등도 기재돼 있었다. 강제노동수용소 행은 약 19만 3000명이었고 처형은 약 7만 6000명이었다. 희생자들은 본인을 변호하거나 항소할 권리도 행사하지 못한 채 유죄 판결을 받았다. 얼마 후 스탈린과 예조프는 또 한 범주의 사람들에게 테러의 마수를 뻗치는 '명령 00439호'를 발령했다. 소련에 거주하는 독일 사람들과 독일에서 태어난 소련 국민들을 체포하는 것이었다. 스탈린은 이런 유형의 사람들이 언제든 적국의 간첩이 될 수 있기 때문에, 쿨라크 등 '반소 분자' 못지않게 위험하다고 강조했다. '명령 00439호'에는 이전과 달리 할당량은 명기돼 있지 않았고 NKVD가 자율적으로 움직여 일을 처리하도록 했다. 그 결과 약 5만 5000명이 체포돼 유죄 판결을 받았고 이 가운데 약 4만 2000명이 처형됐다. 소련에 거주하는 독일인 다음에는 폴란드인, 라트비아인, 과거 중국의 하얼빈으로 망명한 사람들이 표적이 됐다.

이 같은 숙청이 진행될 때 주요 지역에 있는 지도자들은 스탈린과 NKVD에게 체포할 사람들을 늘리게 해 달라고 요구하기도 했다. 저마다 과도한 '충성 경쟁'을 벌이기 바빴다. 그도 그럴 것이 스탈린은 주요 지역에 사절을 보내 지도자들이 명령을 잘 이행하고 있는지를 확인했다. 자칫 숙청의 대상이 될 수도 있었기 때문에 지역 지도자들은 스탈린의 명령을 지나치게 따를 수밖에 없었다. 사람들을 제대로 '가려서' 체포하는 경우는 거의 없었다. 일반 국민들도 숙청에 동조하는 경향이 뚜렷하게 나타났다. 정부의 '반소 분자' '인민의 적' 척결 캠페인에 세뇌된 국민들은 적극 나서서 조금이라도 의심이 가는 사람들을 고발했다. 이에 따라 국민들 사이에서도 서로를 믿지 못하는 풍조가 만연해 '잠 못 드는 밤'이 지속됐고 숙청의 규모는 갈수록 커졌다. 또한 숙청이 한창일 때, 스탈린은 바쁜 와중에도 예조프가 가져온 수많은 숙청 대상자들 명단과 사진을 꼼꼼히 확인하는 치밀함을 보였다. 대상자들을 처리하기 위해 문서에 사인을 하는 과정에선, 몰로토프, 보로실로프 등 주요 정치국원들을 개입시키기도 했다. 책임을 분산시키려는 의도였다. 가급적 '형식적인' 재판과 증거 조작도 거치도록 함으로써 자신의 책임을 계속 덜어내려고 했다. 특히 증거조작 명령은 NKVD로 하여금 (없는 증거를 만들어 내기 위해) 혹독한 고문을 가하도록 만들었다. 숙청을 잘 이행하는 이 '도살자'들에 대한 포상도 매우 적절히 이뤄졌다.

그동안 뜸했던 대규모 전시재판은 1938년 3월에 다시 열렸다. 이는 대숙청 정국에서 아직 생존해 있는 최고위급 인사들에 대한 재판이었다. 피고석에는 약 1년 전에 체포됐었던 부하린, 야고다와 레닌 시절 중앙위원회 위원이었던 알렉세이 리코프, 니콜라이 크레스틴스키, 크리스티안 라코프스키 등이 있었다. 특히 부하린과 관련한 재판이 핵심이었다. 그는 무려 130개의 죄목으로 기소됐다. 죄목 중에는 '소련 영토를 제국주의 국가에게 할양하려 한 점' '자본주의적, 퇴폐적인 생활을 향유한 부도덕한 인물' 등의 내용이 있었다. 그런데 엉뚱하게도 1918년에 레닌과 스탈린을 살해하고 권력을 잡으려 했다는 죄목도 있었다. 부하린은 1930년대에 있었다는 반스탈린파들의 음모에 대해선 어느 정도 정치적 책임을 느낀다고 했지만, 1918년의 죄목에 대해선 대놓고 부인하는 모습을 보였다. 일부 사람들도 재판 초반에 본인들에게 적용된 죄목을 부인했다. 그러나 부인이 오래가진 못했다. 혹독한 고문과 압박이 가해진 후 거의 모든 사람들이 마지못해 죄를 인정했다. 부하린은 (스탈린의 배려였는지는 모르지만) 고문은 면했다. 하지만 결말은 이미 정해져 있었다. 다급해진

숙청의 역사

그는 과거의 친구에게 편지를 썼다. 편지에서 부하린은 "코바(스탈린의 애칭), 당신에게 왜 나의 죽음이 필요하지?"라고 따졌다. 편지는 전혀 소용이 없었다. 부하린을 포함한 모든 피고인들은 형장의 이슬로 사라졌다.

전 사회를 겨냥한 대숙청의 칼날은 좀처럼 무디어질 기미가 보이지 않았다. 전시재판에서의 최종 판결 이틀 후 스탈린은 또 한 차례 '반소 분자' 숙청을 명령했다. NKVD는 이번에도 기민하게 움직여 소련 전역에서 약 5만8000명을 체포했다. 이 가운데 약 4만8000명이 신속하게 처형됐다. 막후에서 스탈린의 명령이 떨어지면, 예조프의 NKVD가 충실한 도살자의 역할을 수행한 대숙청. 이는 1938년 가을이 돼서야 비로소 종결이 됐다. 대숙청에 따른 사망자 수는 어마어마했다. 공식적으로는 약 68만2000명이지만, 실제로는 최대 약 120만 명에 달한다는 추정도 제기된다. NKVD가 형식적인 재판도 없이 마구잡이로 죽인 사람들이 매우 많았기 때문이다.

군부, 정보기관 숙청
스탈린의 대숙청에서 특기할 만한 또 다른 점은 '성역'으로 여겨지던 군부와 충실한 사냥개였던 NKVD 및 그 수장 예조프에 대한 숙청이다. 우선 스탈린은 오래전부터 군부에 대한 경계심을 갖고 있었다. 실질적인 무력을 보유하고 있는 군부가 적들과 모의해 언제든 자신의 절대권력을 위협할 수도 있다고 생각했다. 붉은 군대의 창시자가 트로츠키였던 점도 스탈린의 이 같은 생각에 적지 않은 영향을 미쳤을 것으로 보인다. 결국 스탈린은 군부에도 숙청의 공포를 각인시킴으로써 절대적인 충성을 보장받으려 했다. 앞서 천재군인으로 주목을 받았던 투하체프스키 원수가 혹독한 고문 끝에 처형된 이후 다른 2명의 원수도 체포돼 처형됐다. (소련군에는 총 5명의 원수가 있었다.) 이어 16명의 야전군 사령관 중 14명, 67명의 군단장 중 60명, 199명의 사단장 중 136명, 397명의 여단장 중 221명 등 소련군 장성 90%와 영관급 지휘관 80%가 숙청을 당했다. 숙청된 장성들 가운데 죄목이 명확히 밝혀진 장성들은 거의 없었다. 그리고 대부분이 유능하다는 평가를 받았던 만큼 이들의 부재에 따른 소련군의 전력 약화는 불을 보듯 뻔했다.

최일선에서 대숙청을 열심히 실행했던 예조프는 그것이 종료된 시점에 이르러 '토사구팽'이 됐다. 스탈린은 예조프가

숙청의 역사

숙청을 하는 것은 좋지만 그것으로 인해 예조프가 과도한 명성과 권력을 갖게 되는 것을 경계했다. 실제로 NKVD 창설 20주년 기념식이 열린 볼쇼이 극장에서 예조프는 마치 스탈린보다 더 주인공인 것처럼 행세하며 박수갈채를 받았다. 이때부터 스탈린은 예조프를 내치기로 마음먹었다고 전해진다. 예조프는 1938년 11월에 실각했고 1년 뒤에 별안간 (후임인) '라브렌티 베리야'의 NKVD에 의해 체포됐다. 어제의 부하들에게 끌려 나온 것이다. 그에게 적용된 죄목은 독일과의 내통 및 무차별적인 숙청에 대한 책임이었다. 내통 죄목은 조작된 것이었다. 결국 예조프는 자신이 다른 사람에게 가했던 방식 그대로 당하게 된 셈이었다. 대숙청 책임의 경우 대체로 스탈린의 명령을 충실히 따른 것에 불과했지만, '예조프의 숙청'에 따른 고급 인재 증발 및 군부 전력 약화라는 죄목을 적용받게 됐다.

그는 지하감옥에서 혹독한 고문을 당하면서도 스탈린에 대한 변함없는 충성심을 갖고 있다며 울부짖었다. 이어 베리야 앞에서 비굴하게 무릎을 꿇은 후 스탈린을 몇 분간만이라도 만나게 해달라고 빌었으며, 끝까지 스탈린의 이름을 연호하며 죽겠다고 맹세했다. 말미에 예조프는 소련 법률에 따라 최고 소비에트의회에 사면을 요청할 수 있다는 통보를 받았다. 그는 스탈린이 자신의 목숨만은 살려줄 것이라고 굳게 믿어 즉시 탄원서를 작성했다. 고문으로 손가락이 모두 부러져 있던 예조프는 매우 힘들게 탄원서 작성을 완료했다. 그러나 아무 소용이 없었다. 스탈린은 탄원서를 본 후 30분 만에 기각해 버렸고 예조프에 대한 총살 집행을 명했다. 1940년 2월, 소련 대법원의 군사대학 건물 지하의 처형장에서 예조프는 비밀리에 죽임을 당했다. 이후 그와 관련된 각종 기록과 사진도 모두 삭제됐다. 주인을 위해 온갖 궂은일은 다했지만 그 주인에게 배신을 당해 비참한 결말을 맞았다. 예조프 밑에서 일했던 NKVD 요원들도 무사하지 못했다. 예조프처럼 처형되거나 굴라크에 이송돼 평생을 살아야 했다. 어제의 숙청자들이 내일의 시체가 되면서 NKVD 내에서도 숙청의 공포가 각인됐다.

스탈린의 탄압을 피해 국외로 도피한 사람들도 표적이 됐다. 대표적인 사람들은 스탈린의 주요 정적인 트로츠키, 우크라이나 민족주의 지도자인 예브헨 코노발레츠, 만주국으로 도피한 친일 러시아인 등이었다. 특히 트로츠키는 대숙청 기간이 지나간 1940년 8월에 멕시코의 한 자택에서 암살을 당했다. 이전에도 여러 번 암살 시도가 있었지만 그때마다 트로츠키는 가까스로 살아남았었다. 하지만 NKVD에 포섭된 스페인 출신의 암살자 라몬 메르카데르의 암살 시도는 끝내 피하지 못했다. 메르카데르는 신분을 속인 채 트로츠키 신봉자이자 여비서인 실비아 엥겔로프에게 접근했다. 두 사람은 금세 연인 사이로 발전했고 메르카데르는 자연스럽게 트로츠키와도 친한 사이가 됐다. 이때만 해도 트로츠키는 그가 자객일 것이라고는 상상도 하지 못했다.

암살 당일, 트로츠키와 메르카데르는 여느 때처럼 친근하게 이야기를 나눴다. 그런데 이야기를 마친 후 메르카데르는 밖으로 나가지 않고 트로츠키 뒤로 몰래 다가갔다. 그의 한 손에는 날카로운 등산용 피켈이 있었다. 트로츠키는 아무것도 모른 채 자신의 일에만 열중했다. 메르카데르는 있는 힘껏 피켈을 들어 트로츠키의 머리를 찍어버렸다. 피가 솟구쳤다. 트로츠키는 비명을 질렀고 안간힘을 다해 자객의 손과 팔을 잡아 추가적인 가격을 막으려 했다. 다른 방에 있던 비서들이 급히 달려와 메르카데르를 마구 때려 체포했다. 가격을 당한 직후 잠시 의식이 있던 트로츠키는 "죽여서는 안 된다. 자백을 받아야 한다"라고 외쳤다. 그러나 곧 혼수상태에 빠졌고 이튿날에 세상을 떠났다. 이로써 스탈린은 오랜 기간 소망했던 트로츠키 제거의 꿈을 이뤘고, 이제 그에게 대항할 수 있는 정적들은 더 이상 존재하지 않게 됐다. 사실상 트로츠키 암살이 대숙청의 '완결판'이라고도 볼 수 있다. 물론 스탈린은 트로츠키 암살을 모르쇠로 일관했다. 다만 메르카데르의 어머니에게 훈장을 수여함으로써 암살을 간접적으로 시인했다.

혹독한 후과

스탈린 대숙청은 소련 사회에 씻을 수 없는 깊은 상처를 남겼다. 무엇보다 분야를 가리지 않는 숙청으로 유능한 정치인, 군인, 과학자, 의사, 예술가, 법조인 등이 대거 사라졌다. 이에 따라 각종 분야에서의 성장은 매우 지체되거나 오히려 퇴보했다. 특히 군부 숙청은 군 지휘체계를 완전히 붕괴시킴은 물론 붉은 군대의 전력을 크게 약화시켰다. 악영향은 추후에 명백하게 드러난다. 우선 1939년 핀란드와의 '겨울전쟁' 때, 소련군은 약체라고 평가받던 핀란드군에게 고전을 면치 못했다. 당시 소련군은 25개 사단, 54만 명의 병력과 대규모의 전차 및 항공기를 동원했다. 규모 측면에서 핀란드군은 소련군에게 상대가 되지 못했지만 전쟁은 교착 상태에 빠졌다.

핀란드의 매서운 추위와 핀란드 스키부대의 맹활약 때문만이 아니었다. 대숙청에 의해 소련군 내부가 이미 붕괴된 것이 결정적이었다.

유능한 군 지휘관들이 대부분 숙청을 당해 경험 및 역량이 떨어지는 지휘관들이 부대를 이끌고 있었다. 더욱이 이들 지휘관은 트집을 잡힐 것을 두려워해 제대로 된 지휘를 하지 못했다. 그 결과 소련군은 핀란드군의 만네르헤임 방어선을 좀처럼 뚫지 못했고 수오무살미 전투 등에서는 수만 명의 사상자가 발생하며 큰 피해를 입기도 했다. 전차도 대거 파괴됐다. 비록 1940년 봄에 소련군이 티모셴코 장군의 지휘 하에 반격을 가해 방어선을 돌파하며 평화협정 체결을 이끌어냈지만, 이때 전 세계(특히 나치 독일)는 소련군의 취약한 전력을 분명하게 목도했다. 하지만 겨울전쟁은 '독소전쟁'에 비하면 아무것도 아니었다. 아돌프 히틀러의 독일군은 1941년 6월에 소련을 전면적으로 침공했다. 1939년에 맺었던 '독소 불가침 조약'은 헌신짝처럼 내던졌다. 독소전쟁 초반은 그야말로 소련군에게 '재앙'과도 같았다. 스탈린의 전략적 오판도 문제였지만 겨울전쟁처럼 유능한 지휘관들의 부재로 제대로 된 대처를 하지 못했다. 수없이 많은 소련 군인들과 민간인들이 속절없이 죽임을 당했다. 독소전쟁에서 소련의 인적 피해는 무려 3000만 명에 달하는 것으로 전해진다.

무자비한 대숙청과 이에 따른 폐해는 스탈린의 시대에는 철저히 미화되거나 은폐됐다. 이것의 진상이 어느 정도 드러난 것은 스탈린이 사망한 이후였다. 그의 뒤를 이어 소련의 최고 지도자가 된 흐루시초프는 1956년 비밀연설에서 스탈린 대숙청의 진상과 후과를 낱낱이 고발했다. 그는 스탈린의 독단적인 정책으로 대기근이 발생하는 등의 큰 피해가 있었고, 정신병에 가까운 의심과 고문에 의한 사건조작 등으로 수많은 사람들이 억울하게 목숨을 잃었다고 말했다. 실제로 흐루시초프가 행한 연설의 주요 내용은 다음과 같다. "무고한 사람들이 고문으로 의식을 잃었고 판단력을 상실당했으며 인간으로서의 권위를 빼앗겼다. 이 모든 것에 대한 책임자가 바로 스탈린이다. 그는 사적으로 수사관을 불러 심문 방법까지 지시했다. 그 방법은 간단했다. 때려라, 때려라, 또 때려라."

개인숭배의 여파로 이전까지 신적인 존재로 추앙받고 있던 스탈린이 일순간 잔혹한 독재자로 '격하'되기 시작했다. 당시 현장에 있던 사람들은 경악을 금치 못했다. 한 참석자는 "연설이 끝났을 때, 죽음과 같은 침묵이 흘렀다. 파리가 날아가는 소리를 들을 정도였다. 그리고 웅성웅성하는 소리가 들렸다. 걱정과 기쁨이 교차했다. 흐루시초프가 어떻게 이런 연설을 이런 청중 앞에서 할 수 있는가 하는 경이로움이 퍼져나갔다"라고 회고했다. 전 세계인들 역시 흐루시초프의 연설에 경악하기는 마찬가지였다. 이후 소련 사회에서 스탈린 격하 운동이 본격화했다. 수많은 스탈린 동상들이 철거됐고 레닌 영묘에 안치됐던 스탈린의 시신도 다른 곳으로 이장됐다. 다만 스탈린 격하 운동은 중국 공산당 최고 지도자인 모택동 등의 반발을 불렀다. 이에 따라 국제공산주의 운동은 극심하게 분열되는 양상을 보이게 된다.

04

드골의 '민족반역자 숙청'

누가 감히 용서를 말하는가

민족정기를 바로세운 준엄한 심판 전말

샤를르 드골.

"우리들이 과거에 겪은 모든 불행은 민족반역자들에 대한 숙청을 거부한데서부터 왔다. 오늘날 우리가 또다시 나치에 협력한 반역자들의 머리를 강타길 주저한다면, 프랑스의 미래에 엄청난 위험이 닥칠 것이다. 어제의 범죄를 벌하지 않는 것, 그것은 내일의 범죄에게 용기를 주는 것과 똑같은 어리석은 짓이다. 프랑스 공화국은 절대로 관용으로 건설되지 않는다."

_프랑스문학 신문 사설 中

 개인적으로 근현대사를 통틀어 가장 아쉬운 역사 중의 하나가 바로 '친일파 청산 실패'라고 생각한다. 무려 36년 간 일제의 식민통치를 받았고 셀 수 없을 정도로 많은 친일파들이 있었지만, 해방 이후 제대로 처벌을 받은 사람은 단 한 명도 없었다. 오히려 친일파들을 청산하기 위해 설립된 '반민족행위 특별조사위원회'(반민특위)가 이승만 정권에 의해 강제해산을 당했다. 민족반역자들은 일제 강점기는 물론 해방된 나라에서도 떵떵거리며 살았고 대를 이어 권력 및 재산을 세습했다. 비록 북한과 냉전이라는 특수한 요인이 있었지만 너무도 참담한 결과라 아니할 수 없다. (이승만 정권은 북한과 공산주의의 팽창을 의식해 친일 관료 물갈이보다는 온존을 선택했다.)

이 같은 역사에 대한 아픔이 클수록 우리는 프랑스의 '민족 반역자 숙청'을 떠올리게 된다. 프랑스는 4년이라는 비교적 짧은 기간 동안 나치독일에 점령당했다. 그럼에도 해방 후 매우 가혹하게 민족반역자들을 숙청했다. 친일파들을 옹호한 이승만과 달리, 당시 프랑스의 최고지도자였던 '샤를르 드골'은 고위급 인사들은 물론 가벼운 죄를 범한 나치협력자들까지도 모두 숙청 대상에 올렸다. 한국의 경우와는 180도 다른 상황을 만들어낸 것이다. '민족정기'를 바로 세워 후대에 이와 같은 민족반역자들이 다시는 나올 수 없게 만들기 위해서였다.

이때를 계기로 프랑스에서는 정의로움을 말하고 부정한 것을 거부하는 기풍이 생겼다. 훗날 프랑스가 또다시 외세에 지배를 당하더라도 쉽사리 국가와 민족을 배신하는 자들이 나올 수 없을 것이라는 전망에 무게가 실렸다. 올바른 '역사적 경험'의 힘이었다. 반면 한국에서는 이 같은 경험의 부재로 인해 불행한 역사가 되풀이될 수 있다는 우려가 나온다. 더욱이 이로부터 파생된 사회적 갈등이 현재진행형인 것은 두말할 나위가 없다. 중대한 역사의 분수령에서, 마땅히 해야 할 과업을 제대로 수행하지 못한 뼈아픈 결과는 오늘날까지 국

숙청의 역사

가와 민족에게 큰 악영향을 미치고 있는 것이다. 프랑스의 민족정기를 바로 세우고 우리 사회에 심대한 교훈을 던지는 드골의 '민족반역자 숙청' 전말을 되돌아봤다.

2차 대전, 프랑스의 참패

1940년 5월 10일 새벽 5시 35분. 나치독일군은 긴 침묵을 깨고 서부전선에 대한 전면적인 공격을 개시했다. 목표는 프랑스 파리였다. 독일군은 우선 네덜란드의 남쪽 국경도시인 마아스트리히트로 진격했는데, 이는 프랑스의 강력한 방어기지였던 '마지노선'을 피해 우회공격을 감행하기 위해서였다. 네덜란드군은 열심히 저항했지만 독일군의 로테르담 폭격 등에 속절없이 무너졌다. 5일 만에 네덜란드가 항복했다. 이후 독일군은 벨기에를 침공했고 이 역시 가볍게 승리했다.

독일군의 진격이 예사롭지 않았지만 이때까지만 해도 영국, 프랑스 연합군은 자신감이 있었다. 프랑스군 총사령관인 모리스 가믈랭은 다음과 같이 말했다. "모든 준비는 끝났습니다." 일명 '전투 없는 전쟁' 중 만반의 대비를 해놨기 때문이다. (제2차 세계대전은 1939년 9월 1일 독일군이 폴란드를 침공하면서 발발했다. 초반에 독일군은 폴란드를 빠르게 점령하는 등 호기롭게 나왔지만, 서부전선에서의 전쟁을 앞두고 상당 기간을 그냥 흘려보냈다.) 가믈랭은 프랑스군의 최정예 부대인 기동사단들과 영국의 원정군 전체에 벨기에 북부를 향해 진격하라고 명령했다. 당연히 독일군의 주력 부대가 이곳을 통해 프랑스를 침공할 것이라 예상했다. 실제로 적지 않은 독일군 병력이 벨기에 북부에 모습을 드러냈다.

하지만 이는 독일군의 전술에 완벽히 말려든 것이었다. 사전에 독일군은 일부 병력을 벨기에 북부로 보내 연합군을 기만하고, 주력 부대는 벨기에와 프랑스 국경 틈새에 있는 '아르덴 숲'을 돌파하기로 결정을 내렸다. 이는 대단히 위험하고 과감한 작전이었다. 아르덴 숲은 매우 험해서 군대가 돌파하는 것은 불가능해 보였다. 자칫 군대 이동이 정체돼 연합군의 손쉬운 먹잇감이 될 수도 있었다. 그럼에도 히틀러는 독일군 최고의 명장 '만슈타인'의 작전 제안을 받아들여 시행했다. 연합군 수뇌부는 독일군이 결코 아르덴 숲을 통과할 엄두를 내지 못할 것이라 확신했다. 그래서 이곳의 방어는 거의 신경 쓰지 않았고 벨기에 북부에 집중했다. 정찰기 조종사들이 "수많은 독일군 전차와 차량화 부대가 아르덴에서 행군 대형을 이루고 있다"는 보고를 올렸음에도 무시됐다. 특히 가믈랭은 '확증 편향'이 심해 자신이 이미 판단하고 결정 내린 것을 변경하려 하지 않았다.

곧 '재앙'이 찾아왔다. 독일군 주력부대는 아르덴 숲을 돌파하는 데 성공했고 이후 거침없이 내달렸다. 벨기에 북부에 있던 수많은 연합군은 진실을 깨닫고 공황 상태에 빠졌다. 독일군은 프랑스 북부지역에 동서로 진격, 점령함으로써 연합군을 반토막 냈다. 그 유명한 '낫질 작전'이었다. 결국 연합군 34만 명은 프랑스 북쪽 해안도시인 '덩케르크'에 포위돼 전멸당할 위기에 처했다. 자신만만하고 강력해 보였던 연합군이 만슈타인의 작전 한방에 완전히 무너진 것이다. 다만 연합군은 독일군이 시간을 지체할 때, 영국으로 필사의 철수 작전을 벌여 가까스로 전멸을 모면했다.

사실상 걸림돌이 사라진 독일군은 이제 프랑스의 수도 파리로 총 진격했다. 프랑스의 레이노 정부는 강력한 '항전파'였던 드골을 국방차관으로 임명해 파리 북부에 최후의 방어선을 구축했다. 그러나 독일 기계화 사단의 맹렬한 공격으로 단 하루 만에 북부 방어선이 무너져 내렸다. 이곳에 남아있던 연합군은 후퇴하지 않을 수 없었다. 엎친 데 덮친 격으로, 이때 이탈리아의 무솔리니가 프랑스에 선전포고를 한 후 프랑스 남부지역 일부를 점령했다. 프랑스 정부는 더 이상의 수도 방위를 포기하고 파리를 '개방 도시'로 선언했다. 어차피 승산이 없었던 측면도 있었고 독일군의 포격으로 아름다운 파리가 쑥대밭이 될 것을 우려했기 때문이다. 이 와중에 난공불락의 요새로 불렸던 마지노선도 독일군의 수중에 떨어졌다. 드골은 급히 영국으로 몸을 피했다. 그는 런던에 오자마자 처칠과 협의를 한 뒤, 추후 프랑스령 북아프리카에 새로운 전선을 구축하기로 결정했다.

1940년 6월 17일. 레이노 정부의 부총리였던 필립 페탱이 독일에 휴전을 제의했다. 페탱은 1차 대전 베르됭 전투의 영웅이었지만 이 당시에는 항전파에 배치되는 '휴전파'의 우두머리였다. 그는 라디오 연설을 통해 "프랑스군은 독일군과의 전투를 중지하라"라고 명령했다. 사실상 백기투항이었다. 이에 대응해 드골은 영국 BBC 방송을 통해 "휴전 제의에 반대하며 끝까지 항전해야 한다"라고 외쳤다. 망명정부인 '자유 프랑스'를 세울 것이라고도 했다. 하지만 이때 드골의 외침은 공허한 것이었다. 이미 모든 프랑스군은 전의를 상실했고 프랑스 전 국토는 독일군의 군홧발 아래에 있었다. 마침내 6월

22일, 히틀러의 독일과 페탱의 프랑스 정부 간 휴전협정이 조인됐다. 세계 최강의 육군국이었던 프랑스는 개전 6주 만에 독일에 참패했다.

비시정부 수립, 드골의 항전

휴전협정에 의해 프랑스는 남북으로 분할됐다. 프랑스 전 국토의 56%에 이르는 르와르강 북부 지역은 나치 독일군이 직접 점령했다. 르와르강 남부 지역은 페탱을 국가원수로 하는 휴전파가 '비시정부'를 구성해 지배했다. 비시정부는 사실상 나치독일의 괴뢰정부였다. 이로써 프랑스는 향후 4년 간 나치독일의 영향력 하에 놓이게 됐다.

드골은 독일과 비시정부의 반대편에 섰다. 그는 영국 런던에서 망명정부인 자유프랑스를 창설했다. 이 정부만이 프랑스의 합법정부라고 선언했고 비시정부는 불법으로 규정했다. 드골의 망명정부는 프랑스 내의 반 나치저항운동을 지휘함과 더불어 국외에서 미국, 영국 연합군과 협력해 독일군과 전투를 벌였다. 그러면서 드골은 예전부터 구상했던 계획, 즉 자유프랑스 정부의 위치를 런던에서 프랑스령 북아프리카로 변경하는 계획을 실행에 옮기려 했다. 비시정부 점령지이기도 했던 북아프리카에 망명정부를 세운다면, 비시정부의 정통성을 훼손시킬 수 있고 프랑스 내의 반 나치저항운동을 효과적으로 지휘할 수 있을 것이라고 판단했다. 이는 미국, 영국 연합군이 북아프리카 상륙작전을 전개한 후 점령에 성공한 1942년 11월에 현실화됐다.

　그렇게 염원했던 북아프리카 망명정부 수립이 이뤄졌지만 문제가 뒤따랐다. 드골과 프랑스 제7군 사령관이었던 앙리 지로 장군 간의 노선 갈등이 발생한 것이다. 지로는 프랑스군이 독일군에게 참패할 때 포로가 됐으나 극적으로 탈출에 성공해 영웅이 됐다. 처음에는 드골도 지로를 우호적으로 평가했다. 지로가 북아프리카 알제리에 왔을 때, 드골은 주변 사람들에게 좋은 정치적 동반자가 왔다고 말할 정도였다. 그러나 이 같은 평가는 오래가지 못했다. 기실 지로는 비시정부의 열렬한 추종자와 같았고 드골의 민족반역자 숙청 노선에 노골적으로 반기를 들었다. 두 사람이 함께 하기는 매우 어려워 보였다. 이때 미국 루스벨트 대통령과 영국 처칠 수상의 적극적인 중재 노력이 있었다. 이후 드골과 지로는 프랑스를 해방하기 위한 공동위원회의 공동대표로 취임했다. 형식적으로나마 두 사람의 갈등이 봉합되는 듯 보였다.

그러나 수그러들었던 갈등이 다시 고개를 들었다. 공동위원회의 인선에서였다. 드골은 비시정부 출신 인사들과 함께 할 수 없다는 점을 명확히 했지만, 지로는 폭넓은 반 나치 통일전선을 명분으로 이러한 인사들도 함께 해야 한다고 주장했다. 관련 논쟁은 치열하게 전개됐다. 이런 가운데 비시정부 인사였던 페이루통이 공동위원회 회원에서 자진 사퇴하면서 드골이 점점 유리해지기 시작했다. 결국 지로가 프랑스 임시정부의 모태가 되는 '민족해방 프랑스위원회'(CFLN)에 비시정부 인사들을 참여시키지 않기로 결정함에 따라 드골은 완전한 승리를 거뒀다. CFLN의 권력을 장악한 드골은 굳게 마음을 먹었던 과업을 본격적으로 실행하기로 결심했다. 그는 1943년 8월에 처음으로 민족반역자(나치협력자) 숙청을 공식적으로 천명했다. 이후 CFLN 내부에 숙청 대상자를 선별하고 숙청 기준을 마련하는 등의 역할을 수행하는 나치협력자 숙청위원회를 설치했다. 이 기구는 북아프리카에서 민족반역자들을 처단한 것은 물론 프랑스 해방 이후 대숙청 계획까지 면밀히 설계했다. (CFLN에서 드골이 서명했던 숙청 관련 '훈령'은 고스란히 임시정부의 '법령'으로 제도화됐다. 즉 해방 이후 민족반역자 숙청의 충실한 법적 근거가 됐다.)

궁극적으로 페탱과 비시정부에 대한 숙청도 예고됐다. CFLN은 페탱을 '민족반역자'로 비시정부를 '가짜정부'로 규정했고, 프랑스 해방 직후 페탱과 비시정부 인사들을 반드시 재판에 회부할 것이라는 결의안을 채택했다. 결의안 내용을 보다 구체적으로 살펴보면 다음과 같다. "페탱은 '가짜정부'를 구성해 나치독일에 굴욕적으로 항복했고 민주헌법을 훼손했으며 연합군과 반 나치저항운동을 펼치는 '정의의 프랑스'에 대항해 프랑스군을 싸우게 하는 반역죄를 범했다." 이는 프랑스 국민들을 크게 놀라게 했다. 이때까지만 해도 적지 않은 국민들에게 '페탱과 비시정부가 휴전협정을 통해 프랑스를 구했다'라는 인식이 남아있었기 때문이다. 과거 프랑스 대혁명 때와 유사한 피의 숙청이 예고되는 가운데 프랑스 해방의 날이 목전에 다가오고 있었다.

파리 해방과 숙청 분위기 고조

1944년 6월 6일. D-데이가 밝았다. 이날 미국, 영국, 프랑스 연합군은 독일군이 점령하고 있는 프랑스 서부해안에 상륙을 시도했다. 그 유명한 '노르망디 상륙작전'이었다. 여기서 큰 승리를 거둔 연합군은 곧장 프랑스의 수도 파리로 진격했다. 연합군의 행보와 별개로 파리에 있는 프랑스 저항단체들은 이미 독일군과 전투를 벌이고 있었다. 독일군은 상륙 작전 성공 소식에 기세가 크게 꺾였고 점진적으로 무너졌다. 이런 가운데 프랑스의 제2전차사단 선발대가 파리 남쪽 외곽 지역인 몽파르나스 대로에 모습을 드러냈다. 파리 해방이 초읽기에 들어갔다. 마침내 8월 25일, 저항단체들이 파리점령 군 사령관인 폰 콜티츠 중장으로부터 항복을 받아냈다. 파리에 있던 독일군은 무장해제됐고 1940년 독일 점령 4년 만에 파리는 완전히 해방됐다. 여담으로 콜티츠가 항복하기 직전, 히틀러는 그에게 "파리를 불바다로 만들라"라고 지시했다. 하지만 콜티츠는 히틀러의 명령을 거부함으로써 아름다운 파리를 구했다. 추후 그는 전범재판에 회부되긴 했지만 징역 7년의 가벼운 형을 선고받았다.

8월 26일, 드골이 르크레르 장군과 함께 파리에 입성, 수많은 시민들과 함께 샹젤리제 대로를 행진했다. 그는 이날 연설을 통해 "파리가 용감한 시민봉기에 의해 해방됐다는 사실에 무한한 찬사를 보낸다"라고 말했다. (그런데 이때 일각에서는 해외에서 돌아온 드골파와 국내 저항단체파 간에 알력이 있을 수 있다는 우려가 나왔다. 다행히 드골이 다양한 세력을 융합한 거국내각으로 임시정부를 구성해 문제는 발생하지 않앗다.) 지하에 있던 프랑스 저항운동 전국협의회는 처음 지상으로 나와 회의를 열었다. 이 자리에서 그들은 민족반역자 체포에 적극 나서기로 결정했다. 특히 시민봉기 5일 전부터 민족반역자를 체포하기 시작한 파리해방위원회(CPL)는 더욱 탄력을 받아 파리 해방 2주일 후인 9월 4일에 4000여 명의 민족반역자를 체포했다고 밝혔다. 시간이 갈수록 체포의 규모는 눈에 띄게 증대됐다. 보통 체포할 때 경찰과 동행해야 했지만, 저항단체들은 이에 아랑곳하지 않고 자의적으로 체포하는 경우도 많았다. 이 즈음 파리 지역의 각 수용소에는 약 6만여 명의 민족반역자들이 수용된 것으로 전해진다.

파리에서 열린 저항운동전국협의회(CNR) 총회에서는 공산당보고자인 오기스트 기요가 처음으로 민족반역자 숙청과 관련한 결의안을 내놨다. 결의안은 드골의 임시정부를 향해 "반역자들을 매우 신속하게, 그리고 정의롭게 응징하라"라고 요구했다. 보다 구체적으로는 생계를 위해 무의식적으로 과오를 범한 가난한 사람들이 아닌 나치와 야합한 정치인, 언론인, 영화인, 예술인 등을 즉각 처단하라고 했다. 이처럼 사회 곳곳에서 나치에 협력한 민족반역자들에 대한 숙청 분위기가 빠르게 고조되고 있었다. 최종 결정권을 가진 드골은 적극 호응하는 모습을 보였다. 그는 '부역죄'에 관한 훈령을 발표했다. 이는 형법상 선고를 면하거나 기소 전에 훈방된 '약한 수준'의 나치협력자들에게 주로 적용될 벌칙을 규정한 것이다. 일각에서 "너무 과하고 악용될 소지가 있다"라는 반대의 목소리가 있었지만 훈령으로 공표되자 즉시 조용해졌다. 부역죄는 모든 숙청재판에 필히 병과 됐고, 해당 범죄자들에게는 선거권이나 공직 진출권 박탈, 심지어 국적 박탈 등 각종 불이익이 가해졌다. 부역죄 훈령에는 사회의 모든 불순물을 남김없이 제거한 후 새로운 프랑스를 만들겠다는 드골의 강력한 의지가 담겨있었다. 또한 드골은 틈만 나면 임시정부 각료들과 모든 저항단체 대표자들에게 민족반역자 체포를 독려했다.

드골은 험악해지는 숙청 분위기를 감안해 '정의의 법정' 설치도 서둘렀다. 이는 해방된 지역에서의 무자비한 보복을 제어하고 공적인 영역에서 단죄하기 위한 조치였다. (이때 많은 저항단체들은 악질적인 민족반역자들은 사법절차 없이 즉결처분이나 인민재판으로 죽여야 한다고 주장했고, 실제로 그렇게 처리한 경우도 많았다.) 드골은 "숙청은 사법을 담당하는 사람의 권위와 책임 아래에서 보다 드높게 완수돼야 하는 것"이라고 강조했다. 숙청 작업을 곧 '국가의 작업'으로 명확히 규정한 것이다. 임시정부 법무장관인 망통 교수는 파리에 오자마자 방돔광장의 법무성에 들어가 법정 설계에 착수했다. 얼마 안 가 비시정부의 각료들 및 고위 공직자들을 재판하기 위한 최고재판소가 파리에 설치됐다. 각 지방에는 공직자가 아닌 일반 나치협력자들을 재판할 지방숙청재판소(파리숙청재판소 포함)와 경미한 나치협력자 등을 재판할 시민법정이 설치됐다. 이는 모두 북아프리카 알제리 시절에 발표된 드골의 훈령에 근거를 둔 것이었다. 특히 10월 초에 최고재판소는 '반역자들을 찾아내기 위하여'라는 간판을 시테섬의 법원사무실에 내건 후 민족반역자들과 관련한 신고를 받았다. 임시정부 법무성도 나서서 시민들이 법원에 적극적으로 신고를 해달라고 고시했다.

숙청의 시작, 언론인 작가 숙청

곧 파리숙청재판소에서 주요 인사들에 대한 재판이 잇따랐다. 자연스레 전 세계의 이목이 집중됐다. 시기적으로 보면, 전쟁 이후 나치 전범들을 재판한 '뉘른베르크 국제재판'보다 2년가량 앞섰다. 맨 먼저 법정에 끌려 나온 것은 나치 협력 언론인들이었다. (앞서 언론숙청위원회가 담당 검사에게 1차로 넘긴 나치 협력 언론인들은 총 93명이었다.) 드골은 왜 언론인들부터 숙청했을까. 아마도 이들이 여론을 움직이는 만큼, 혹시 모를 부정적인 여론(비시정부 동정론, 관용론 등) 조장을 막고 효과적으로 숙청을 단행하기 위한 것으로 보인다. 또한 상징적인 의미도 더해졌다. 추후 드골은 회고록에서 "언론인들은 '도덕'의 상징이기 때문에 첫 심판대에 올려 가차 없이 처단했다"라고 밝혔다.

나치 협력 언론인들은 사설과 칼럼 등으로 나치독일과 비시정부는 열렬히 찬양한 반면 연합군과 드골의 망명정부는 노골적으로 비난했다. 수많은 관련 글이 남아있었기 때문에 반민족행위와 관련한 증거들은 차고 넘치는 셈이었다. 이들은 나치독일이 전쟁에서 패배할 수도 있음을 전혀 생각하지 못했던 것 같다. 대표적인 인물들을 중심으로 숙청 과정을 살펴본다. 첫 재판 대상이 된 주요 언론인은 '조르주 쉬아레즈'였다. 전쟁 이전까지 유명한 역사가이자 극우정당인 프랑스 인민당의 당원이었던 그는 독일 점령기에 친 비시정부 일간지인『오늘』의 정치부장을 맡았다. 이 자리는 나치독일과 가까운 인사만이 임명될 수 있었다. 법정에서 검사는 쉬아레즈를 나치선전원으로 전락한 조국배반 언론인으로 규정했다.

재판부도 범죄의 증거로 제출된 쉬아레즈의 글들을 모두 정독한 후 그가 나치즘과 히틀러를 수없이 찬양한 언론인이라고 밝혔다. 궁지에 몰린 쉬아레즈와 그의 변호인들은 역사학자 경력과 나치저항운동가들을 구출한 점 등을 참작해 달라고 애원했다. 그러나 검사는 "그의 유죄를 면죄시킬 수 없다"라며 사형을 구형했고 재판부도 사형과 전 재산몰수형을 선고했다. 11월 9일, 쉬아레즈는 파리 남쪽 몽패르의 처형장에서 총살됐다.

다음으로 표적이 된 주요 언론인은 프랑스 최대 일간지인 『르 마탱』의 편집국장인 로잔이었다. 독일 점령기에 르 마탱은 비시정부의 나치 협력을 '전략적 화해'라고 미화했고 파시즘을 찬양했다. 로잔이 직접 나서서 친 나치 기명칼럼을 쓴 것도 셀 수 없을 정도였다. 재판부는 로잔을 향해 "독일 선전장관인 요제프 괴벨스의 품에 안겼다"라고 비난하면서 징역 20년형을 선고했다. 뒤이어 유명한 해군역사가였던 폴 사크가 법정에 섰다. 그 역시 『오늘』지에 친 나치 칼럼을 많이 실었고 페탱의 국민혁명전선을 적극 옹호했다. 재판부는 폴 사크를 가차 없이 사형에 처했다. 31세에 불과한 젊은 신문사 사장인 뤼시엥 콩벨도 나치독일을 찬양하고 연합군을 비난하는데 앞장섰다는 죄목으로 법정에 끌려 나왔다. 검사는 그에게 사형을 구형했다. 하지만 문호인 앙드레 지드와 재헌의회 의원인 필립 신부 등이 탄원서를 제출해 15년 노동형이 선고됐다. 이는 언론인 숙청 과정에서 이례적인 일로 평가를 받는다.

12월에는 프랑스 최고 권위의 문학상인 '공쿠르상' 수상자이자 거물 언론인이었던 '베로'가 역사의 심판대에 올랐다. 그런데 베로의 경우는 좀 특이했다. 그는 분명 과오가 있었지만 이를 뒷받침할 '증거'가 부족했다. 본인의 이름을 달고 나온 글이 매우 적었기 때문이다. (적었던 것이지 없었던 것은 아니다.) 법정에서 검사는 베로가 지난 1940년부터 1943년까지 그렝고아르지에 발표한 논설들이 나치독일을 이롭게 하고 조국 프랑스를 배반했다고 논고했다. 베로는 비시정부를 옹호하며 자신도 죄가 없다는 식으로 반박했다. 그러자 검사는 친 나치, 반 드골적인 내용이 담긴 베로의 논설을 있는 그대로 읽어 내려갔다. 이후 검사는 "베로가 악을 범했고 앞으로도 프랑스에 악을 가져다줄 것"이라며 사형을 구형했다. 재판부는 심사숙고를 한 끝에 검사의 손을 들어주는 결정을 내렸다. 베로의 반민족행위와 관련한 증거가 비교적 불충분했음에도 사형과 함께 전 재산몰수형, 시민권 박탈을 선고했다. 한때 언론계의 거물이었던 그는 졸지에 총살형에 처해질 운명이었다. 그런데 반전이 일어났다. 많은 국민들이 징역형을 선고받은 다른 언론인들과 비교하면서, 연로한 언론인을 총살하는 것은 너무 가혹하다며 목소리를 높였다. 여기에 더해 거물급 작가이자 반 나치저항운동에 참여한 프랑수아 모리악이 르 피가로지 논설을 통해 베로를 지원했다. 그는 "우리는 독일과 접촉하지도 않은 베로를 나치독일의 벗으로 규탄하고 있다. 이것은 증오이지 정의가 아니다"라고 말했다. (추후 베로는 모리악을 '생명의 은인'으로 인정하고 장문의 감사편지를 보냈다.) 2주 뒤에 드골은 베로의 형량을 사형에서 무기징역형으로 낮췄다. 이 같은 결정은 모리악의 주장과는 별개로 '증거 불충분' 때문이다.

초창기 숙청의 정점은 1945년 1월에 있었다. 그 주인공은 36세의 젊은 작가이자 언론인인 '로베르 브라지야크'였다. 그는 프랑스가 배출한 보기 드문 천재 작가로 불렸다. 하지만 브라지야크의 범죄 혐의는 너무나 명백했다. 그가 편집국장으로 있었던 조간신문의 논설과 정치기사들은 모두 나치독일 및 히틀러에 대한 찬양 일색이었다. 프랑스군을 향해서는 나치독일군에 가담해 싸우라고 독려했고, 드골과 망명정부, 저항운동 단체들은 잔혹한 테러범이라고 주장했다. 한마디로 '나치 선전원' 그 자체였다. 브라지야크는 파리에서 철수하는 독일군을 따라가지 않고 남았으며 시테섬에 있는 파리 경시청에 찾아가 자수했다. 이때 그는 자신을 순수한 민족주의자로 규정했고 다른 나라로 도망을 간 극단적 나치협력자들과 구별이 된다고 생각했다. 일종의 '정신승리'를 하고 있었던 셈이다.

얼마 후 열린 브라지야크의 재판에서 법원서기는 그의 논설들을 낭독하며 민족반역죄의 증거로 들이밀었다. 적과 내통한 사람, 인종차별주의자, 반공극우이념의 소유자, 반영·반미주의자 등의 부정적인 낙인이 찍혔다. 이에 대응해 브라지야크의 변호인인 자크 이소르니는 브라지야크가 국민들로부터 '합법정부'로 인정을 받은 페탱 비시정부의 지시를 따랐을 뿐이라고 주장했다. 아울러 페탱 및 비시정부 각료들이 아직 재판을 받지 않은 상황인데, 한 시민에 불과한 브라지야크가 먼저 재판을 받는 것은 합당하지 않다고 강조했다. 그러자 드골 임시정부의 르불 정치위원(공화국 검사)이 나섰다. 그는 "임시정부가 발표한 훈령은 페탱의 비시정부를 완전 무효이자 불법이라고 규정하고 있으며, 모든 시민들의 나치협력 행위를 불법으로 규정하고 있다"라고 밝혔다. 그러면서 브라지야크의 단독재판이 유효하다는 유권해석을 내렸다. 재판부도 동의했다.

뒤이어 비달 재판장이 직접 브라지야크를 심문했다. 그런데 이 심문은 패착이었다. 되레 브라지야크의 행위가 비시정부의 지시에 따른 것이며, 나치독일을 이롭게 하려 한 것이 아니라는 인상을 심어줬다. 이제 다시 르불이 나섰다. 그는 매우 준엄하게 브라지야크의 반민족행위를 논고했다. 독일 점령기에 브라지야크가 쓴 글을 증거로 제시하며 "적에게 지식과 조국을 팔아먹었다"라고 직격탄을 날렸다. 이어 "피고의 배반은 무엇보다 지식인의 배반이다. 보통 사람의 배반보다 지식인의 배반이 수백 배 더 악질적"이라고 덧붙였다. 이는 브라지야크가 단순히 비시정부 지시에 의해 움직인 것이 아닌, 나치독일 및 히틀러를 위해 열렬히 활동한 '반역 지식인'이라고 강조한 것이다. 방청석에 있던 많은 사람들이 호응했다. 르불은 브라지야크에게 가차 없이 사형을 구형했다.

르불의 심문으로 일순간 브라지야크는 궁지에 몰렸다. 변호인은 다급하게 모리악의 편지를 꺼내 들었다. 해당 편지에는 "브라지야크는 그의 세대에서 가장 빛나는 프랑스 정신의 소유자이다. 만약 이 빛나는 정신이 영원히 사라진다면 나는 프랑스 문단의 큰 손실이 될 것을 조금도 의심하지 않는다" 라는 내용이 담겨있었다. 상술했듯 모리악은 베로 재판에서도 관용론을 펼친 바 있다. 또한 변호인은 해당 재판을 여론 재판이라고 비난했고, 브라지야크의 일련의 행위가 형법 75조 외세와 내통한 국가 반역죄에 결코 해당되지 않는다고 주장했다. 그가 독일로 도망가지 않고 자수한 것도 참작해 달라고 덧붙였다. 이제 브라지야크 변호인의 변호도 다 끝났고 재판부의 최종 판결만이 남았다.

재판 당일 저녁 6시 30분. 비달 재판장은 정회됐던 재판을 속개하고 브라지야크에게 일어나라고 했다. 그런 다음 재판과 관련해 할 말이 더 있는지를 물었다. 브라지야크는 "할 말이 없다"라고 짧게 답했다. 그러자 재판장은 최종 판결문을 읽어 내려갔다. "프랑스와 영미 연합군에게 반대하고 나치독일에게 적극 협력한 사실이 확인됐다. 그래서 피고는 유죄다. 피고에게 최고형을 선고한다." 사형이었다. 그것도 배석판사들의 전원일치로 사형이 결정됐다. 이를 뒷받침한 구체적인 요소들은 형법 75조 외세와 내통한 국가반역죄, 63조 이적죄, 드골의 훈령 등이었다. 모리악의 편지나 브라지야크 변호인의 변호 논리는 아무것도 채택되지 않았다. 방청석에 있던 브라지야크 옹호자들은 "재판 무효"를 외쳤다. 그런데 정작 브라지야크 본인은 담담한 자세로 "내가 사형 선고를 받은 것은 내 생애의 큰 영광"이라고 말했다. 이로써 모든 이들의 관심을 받은 브라지야크 재판은 6시간 만에 종결됐다.

이후 모리악이 바빠졌다. 그는 포기하지 않고 브라지야크의 생명을 살리기 위해 (드골에게 제출할) 사면진정서를 작성하기로 했다. 진정서가 완성된 후에는 반나치 저항작가들의 서명을 받기 위해 노력했다. 총 59명의 작가들이 서명을 했다. 그러나 여류 작가인 드 보브아르, 실존주의 철학자인 장폴 사르트르 등은 서명을 거부했다. 특히 보브아르는 "내가 연대하는 언론인들은 나치독일에 의해 억울하게 죽은 레지스탕스 지식인들이다. 내가 브라지야크에게 유리하게 서명을 한다면 죽은 사람들이 내 얼굴에 침을 뱉을 것이 확실하다"라고 말했다.

서명 작업을 끝낸 모리악은 진정서를 들고 드골을 찾아갔다. 이때 드골은 아직 브라지야크의 재판 결과에 대한 최종 결재서류를 받지 못한 상태였다. 진정서를 읽는 드골의 표정은 매우 무심했다. 진정서 내용에 전혀 동의하지 않는 것처럼 보였다. 결국 진정서는 거부됐다. 변호인으로부터 이 같은 소식을 접한 브라지야크는 덤덤하게 받아들였다. 2월 6일, 그는 파리교외 몽포르 성벽에서 총살됐다. 추후 드골은 브라지야크 건과 관련해 "매우 중요한 사건이었다. 큰 영광임과 동시에 큰 고통이었다"라고 회고했다. 프랑스 국민들은 이를 계기로 민족반역자들에 대한 드골의 숙청 의지가 매우 확고하다는 것을 깨달았다.

민족반역자 처벌 논쟁

이쯤에서 민족반역자 처벌 논쟁을 짚고 넘어가지 않을 수 없다. 파리 해방 후 프랑스 사회에서 민족반역자 처벌이 화두로 떠올랐을 때, 이들을 가차 없이 심판하자는 측과 적당한 선에서 심판을 멈추고 용서하자는 측이 맞붙었다. (물론 전자가 훨씬 강했다.) 대표적으로 알베르 카뮈의 '정의론'과 모리악의 '관용론'을 꼽을 수 있다. 카뮈는 『이방인』 『페스트』 등의 명작을 통해 노벨문학상을 수상한 작가였고 독일 점령기에는 지하로 들어가 저항운동을 주도했다. 파리 해방 직후 저항

신문인『콩바』지의 사설을 통해 가장 먼저 민족반역자 숙청을 제기하기도 했다. 그의 사설 내용은 다음과 같다. "누가 감히 용서를 말하는가. 칼은 칼에 의해서만 이길 수 있고, 무기를 잡아야 반드시 승리할 수 있다는 사실을 우리가 알게 됐다. 내일을 이야기하는 것은 증오가 아니라 기억을 기초로 하는 '정의'이다." 이 같은 카뮈의 정의론은 드골의 민족반역자 숙청에 중요한 사상적 명분을 제공했다. 또한 카뮈는 양심 있는 언론인들이 독일 점령기에 겪었던 고초를 상기시키며 '언론인의 책임 회복'을 역설하기도 했다. 이 주장은 법정에 나치 협력 언론인들이 맨 먼저 끌려 나오게 만든 원동력이 됐다.

이에 맞서 모리악은 관용론의 불을 지피려고 무진장 애를 썼다. 그는 파리 해방 직후인 1944년 9월 초부터 3일에 한번 꼴로 이와 관련한 글을 썼다. 관용론의 핵심은 다음과 같다. "새롭게 수립된 정부는 과거 나치독일이 프랑스 국민에게 했던 것과 똑같이 행동하면 안 된다. 그들과 다른 방식으로 나치 협력자들을 대해야 한다. 우리는 그들보다 몇 단계 위에서 놀아야 한다. 그들이 우리를 고문했다면 우리는 공정하게 재판하면 된다. 모든 인간에게는 과오를 범할 권리가 있으며 우리 모두가 이를 인정해야 한다." 사실상 숙청을 하지 말자는 것이었다. 이후 카뮈가 한 신문에서 정의론에 입각한 단호한 숙청을 주장하면, 모리악은 다른 신문에서 관용론을 주장하며 맞받아치는 형국이 조성됐다.

이런 가운데 여론은 카뮈에게 압도적인 힘을 실었다. 프랑스 국민들은 모리악이 시종일관 풍요로운 삶을 살았기 때문에 일반인들 및 저항지식인들의 정서를 이해하지 못한다고 생각했다. 또한 모리악의 형이 비시정부의 열렬한 지지자로 소문이 나 있었던 만큼 그의 관용론 저의를 의심했다. 국민들 뿐만 아니라 저명한 진보적 주간지인『프랑스 문학』도 카뮈의 손을 들어줬다. 이 주간지는 "독일 점령기에 레지스탕스에 참여했다 목숨을 잃은 희생자들을 생각해서라도 민족반역자들을 철저히 숙청해야 한다. 어제의 범죄를 처벌하지 않는 것, 그것은 내일의 범죄에게 용기를 주는 것과 똑같은 어리석은 짓이다. 프랑스 공화국은 절대로 관용으로 건설되지 않는다"라고 주장했다. 아울러 모리악의 관용론을 '또 하나의 범죄'로 규정했고, 이름이 널리 알려졌거나 천재성이 돋보이는 나치 협력 지식인들을 보다 엄중히 심판해야 한다고 강조했다. 이런 상황 속에서 드골의 서슬 퍼런 민족반역자 숙청은 더욱 탄력을 받게 된다.

전방위적인 숙청

언론인, 작가에 이어 경찰 숙청이 두드러졌다. 기실 드골은 1943년 알제리 시절부터 파리 해방 후 숙청할 경찰관 명단을 작성했었다. 경시총감은 물론 경찰서장, 형사부장급까지도 숙청 대상에 올랐다. 1944년 말에 이르렀을 때, 전국에서 5000여 명의 경찰관이 체포되거나 파면됐다. 총살형에 처해진 경찰관도 있었다. 경찰 다음은 사법부였다. 수사 대상이 된 검사들만 총 3000여 명에 달했다. 비시정부의 지시를 따른 검사는 즉각 좌천됐고, 반민족행위와 관련한 혐의가 조금만 있어도 사법부에서 추방됐다. 이후 1945년 5월 망통 법무부 장관이 제헌의회에 사법부 숙청보고서를 제출했는데, 여기에는 반민족행위 혐의를 받는 403명의 판사 명단이 있었다. 이 가운데 200명이 넘는 판사들의 직무가 정지됐고 상당한 수의 판사들이 사법부에서 영원히 쫓겨났다.

군부에 대한 숙청도 진행됐다. 앞서 드골은 1943년 북아프리카 알제리 시절, 훈령을 통해 비시정부와 연관됐거나 독일에 협력한 군인들 및 군 조직 모두를 처단하겠다고 밝힌 바있다. 드골은 "그들을 모두 감옥에 처넣어라"라는 유명한 말로 군부 숙청 의지를 대놓고 드러냈다. 1944년 11월부터 진행된 군부 숙청 결과, 집요한 수사를 받거나 파면 또는 퇴역된 군인들은 총 2만여 명에 달했다. 이와 비슷한 시기에 중앙 및 지방 공무원들에 대한 숙청도 진행됐는데, 약 1만6000여 명의 공무원들이 처벌을 받았다. 비시정부의 손을 들어줬거나 직접 비시정부에 참여했던 하원 및 상원의원 302명의 피선거권을 박탈하는 조치도 행해졌다. 대기업 등 경제계도 숙청의 칼날에서 자유로울 수 없었다. 일각에서 국가의 경제 문제를 감안하라는 지적이 있었지만, 드골은 다른 분야와 마찬가지로 경제계도 가혹하게 숙청했다. 반민족행위를 한 기업인을 처벌하는 것은 물론 소유주의 자산을 몰수하고 해당 기업 자체를 국가의 손에 넘겨버렸다.

몇 가지 사례를 살펴본다. 우선 프랑스의 유명한 항공기 회사인 '에어 프랑스' '곰 에 론' 등을 국유화했다. 항공기 회사 다음에는 파리지하철 등 지상운수기관에도 동일한 조치를 취했다. 하이라이트는 프랑스 최대 자동차 회사인 '르노' 숙청이다. 2차 대전 초기만 해도 르노는 자동차 공장을 즉시 전시 상태로 돌리지 않으면서 독일에 비협조적으로 나왔다. 그러나 얼마 안 가 르노는 독일에 협조하게 된다. 이때 드골은 런던에서 라디오 방송을 통해 르노를 격렬히 비난했다. 파리 해방 후 이 회사의 우두머리인 르노 회장은 프렌 감옥에 수감됐다. 곧바로 회사 전체를 공중분해시키는 조치가 이어졌다. 1944년 11월 초, 임시정부는 르노그룹의 회사 경영권과 자산 전부를 몰수했다. 그다음 해 1월에는 르노자동차–항공그룹을 청산하고 그 모든 재산과 시설을 국가의 손에 넘긴다는 훈령을 발표했다. 이에 따른 충격 때문이었을까. 르노 회장은 별안간 감옥에서 숨을 거뒀다. 르노 숙청을 계기로 반민족행위 기업에 대한 숙청은 전국으로 확산됐다. 리옹 지역의 유명한 항공기 엔진제작회사인 '베르리에'가 숙청됐고 마르세유항 지역의 15개 대기업들도 숙청됐다. (일각에서는 경제계 숙청이 행정, 언론, 정치 분야 등에 비해 약하다는 지적도 나왔지만, 프랑스 기업의 윤리관을 새롭게 정립시키는데 큰 몫을 했다.)

언론사들도 무사하지 못했다. 드골은 새로운 훈령을 통해 나치독일과 비시정부에 협력한 모든 언론사들이 더 이상 신문을 발행하지 못하도록 했다. 특히 해당 언론사들의 소유주나 사장 등이 재판에 넘겨졌을 경우, 형이 확정되기 전까지 신문 발행이 금지됐고 유죄가 확정되면 그 언론사는 즉시 폐간됐다. 이와 동시에 언론사가 보유한 다른 모든 자산들도 압류됐다. 1948년 말까지 재판에 회부된 언론사는 총 538개였고, 이 가운데 115개 언론사가 유죄 판결을 받고 폐간됐다. 나머지 언론사들은 대부분 전 재산 또는 일부 재산 몰수형, 나치협력 불순언론 분류형 등을 받았다. 겨우 30개 언론사만이 무죄를 받을 수 있었다. 개별 기자들에 대한 새로운 규정도 생겼다. 이들은 앞으로 신규 '프레스 카드'를 달아야만 활동을 할 수 있었다. 그런데 이 카드를 받기 위해선 독일 점령기간 동안 무슨 활동을 했는지 등에 대해 철저한 조사를 받아야 했다. 이 조사에 통과하지 못하면 언론계에서 영원히 퇴출됐다.

독일 점령기에 반 나치저항운동을 펼친 사람들을 제거하는데 혁혁한 공을 세운 독일의 밀정과 비시정부 민병대에 대한 숙청도 있었다. 특히 비시정부 관할 지역이었던 프랑스 중부 최대의 도시인 리옹에서 숙청재판소가 설치돼 관련 작업을 진행했다. 수십 명의 밀정 및 민병대원들이 법정에 끌려 나왔고 대부분의 사람들에게 사형이 선고됐다. 프랑스 최고의 석학집단인 '아카데미 프랑세즈'도 숙청 대상에 올랐다. 이 집단은 '나치협력자 소굴'이라는 비아냥을 듣고 있었다. 모라스 등 반 민족행위가 확인된 아카데미 회원들이 대거 추방됐다.

이 밖에 나치에 협력한 출판사, 무대예술, 영화계 등에서도 숙청이 진행됐다. 그야말로 민족반역자들 그 누구도 피해 갈 수 없는 '전방위적인' 숙청이었다.

페탱 심판 ①

독일군이 파리에서 패퇴한 1944년 8월 15일부터 페탱의 비시정부는 사실상 붕괴되기 시작했다. 페탱과 비시정부 각료들은 독일군을 따라 동쪽으로 도망쳤다. 그들은 독일 서남부에 있는 슈투트가르트 주변 소도시인 시그마린겐에 정착했다. 이후 이곳에 수많은 민족반역자들이 몰려들었다. 페탱은 이들을 규합해 (드골이 영국에서 그랬던 것처럼) '망명정부'를 세울 수도 있었다. 실제로 독일은 페탱에게 망명정부를 세울 것을 강요했다. 하지만 페탱은 단호히 거부했다. 이미 미래가 어떻게 될지를 인지했던 것으로 보인다. 그가 시그마린겐에 머무르는 동안 파리에선 드골의 주도 하에 민족반역자 숙청이 가열하게 진행되고 있었다. 페탱과 비시정부 각료들에 대한 체포 명령도 하달됐다. 아울러 이때 드골의 임시정부는 페탱에 대한 재판도 치밀하게 준비하고 있었다. 그 일환으로 '특별법정'인 최고재판소를 설치했는데 여기엔 특별한 이유가 있었다. 독일 점령기에 대부분의 판, 검사들이 페탱에게 충성맹세를 한 만큼, 그를 재판할 수 있는 현직 판사를 찾기가 매우 어려웠기 때문이다. 힘든 물색 과정을 거친 후, 페탱에게 충성맹세를 거부했거나 반 나치저항운동에 가담한 재야법조인들 5명으로 최고재판소를 구성했다. 이런 가운데 일부 강경한 단체들은 페탱과 그 각료들을 최고재판소가 아닌 폭력적인 '인민재판'으로 다스려야 한다고 주장하기도 했다.

그런데 이쯤에서 당시 페탱 및 비시정부와 관련한 프랑스 국민들의 여론을 살펴볼 필요가 있다. 기실 국민 여론이 페탱에게 절대적으로 불리한 것만은 아니었다. 페탱에 대한 우호적인 여론도 다소 있었다. 우선 페탱에겐 '1차 세계대전의 영웅'이라는 강렬한 이미지가 남아있었다. 나치독일과 연합군 사이에서 나름 유연하게 대처해 프랑스 국토를 전쟁의 참화에 빠뜨리지 않고 보전했다는 인식도 존재했다. 이를 기반으로 일부 국민들과 프랑스 우파는 드골과 페탱의 화해와 협력을 선호했다. 나아가 거국적인 국민연합정부를 수립해야 한다는 주장도 제기했다. 그러나 이러한 움직임이 결코 대세를 형성하지는 못했다. 반 나치저항운동과 파리 해방에 크게 기여한 공산당이 페탱과 비시정부 각료들에 대한 숙청을 강하게 압박했다. 여기에 민족반역자 숙청 분위기가 갈수록 고조됨에 따라, 나치독일과 굴욕적으로 타협한 페탱과 비시정부의 부정적인 면모가 크게 부각됐다. 결국 드골은 일부 세력의 화해, 협력 주장을 일축했고 독일을 떠나 스위스로 간 페탱을 체포하라고 명했다. 다만 그는 군대 선배이기도 한 페탱 처리 문제에 심한 부담감도 느꼈다. 드골은 추후 회고록에서 "나는 페탱과 비시정부 각료들을 모두 체포하라고 지시했다. 그러나 나는 페탱 원수와 만나기를 원하지 않았다"라고 밝혔다. 체포 명령은 내렸지만 실제로 페탱이 프랑스로 돌아와 숙청재판에 회부되는 것을 바라지 않았다. 피고인이 법정에 출석하지 않은 상태로 진행되는 '궐석재판'을 지향했던 것이다.

이처럼 복잡한 심정의 드골과는 달리 페탱은 시종일관 프랑스로의 귀국을 추진했다. 그는 시그마린겐에 머무를 때인 1945년 4월 히틀러에게 "파리에서 재판이 개시되기 전에 반드시 귀국해야 한다"라고 강하게 주장했다. 이 즈음에 드 라트르 장군의 프랑스군이 시그마린겐에 진입한다는 소식이 전해졌는데, 라발 총리를 포함한 대부분의 비시정부 각료들은 아연실색하며 도망가려고 했다. 하지만 페탱만큼은 조용히 프랑스군을 기다렸다고 한다. 얼마 후 히틀러의 회신이 도착했다. 페탱과 각료들은 동부 독일로 이동하라는 것이었다.

숙청의 역사

페탱 등은 시그마린겐을 떠나 발드부르그라는 지역으로 갔다. 이후 해당 지역에 있는 성 안으로 들어가 독일 외교관을 만났다. 그는 페탱 등에게 진실을 이야기했다. 히틀러와 나치독일이 사실상 패망했다는 것이다. 그런 다음 스위스로 안내하겠다고 했다. 페탱의 허락이 있은 직후, 독일 외교관은 스위스 정부에 페탱 일행의 스위스 입국을 요청했다. 스위스 정부는 프랑스 국경에 가기 위한 페탱의 역내 통과를 허가하며 망명을 희망한다면 받아들일 수 있다고 했다. 그러나 라발의 경우 망명은 물론 스위스 역내 통과 모두 불허한다고 했다. 오로지 귀국 생각만 하고 있던 페탱은 스위스 역내를 통과해 프랑스 국경 마을인 베리에르 수 주누로 갔다. 이곳에서 페탱을 맞이한 것은 드골의 임시정부 정치위원인 메레이와 쾨니그 장군이었다. (이들은 페탱에게 경례를 하지 않았고 악수도 거부했다.) 페탱은 일단 체포됐다. 하지만 드골은 그에게 '특별조치'를 하라는 명령을 내린 상태였고 제3국으로의 '망명'을 종용했다.

그러나 페탱은 귀국의 뜻을 굽히지 않았다. 그는 불명예스럽지만 평안할 수 있는 망명을 거부하고 숙청재판이라는 고난을 선택했다. 나름대로 국민 여론이 자신에게 우호적일 것이라는 희망은 있었다. 페탱이 파리에 온다는 소식이 전해지자 모든 언론들이 대서특필했고 모든 국민들이 큰 관심을 보였다. 페탱의 희망과는 달리 여론은 좋지 못했다. 파리로 향하는 퐁탈리에 역에서 2000여 명의 시위대가 "페탱을 총살하라"라고 외치며 돌을 던졌다. 페탱이 탑승한 열차와 감옥이 호화롭다며 임시정부를 격렬히 비난하는 목소리도 있었다. 페탱은 이 같은 여론에 큰 충격을 받은 것으로 전해진다. 그는 국가원수 혹은 전쟁영웅에서 일순간 국민들의 지탄을 받는 '민족반역자'로 전락해 재판을 앞두고 있는 처지가 됐다.

페탱 심판 ②

페탱에 대한 재판이 시작되기에 앞서 나치독일에 협력한 군부 사령관 2명에 대한 재판이 먼저 열렸다. 그들은 모두 무기징역형이라는 유죄판결을 받았다. 이후 1945년 4월 30일에 최고재판소가 페탱에게 변호인을 선임하라는 통보를 하면서, 전 세계의 이목을 집중시킬 '세기의 재판'이 조만간 시작될 것처럼 보였다. 하지만 페탱의 변호인을 찾기가 매우 어려웠다. 대부분의 변호인들이 재판에 부담감을 느껴 맡지 않으려고 한 것이다. 이 와중에 브라지야크의 변호인이었던 자크 이소르니가 페탱의 변호인 선임을 수락했다. 페탱 재판은

7월 23일에 열렸다. 법정 안팎에 언론사 기자들이 몰려들었고, 방청석은 친페탱파들과 반페탱파들로 발 디딜 틈이 없었다. 잠시 멈췄던 카뮈와 모리악의 논쟁도 재개됐다. 카뮈는 "페탱의 나이와 자만심의 술책에 현혹되는 프랑스인들은 결코 없을 것"이라고 단언했다. 모리악은 "우리들의 일부가 페탱의 공모자일지도 모른다는 생각에서 조금도 물러서지 말자"라고 호소했다.

마침내 페탱이 법정에 모습을 드러냈다. 그는 군복을 입고 있었고 옷소매에는 육군원수를 의미하는 7개의 별이 달려있었다. 3명의 변호인도 함께 왔다. 페탱이 재판부 앞에 서자 카메라 플래시가 일제히 터졌다. 그의 얼굴은 창백했고 입술은 말라있었다. 잠시 뒤 몽지보 재판장이 심리에 들어갔다. 그는 페탱에게 "피고의 이름, 연령, 직위는?"이라고 물었다. 법정에 있는 모든 사람들이 숨을 죽였다. 페탱은 잠시 머뭇거리다가 "페탱 필립, 프랑스 육군원수"라고 답했다. 이후 그는 자리에 착석했다. 페탱의 변호인인 파이엥이 첫 발언을 시작했다. 파이엥은 "헌법에 기초했을 때, 재판관할권은 최고재판소가 아닌 상원에 있다"라고 주장했다. 처음부터 최고재판소 자체를 부정한 것이다. 이어 '위장된 재판'이기에 공정한 재판을 기대할 수 없다고 첨언했다. 재판부는 당황하며 잠시 휴정을 선언하기도 했지만, 드골의 훈령을 근거로 최고재판소가 재판관할권을 갖는다고 못 박았다. 드골의 훈령은 사실상 헌법 위에 있는 최고법이었다.

 법원서기가 검사의 기소장을 낭독할 차례였다. 그런데 이때 페탱이 일어나 프랑스 국민들에게 보내는 성명서를 발표했다. 성명서의 핵심은 다음과 같다. "휴전협정은 프랑스를 구원했다. 프랑스 국민들은 나에게 모든 권한을 위임했고 전 세계가 비시정부를 승인했다. 따라서 비시정부는 합법이다. 드골이 바깥에서 싸웠다면 나는 안에서 싸웠다. 안에서 프랑스 해방을 준비했다. 만약 비시정부를 처벌하려면 나 하나로 족하다." 90세 노장군의 정열적인 항변에 법정 분위기는 크게 가라앉았다. 이 와중에 페탱의 변호인은 재판의 공정성을 계속 문제 삼았다. 재판장이 나섰다. 그는 페탱 변호인을 제지하고 증인들을 채택했다. 증인들은 누구나 알아볼 수 있는 거물 정치인들이었다. 달라디에, 폴 레이노, 미셸 크레망소, 잔네이 등등. 이들은 1940년 6월 프랑스가 독일에 참패할 때 최고 지도부에 있었다. 특히 달라디에의 경우 전쟁 전 독일 뮌헨에서 히틀러, 영국 채임벌린 등과 평화회담을 갖고 체코슬로바키아를 독일에 넘겨주기도 했었다.

　레이노가 처음으로 증언했다. 그는 "휴전협정을 원하지 않았고 페탱을 잘못 보았다"라고 말했다. 또한 "페탱과 같이 일한 기억은 자신을 추잡하게 만드는 모략"이라고도 했다. 페탱에게 불리한 증언이었다. 페탱의 변호인들은 레이노가 자신의 책임을 회피하고 있다고 판단, 그의 증언을 막았다. 두 번째로 달라디에가 증언했다. 그는 레이노와 달리 페탱에게 유리한 증언을 했다. "독일과의 휴전은 불가피했다"라는 것이다. 이어진 잔네이의 증언도 페탱에게 유리했다. 갑자기 페탱에게 우호적인 재판 분위기가 형성됐다. 그러나 오래가진 못했다. 좌파 연립정부 인민전선 내각수반이었던 사회당 당수 레옹 브룸이 강제수용소에서 돌아와 증언했다. 그는 "1940년 6월, 프랑스는 전쟁의 참패로 멍한 상태에 있었고 국민들은 절망의 늪에 빠져들었다. 휴전협정을 이해할 순 없었지만 전쟁영웅의 말을 믿었다. 그런데 거대하고 잔인한 도덕적 신뢰의 배신이 있었다. 이것이 국가반역이 아니고 무엇이란 말인가"라고 말했다. 뒤이어 북아프리카에서 자식을 잃은 어머니들을 대표하는 르낭이 나섰다. 그는 드골의 자유프랑스에 합류하려 했지만 좌절된 아들 얘기를 하면서 "독일을 위해 봉사한 페탱이 좋은 프랑스 사람이라고 생각하지 않는다"라고 외쳤다. 반 나치저항운동가인 마르셀 폴은 "위에서 명령을 받은 비시정부의 경찰들이 독일 게슈타포를 위해 일했다. 이에 따라 게슈타포가 저항운동가들을 효과적으로 체포할 수 있었다"라고 말했다.

 페탱의 변호인들은 이처럼 나치독일에 직접적으로 대항했거나 피해를 입은 사람들의 증언에는 제대로 대처하지 못했다. 반전이 필요했다. 그들은 페탱의 영향권에 있었던 장군들이 증언에 나서주길 기대했다. 웨이강, 에링, 보티에, 세리니, 리하이 등이 변호인들의 기대에 부응했다. 이들은 레이노가 책임을 회피하고 있다고 비난했고 페탱이 실제로는 독일에 협력하지 않았다고 증언했다. 진실에 집중했다기보단 페탱에 대한 충성심이 크게 작용하는 것처럼 보였다. 이런 가운데 미처 예상하지 못했던 인물이 증언대에 나와 모두를 놀라게 했다. 바로 비시정부 총리였던 '라발'이었다. 그는 스페인으로 도망가려 했지만 거부당했고 이후 미군에 의해 프랑스 점령지로 인계됐다. 라발은 페탱에게 매우 불리한 증언을 했다. 자신이 "독일의 승리를 소망한다"라는 라디오 연설을 했을 때 페탱이 기뻐했다는 것이다. 시종일관 법정에서 조용했던 페탱은 라발의 증언에는 "거짓말이고 증언을 취소하라"며 즉각 반응했다. 하지만 라발은 끝까지 증언을 취소하지 않았다.

어느덧 재판부의 증언 청취는 막바지에 접어들고 있었다. 이즈음에 페탱의 비서실장이었던 트라쿠가 증인으로 나와 페탱의 진정한 독일관은 '반 독일'이라고 말했다. 릴르 성당의 리에나르 주교는 서한을 통해 "페탱은 조국을 배반한 것이 아니라 조국에 봉사한 것"이라고 증언했다. 리에나르 주교의 서한증언을 끝으로 증언 청취 시간은 완전히 종료됐다. (재판부의 증언 청취가 한창일 때, 뤼마니테라는 공산당 기관지가 "페탱을 사형시켜라"라는 제목의 사설을 게재해 큰 파문이 일기도 했다.) 이제 검사의 논고에 모든 이목이 집중될 차례였다.

페탱 심판 ③

모르네 검사는 논고를 엄중히 읽어 내려가면서 페탱의 범죄를 규정했다. 범죄의 핵심은 "프랑스의 명예를 실추시켰다"는 것이다. 페탱의 비시정부가 나치독일과 굴욕적인 휴전조약을 체결한 후 잘못된 정책, 법제 등을 그대로 수용했고,

암암리에 독일을 지원해 연합군을 힘들게 만들었다고 지적했다. 이것들이 프랑스의 명예를 실추시킨 '민족반역행위'라고 강조했다. 이어 웨이강 장군의 보고서를 인용했다. 여기에는 프랑스 국민들이 독일을 주적으로 여겼고 영국에게는 나쁜 감정을 갖지 않았다는 내용이 담겨있었다. 이를 근거로 모르네 검사는 비시정부가 프랑스 국민들로부터 승인을 얻지 못했다고 주장했다. 승인도 얻지 못했으면서 반 나치저항운동을 테러로 규정했고 히틀러 및 독일과 크게 밀착했다는 첨언도 잊지 않았다.

논고에는 단순히 민족반역행위와 관련한 주장만 있었던 것이 아니다. 구체적인 사례들도 열거됐다. 대표적으로 신속한 전쟁 패배 인정, 알자스로렌 순교자 탑 앞에서의 침묵, 독일에게 프랑스 정치지도자들을 넘겨준 것, 러시아와 시리아 전선 등에서 독일에 협력한 것, 라발과 데아, 다르낭 등 나치주의자들을 정부 각료로 기용한 것 등이다. 그러면서 모르네 검사는 가슴 아픈 수치도 제시했다. 나치독일에 의해 프랑스 인질 15만여 명 총살, 독일 군수공장에 75만여 명의 프랑스 노동자들 강제 동원, 집단수용소에 11만여 명의 프랑스인 유배, 강제수용소에 12만여 명의 프랑스인 유배, 귀국한 프랑스인 고작 1500여 명 등이다. 논고는 무려 3시간이나 지속된 후에야 마무리됐다. 이제 남은 것은 구형이었다. 모르네 검사는 "페탱 피고의 범죄에 대해 최고재판소 재판부가 '사형'을 선고할 것을 요구한다"라고 외쳤다. 방청석은 일제히 술렁였다.

페탱의 변호인들은 곧장 변론에 나섰다. 우선 파이엥은 페탱의 조치들로 인한 프랑스의 이득에 대해 강조했다. 그는 비시정부가 통치한 프랑스 남부지역이 자유지역으로 남아있었기 때문에, 프랑스 국민들이 나치독일로부터 벗어남은 물론 반 나치저항운동도 생성될 수 있었다고 말했다. 뒤이어 브라지야크의 변호인이었던 이소르니의 변론에 모든 이목이 집중됐다. 그는 페탱과 비시정부가 선택한 길과 드골과 반 나치저항운동가들이 선택한 길을 대비시키며 나름의 분석을 내놨다. 먼저 후자는 명예와 명분을 중시했지만 프랑스 국민들의 즉각적인 희생을 요구했다. 전자는 명예와 도덕성은 희생했지만 궁극적으로 프랑스 국민들을 보호했다. 결국 페탱과 비시정부가 비난을 받는 부분은 프랑스 국민들을 위한 불가피한 선택이었다는 것이다. 아울러 이소르니는 페탱의 비시정부가 독일이 요구한 노동자들보다 훨씬 더 적은 노동자들을 보냈으며, 이는 전적으로 국민들을 사랑한 페탱의 승리라고 강조했다. 유태인 박해 정책과 관련해선, 일부 부정적인 측면이 있었음을 인정하면서도 나름 긍정적인 측면도 있었다는 점을 부각하려 애썼다.

　재판은 거의 막바지에 도달했다. 변론도 마무리된 후 페탱이 오랜 침묵을 깨는 시간이 왔다. 최후 진술이었다. 그는 "1차 대전에서 베르됭을 사수했듯, 2차 대전에서도 프랑스를 사수했다"라고 강조했다. 그러면서 "일평생 봉사한 프랑스에 마지막 인사를 드린다"라고 약간 울먹이며 말한 뒤 최후 진술을 마쳤다. 재판부는 휴정을 선언한 후 퇴장했다. 마침내 페탱의 형량이 결정되는 일만 남았다. 이때 재판부의 입장은 형법 75조 및 87조를 적용, 국가반역죄 등으로 페탱에게 사형을 선고한다는 것이었다. 하지만 배심판사들의 입장이 더 중요했다. 그들은 페탱의 형량 결정을 위한 토의에 들어갔다. 쉽사리 결정이 내려지지 않았다. 끝내 재판부의 사형 선고에 대한 찬반 투표가 진행됐다. 모든 사람들이 숨을 죽이는 가운데 투표 결과가 나왔다. 찬성 14표, 반대 13표. 단 1표 차이로 페탱에 대한 사형이 결정됐다. 다만 사형 집행은 바로 하지 않고 일정 기간 유예하는 것으로 됐다. 이 같은 내용이 드골의 귀에 신속히 들어갔다. 그는 곧바로 페탱의 형량을 사형에서 무기징역형으로 낮췄다. 한 때 군 선배를 위한 드골의 마지막 배려였다. 이로써 숙청 재판의 가장 큰 고비였던 페탱 재판이 끝났다. 페탱은 프랑스 서쪽 섬에 있는 한 감옥에 수감됐고 그곳에서 1951년 생을 마감했다. 그는 1차 대전의 영웅답게 베르됭의 군묘지에 묻혔지만, 프랑스의 정치인들은 물론 일반인들도 좀처럼 헌화를 하지 않은 것으로 전해진다.

비시정부 인사들 숙청

페탱의 다음 차례는 악질 파시스트 총리로 불렸던 2인자 라발이다. 그의 반 민족행위와 관련한 혐의점은 너무나 명백했다. 그럼에도 불구하고 라발은 페탱의 재판 결과를 본 후 형량에 대한 기대감을 가졌다. 자신도 사형만큼은 면할 수 있으리라는 기대였다. 그러나 이는 완벽한 착각이었다.

라발 재판은 10월 5일에 처음 열렸다. 다소 특이한 모습이 연출되기도 했다. 라발 변호인들이 법정에 모습을 드러내지 않았다. 변호인들의 불참 이유는 재판부가 재판을 서두르는 바람에 충분한 준비를 하지 못했다는 것이다. 법정에 라발 혼자서 외롭게 존재하는 형국이 됐다. 추후 변호인들은 법정에 출석은 했지만, 방청석에 머무르며 직접 변론하지 않았고 라발의 발언권 제한을 이유로 퇴장하기도 했다. 재판을 연기하자는 요청도 했다. 하지만 재판부와 검사는 이에 아랑곳하지 않았고 이미 라발을 단죄할 만반의 준비를 해놨다. 모르네 검사는 라발의 라디오 연설, 서명한 훈령 및 규제 등을 열거하며 라발의 범죄 증거가 차고 넘친다고 강조했다. 방청석 곳곳에서도 "민족반역자"라는 고함이 터져 나왔다. 궁지에 몰리자 라발은 이성을 상실했다. 그는 법정에서 "나는 애국자다. 즉시 나를 사형에 처하라"라고 외쳤다. 묵비권을 행사하거나 아예 재판에 들어오지 않는 경우도 있었다. 막판에는 배심판사 교체도 요구했다.

라발이 무슨 행동을 해도 결과는 명확했다. 모르네 검사와 재판부는 각각 사형을 구형하고 선고했다. 다급해진 라발의 변호인들은 드골에게는 면담을, 모리악에게는 구명운동을 요청했다. 둘 다 성사는 됐지만 별 효과는 없었다. 특히 드골은 변호인들과 면담할 때, 매우 냉담하게 반응했다. 마치 라발을 '이미 죽은 사람인 것처럼' 취급했다. 막다른 길에 내몰린 라발은 감옥에서 자살을 시도하기도 했다. 그러나 자살은 실패했고 얼마 후 프렌감옥 뒤쪽 사형대로 끌려갔다. 그는 마지막 순간까지 재판부를 저주하고 본인의 행동을 정당화했다. 곧 총성이 울린 후에야 라발은 조용해졌다.

 라발 재판 이후 비시정부 관련 인사들이 줄줄이 법정에 섰다. (앞서 프랑스 총선이 있었다. 이후 제헌의회가 구성됐고 드골은 임시정부 첫 대통령이 됐다. 그는 첫 조치로써 최고재판소 배심판사를 새롭게 개편했다.) 이들의 운명은 뚜렷하게 갈렸다. 한편에선 중형을 받은 사람들이 있는 반면 다른 한편에선 경미한 처벌을 받거나 사실상 면죄부를 받은 사람들도 있었다. 우선 전자를 살펴보면, 대표적으로 비시정부의 핵심인 자크 슈발리에와 브노아 메셍, 해군차관인 앙드레 마르키, 투롱의 해군기지사령관인 드 라보르드, 비시정부 파리주재대사인 페르낭 드 브리농, 비시정부 공보차관인 마리옹 등이었다. 이들이 받은 처벌 수위는 사형, 전재산 몰수형, 종신공민권박탈형, 긴 징역, 강제노동형 등이다. 후자를 살펴보면, 대표적으로 비시정부 외무장관인 에티엔 프랑뎅과 보두엥, 보르도 시장인 마르케, 비시정부 내무장관인 페이루통, 비시정부 경찰총수인 르네 부스케, 체신성 차관인 지브라 등이었다. 이들은 무죄 석방되거나 짧은 징역, 강제노동형, 공민권박탈형을 받았다.

결론적으로 총 18명의 비시정부 관련 인사들이 사형을, 25명이 징역형이나 강제노동형을, 14명이 공민권박탈형 등을 선고받았다. 실제로 사형이 집행된 인사들은 3명이었다. 다른 분야 인사들에 비해 비시정부 인사들에 대한 처벌 수위는 상대적으로 약한 편이었다. 프랑스가 해방된 후 시간이 갈수록 숙청 분위기가 완화된 것이 영향을 미친 측면도 있었다. 그럼에도 상당히 어려울 것처럼 보였던 비시정부 인사들에 대한 사법적 단죄가 어느 정도 성과를 냈고, 이의 배경에 드골 및 임시정부의 노력과 의지가 있었다는 것은 부인할 수 없는 사실이다.

현재진행형

지금까지 살펴봤듯 드골의 민족반역자 숙청은 당대에 매우 가혹하게 진행됐다. 숙청 규모를 종합적으로 살펴보면, 반민족행위 혐의로 수사를 받은 대상자는 약 100만 명에 달했다. 최고재판소와 숙청재판소에서 재판이 이뤄진 사건은 5만7000건이었고, 7000명에게 사형이 선고됐다. 실제로 사형이 집행된 사람은 800명, 유기징역형 3000명, 공민권 박탈형 3500명 등이었다. 시민재판소에서 재판이 이뤄진 사건은 11만5000건이었고, 9만5000명에게 부역죄가 선고됐다. 이 밖에 저항단체들의 즉결처분 등으로 죽임을 당한 민족반역자들이 셀 수 없을 정도였다.

그런데 이것이 끝이 아니었다. 숙청은 드골 시대 이후에도, 사실상 현재에도 계속되고 있다. 프랑스는 1946년 유엔 결의안으로 채택된 '반인도적 범죄법'을 1964년 자국 형법에 편입시켰다. 이 법은 '정치적, 인종차별적, 종교적 목적 등으로 시민을 살해, 몰살, 노예화 및 유배하는 등의 행위'를 처벌 대상으로 삼았다. 프랑스의 상하원 합동회의는 반인도적 범죄법의 시효를 만장일치로 폐지했다. 언제든 민족반역자들에게 법을 소급 적용해 숙청할 수 있는 법적 근거를 마련한 것이다. 과거에 가까스로 숙청을 면했던 민족반역자들은 끝까지 안심할 수 없게 됐다.

비교적 가까운 시일에 숙청된 대표적인 사례들을 살펴본다. 우선 비시정부 리옹지역 민병대장이었던 폴 투비에가 있었다. 그는 프랑스가 해방된 직후 국외로 도피했고 무려 40여 년 간 몸을 숨기는 데 성공했다. 그러나 1989년에 70세의 나이로 체포돼 수감됐다. 고령이었던 만큼 이후 재판에서 정상참작이 있을 것이라는 전망도 나왔다. 하지만 조금의 관용

도 없었으며 1994년 투비에는 79세의 나이로 종신징역형을
선고받았다.

　비시정부의 보르도경시청 사무국장이었던 모리스 파퐁의
경우는 더욱 극적이다. 그는 프랑스 해방 후 나치 협력 용의
자로 지목됐지만 숙청의 칼날을 교묘히 피했다. 이후 파리경
시총감, 예산장관 등을 역임하며 승승장구했다. 과거의 잘못
이 완전히 세탁되는 듯 보였다. 그러나 1998년 90세의 나이
로 법정에 끌려 나왔다. 보르도 법원은 파퐁을 반인도적 범죄
의 공범으로 판단했고 어김없이 유죄를 선고했다. 그는 오래
전에 민족반역자들로 가득했던 프렌 감옥에 갇혔다. 1984년
에는 나치 비밀경찰 리옹지부장이었던 바르비가 남미에서 체
포된 후 반인도적 범죄법으로 처벌됐다. 프랑스 정부는 파리
해방 후 거의 80년이 흐른 지금까지도 민족반역자들을 집요
하게 추적하며 처벌을 멈추지 않고 있다.

숙청의 역사

05

김일성의 '파벌 숙청'

수령 유일 체제의 태동

북한 절대권력 확립 전말

김일성

"독초는 적시에 제거하고 뿌리째 뽑아 버려야 한다. 지난 시기에 우리 인민들의 피와 땀을 빨아먹어 살이 찐 종파분자, 착취분자, 계급의 원수는 그가 누구이건 3대에 걸쳐서 씨를 말려야 하고, 두 번 다시 고개를 들 수 없게 만들어야 한다. 만약 관리소 안에서 계급의 원수들이 번번이 폭동을 일으킨 다면, 강력한 군대를 동원해서 모조리 쓸어버려라."

_김일성 교시 中

   북한은 권력자 1인을 중심으로 한 '유일적 통치체제'를 갖춘 국가다. 더욱이 3대째 권력을 세습하는 왕조적 특성도 갖췄다. 그 누구도 '신격화된' 김 씨 일가의 권력과 권위에 도전할 수 없는 상황이다. 전 세계에서 이와 같은 사례를 찾아보는 것은 쉽지 않다. 매우 기형적인 체제이지만, (너무 오래 목도하다 보니) 이는 마치 처음부터 그랬던 것처럼 자연스럽게 여겨질 정도다. 하지만 북한이 처음부터 그랬던 것은 아니다. 김일성이 절대권력자의 반열에 올라 지금과 같은 체제를 구축하기까지 수많은 난관들이 있었다. 이러한 난관들은 자칫 김일성을 역사의 뒤안길로 사라지게 만들 수 있었다. 그러나 그는 난관을 성공적으로 극복했다. 이것이 가능했던 것은 바로 '숙청'이라는 폭력적 수단을 효과적으로 동원했기 때문이다.

해방 이전, 만주에서 항일무장투쟁을 벌이던 김일성은 '보천보 전투'와 소련 지역으로의 이동을 계기로 극적인 운명의 전환을 겪는다. 야심이 강했던 김일성에게 비상의 날개가 달렸던 것이다. 해방 이후, 김일성은 소련의 후원 하에 북한 지역으로 넘어와 빠르게 권력을 장악해 나갔다. 이전까지 박헌영 세력이 한반도에서 가장 큰 공산주의 세력을 형성하고 있었지만, 미군정의 탄압과 김일성의 용의주도함 등으로 서서히 힘을 잃어갔다. (완전하지는 않지만) 북한에서 어느 정도 권력 장악에 성공한 김일성은 박헌영과 결탁해 동족상잔의 비극인 '6.25 전쟁'을 일으켰다. 이 전쟁은 김일성이 권력의 정점으로 나아가는 핵심 과정, 즉 '파벌 숙청'을 단행하는 첫 번째 계기가 됐다. 전황이 뜻대로 풀리지 않자, 김일성은 책임 전가와 정적 제거를 목표로 박헌영과 남조선노동당(남로당) 세력을 전격적으로 숙청했다. 이를 통해 남침 실패라는 위기에서 벗어나 권력을 더욱 공고히 할 수 있었다. 전쟁이 끝난 후 소련의 흐루시초프 등장 등 국제 정세의 변화가 나타나면서 김일성을 겨냥한 심대한 도전이 뒤따랐다. 그는 이번에도 숙청이라는 극단적인 수단을 동원해 방어에 성공했고 이후에 나타난 또 다른 도전도 같은 방식으로 막아냈다. 이에 따라 북한 정계에서 김일성에 대항할 수 있는 세력은 완전히 사라졌고 그는 최종적으로 절대권력자의 반열에 오를 수 있었다.

역사에 가정이란 있을 수 없지만, 그때 만약 역으로 김일성이 다른 파벌들에 의해 숙청됐다면 어땠을까. 폐쇄적인 성향의 국가가 나타날 순 있겠지만, 적어도 지금과 같은 매우 기형적인 체제는 아니었을 것이라 짐작해 본다. 그리고 지금처럼 북한 주민들이 지독한 가난에 시달리거나 틈만 나면 한반도에 핵전쟁의 암운이 드리우는 상황이 도래하지 않았을 것이라 예상해 본다. 이러한 측면에서 볼 때, 그 당시 북한의 파벌 투쟁은 아쉽게 느껴지는 대목이다. 수령 유일 체제의 태동, 김일성의 절대 권력을 확립시킨 '파벌 숙청' 전말을 되돌아봤다.

일제강점기, 김일성의 행적

김일성은 일제 강점기인 1912년 평양에서 출생했다. 보통학교인 창덕학교를 거쳐 1926년 부모가 있는 만주로 건너갔다. 길림 육문 중학교에 입학한 김일성은 처음으로 공산주의를 접했다. 새로운 사상에 매료된 그는 공산주의청년동맹·반제청년동맹 등을 조직했고, 1929년에 만주지구 공산주의 청년동맹 서기로도 활동했다. 2년 뒤에는 중국 공산당에 입당하기도 했다. 김일성은 1932년부터 항일유격대를 조직해 장백산맥과 송화강 유역 등에서 일본군과 싸웠다. 그가 이끈 부대는 1936년 중국공산당의 지휘 하에 있는 항일유격부대와 연합, '동북항일연군'으로 개편됐다. 이 시기 북만주 등에서 김일성과 함께 항일무장투쟁, 빨치산 활동을 전개한 사람들을 '만주파'라고 부른다. (만주파 부분은 다음 챕터에서 또 다룬다.)

김일성은 통일전선 조직이자 지하혁명 조직인 조국광복회를 만들기도 했다. '10대 강령'을 발표한 후 국내에 광복회 지하조직망을 구축하는 공작을 펼쳤다. 그리고 1937년, 김일성이 일약 '스타'가 되는 사건이 발생했다. 바로 '보천보 전투'이다. 보천보는 함경남도 갑산군 혜산진 일대에 위치한 곳이다. 동북항일연군 가운데 김일성이 이끄는 일부 병력이 보천보로 침투해 경찰주재소·면사무소·우체국 등의 관공서와 산림보호구역을 공격했다. 뒤이어 '조선민중에게 알린다, 조국광복회 10대 강령' 등의 포고문과 격문을 대량으로 살포했고 적지 않은 전쟁물자를 노획했다. 동아일보는 사건이 벌어진 다음 날, 두 차례에 걸쳐 호외를 발행하며 집중 보도했다. 이후에도 부수적인 전투 경과와 피해 현황 등을 계속 보도했다. 그러면서 김일성이라는 이름이 국내에 널리 알려지게 됐다. 당시 일본의 탄압이 극심해지고 독립운동은 지지부진해지면서, 국내에 있는 사람들은 크게 침체돼 있었다. 이런 가운데 발생한 보천보 전투 소식은 가뭄에 단비와도 같은 것이었다.

현재도 북한에서는 보천보 전투를 극진히 찬양하고 있다. 이와 관련해 교과서에는 "탄약이 떨어지자 주변의 솔방울을 주워 던지니, 그것이 수류탄이 되어 날아가 일제를 쓸어버렸다"라는 황당한 내용이 담겨있다. 그런데 알려진 바와 달리 이 전투의 실상은 그리 대단하지 않았다. 사상자 수가 많지 않았고 전투의 규모도 크지 않았다. 심지어 김일성도 저서인 『세기와 더불어』에서 "보천보 전투는 대포도 비행기도 탱크도 없이 진행한 '자그마한 싸움'이었다. 보총과 기관총에 선동연설이 배합된 평범한 습격 전투였다"라고 밝혔다. 실상은 이러했지만 당시 국민들의 응어리가 많이 쌓여있었기 때문에 크게 과장될 수 있었다. 이후 김일성은 두만강 근처 국경 지대에서 유격 활동을 벌이다 일본군에게 쫓겨 소련으로 넘어 갔다. 많은 독립투사들이 중국에 머무를 때, 김일성과 만주파가 소련으로 간 것은 극히 이례적인 일이었다. 결과적으로 이 선택은 김일성에게 '천재일우'(千載一遇)가 됐다. 소련군 장교로서 양호한 활동을 펼치던 그는 1945년 해방이 된 후 북한에 들어오게 된다.

해방 후 파벌 구도

해방 이후 한반도에서 공산주의와 관련된 파벌들을 살펴보면 크게 5개가 있다. 국내파, 소련파, 연안파, 만주파, 갑산파 등이다. 우선 국내파는 일제강점기와 해방 이후에 국내에서 독립운동 및 공산주의 활동을 펼친 사람들을 통칭해 일컫는다. 가장 대표적인 인물로는 오랜 기간 남한 지역에서 공산주의 활동을 전개한 '박헌영'을 꼽을 수 있다. 그는 '조선의 레닌'이라 불릴 정도로 이론과 실천력이 탁월한 인물이었다. (사실상 박헌영과 그 세력이 국내에서의 모든 공산주의 관련 조직 및 활동을 지휘하는 모습을 보였다.) 아울러 김용범 · 박정애 부부, 오기섭 · 정달헌 · 최용달 · 이주하 등이 있었다. 국내파는 다른 파벌들과 상이하게 단일 세력화된 적은 없었고, 지역 및 조직에 따라 각자 다른 파벌에 속해 있던 경우가 대부분이다. 1922년 민립대학 기성준비회, 1923년 신사상연구회가 국내파의 기원이다. 민족해방, 계급해방을 달성하겠다는 기치 하에 홍명희, 조봉암, 윤덕병 등 당대의 엘리트들이 모였다. 1924년 신사상연구회는 화요회로 명칭이 변경됐다. 화요회 회원들은 추후 '조선공산당'을 설립하는데 앞장섰다. 그래서 조선공산당은 화요회 공산당이라고도 불렸다. 국내파에 속했던 주요 인물들은 해방 후 노선이 극명하게 엇갈렸다. 김용범, 박정애 부부 등은 김일성 노선을 지지했고, 오기섭 · 정달헌 · 최용달 · 이주하 등은 박헌영과 남로당을 지지했다. 주영하, 장시우 등은 중도를 표방했다.

소련파는 해방 이후 소련군과 함께 입북, 정계와 북한군에서 활동한 소련계 한인들을 말한다. 대표적인 인물들은 허가이, 박창옥, 김승화 등이다. 이들은 소련군과 김일성을 도와 북한 지역에 새로운 정부기관 및 인민군 창설을 주도하는 등 북한을 '소비에트식 사회주의 국가'로 변모시키는 데에 크게 기여했다. 다만 소련파는 국내가 아닌 소련에 근거지를 두고 있었기 때문에 국내에서 정치세력화를 하기에는 적지 않은 한계가 있었다. 이의 영향으로 1948년 소련군이 한반도에서 철수할 때 많은 소련파 사람들이 소련으로 돌아가기도 했다.

연안파는 조선의용군 출신들이 중심이 된 파벌이다. 대표적인 인물들은 김무정, 윤공흠, 김두봉, 최창익 등이다. 이들은 중국공산당 지도부가 있던 연안 지역에서 항일투쟁 및 공산주의 활동을 펼쳤다. 자연스레 중국공산당의 지지를 받았다. 해방 이후 (국공내전에 참전한 사람들을 제외한) 적지 않은 수의 연안파가 입북했고, 소련파와 마찬가지로 정부기관 및 인민군 창설 등에 깊이 관여했다.

끝으로 만주파와 갑산파는 김일성과 밀접한 관련이 있는 파벌들이다. 상술했듯 만주파는 동북항일연군 등에서 김일성과 함께 빨치산 활동을 전개한 김일성 친위세력이다. 다시 말해 순수 항일유격대 출신 그룹을 말한다. 대표적인 인물들은 최현, 김책, 임춘추 등이다. 이들은 1930년대 북만주를 중심으로 빨치산 활동을 하다가, 일본군의 공세에 밀려 소련령인 하바로프스크로 들어갔다. 여기에서 소련군의 첩보부대인 88 여단에 배치된 후 맹활약을 펼치며 소련군의 신임을 얻었다. 이에 힘입어 김일성과 만주파는 해방 이후 북한에서 용이하게 권력을 장악할 수 있었다. 모든 파벌 가운데 결속력과 응집력이 가장 강했던 것이 만주파의 주된 특징이다. 보천보전투가 일어난 함경남도 갑산군에서 명칭이 유래된 갑산파는, 광의적인 개념으로 볼 때 만주파처럼 김일성과 빨치산 활동을 함께 한 세력으로 볼 수 있다. 다만 김일성 직계 세력은 아니었고 방계 세력 정도로 평가된다. 만주파는 만주, 연해주에서 순수 빨치산 활동만을 전개한 사람들이 중심에 있었고, 갑산파는 통일전선 조직인 조국광복회의 갑산 지부에서 활동한 사람들이 중심에 있었다. 대표적인 인물들은 박금철, 김도만, 리효순, 박용국 등이다. 해방 이후 갑산파는 북한 지역에서 소련 및 공산주의 찬양, 반미 사상 고조, 무장투쟁 선동 등을 활발히 수행했다.

뜨는 김일성, 지는 박헌영

1945년 9월, 김일성은 소련군 대위 자격으로 원산항에 들어왔다. 이때만 해도 그의 정치적 앞날이 밝을 것이라고 생각할 순 없었다. 정치적 입지가 탄탄하지 못했기 때문이다. 보천보 전투라는 명성이 있었지만 박헌영 등 국내에서 오랫동안 활동한 사람들에 비할 바는 아니었다. 그럼에도 불구하고 김일성은 조금씩 북한 지역을 장악해 나갔다. 이것이 가능했던 가장 큰 이유는 바로 '소련의 후원'이다. 스탈린과 소련군은 일찌감치 김일성을 최고 지도자로 내세울 계획을 갖고 있었다. 그가 소련 지역에서 나름 군사적 선방을 한 측면도 있었지만 무엇보다 젊고 다루기가 쉬웠기 때문이다. 소련은 박헌영처럼 비교적 합리적이고 정치적으로 거물급에 속하는 인물이 권력을 장악하면, 훗날 자신들의 영향력에서 벗어날 수있을 것이라고 판단했다. 이에 따라 소련은 김일성을 낙점했고 같은 해 10월 평양에서 대대적인 환영 행사를 열어 '김일성 장군'을 대중에게 선보였다. (보천보 전투의 노장군에 대한 환상이 컸던 대중은 이때 생각보다 젊고 어리숙한 김일성의 모습에 크게 실망한 것으로 전해진다.)

소련의 후원을 등에 업은 김일성은 넘치는 자신감을 갖고 본격적으로 움직이기 시작했다. 그는 우선 박헌영에게 이북 지역에 '조선공산당 북조선분국'을 만들 것이라고 전했다. (앞서 박헌영은 조선공산당을 재건한 상태였다.) 박헌영이 주도하고 있는 남한 지역과 달리 북한 지역에는 이렇다 할 조직이 없으니, 신속히 조직을 만들어 공산주의 활동을 효율적으로 추진해야 한다고 강조했다. 박헌영은 당황했다. 속된 말로 '굴러들어 온 돌'이 대놓고 세력화를 천명했기 때문이다. 하지만 김일성의 배후에 있는 소련을 의식해 박헌영은 별다른 반대를 하지 못했다. 다만 김일성은 박헌영의 정치적 입지를 무시할 수 없었던 만큼 그의 조선공산당 '지부'와 같은 개념으로 조직을 만들었다. 즉 처음에는 자신이 박헌영의 밑으로 들어가는 모양새를 나타냈던 것이다. 이후 김일성은 한편으로는 북조선분국을 기반으로 정치적 입지를 다졌고, 다른한편으로는 소련에게 노골적인 아부를 지속했다. 특히 그는이 시기에 '토지 개혁'이라는 파격적인 카드를 꺼내 들었다.이는 농민들의 지지와 더불어 소련에게 더 큰 인정을 확보하려는 의도가 깔려 있었다.

농민들에게 땅을 무상으로 분배하는 토지 개혁 조치가 이뤄지자 지주·자산가·우익계열 인사들은 격하게 반발했다.이에 대응해 김일성은 기다렸다는 듯 과감하고 잔혹한 숙청을 단행했다. 순식간에 '반동'으로 몰린 수많은 사람들이 죽임을 당했다. 가까스로 숙청의 칼날을 피한 사람들은 남한 지역으로 대거 도망갔다. 반면 자신들의 땅을 갖게 된 농민들과정치적 부담을 덜어낸 소련은 환호했으며 김일성을 더욱 지지하게 됐다. 이후에도 김일성은 거침이 없었다. 1946년, 그는 박헌영의 조선공산당으로부터 독립을 선언했다. 독립을하는 과정에서 김일성은 (소련의 도움에 힘입어) 소련파와 연안파를 끌어들였고, 세력을 규합해 현재의 '조선노동당'을 창당하기에 이른다. 삽시간에 김일성의 힘이 눈에 띄게 커졌다. 반면 남한의 박헌영은 갈수록 꼬이기 시작했다. 우선 미국, 소련 등 강대국들이 일정 기간 한반도를 '신탁통치'한다는 사안과 관련해, 박헌영은 처음에는 반대했다가 추후 소련의 지령에 따라 찬성으로 입장을 선회하면서 큰 비판을 받았다. 국민들의 지지도 크게 떨어졌다. 그는 정국을 전환하기 위해 좌익정당, 대중 단체 등을 모아 민주주의민족전선을 만들었다. 여기에는 여운형의 조선인민당, 김원봉의 조선민족혁명당 등이 참여했다. 이를 통해 박헌영은 좌익 세력을 결집하는 데에는 성공했다.

그러나 얼마 안 가 또다시 꼬였다. 1946년 3월, 한국의 완전독립 등을 논의하기 위한 '1차 미소공동위원회'가 열렸는데, 반탁 단체 배제를 둘러싼 미국과 소련 간 대립으로 미소공위는 결렬됐다. 이후 한반도에서 긴장이 고조되자 여운형과 김규식은 '좌우합작운동'을 전개했다. 박헌영은 처음에는 좌우합작 원칙까지 제시하며 합작 논의에 적극 참여하는 듯했다. 그러다가 평양을 갔다 온 직후, 돌연 합작 논의에 더는 참여하지 않겠다는 입장을 표명했다. 여운형 등이 반발하자 박헌영은 이상한 조건까지 내걸었다. 좌우합작을 하려면 남한에서 토지를 몰수하고 미군정을 종식하라는 것이었다. 좌익 세력을 제외한 그 누구도 받아들일 수 없는 조건이었다. 이로 인해 좌우합작운동은 어려워졌고 남한에서 박헌영의 정치적 입지는 더욱 좁아졌다. 그럼에도 박헌영은 상황을 다시 반전시키기 위해 노력했다. 우익 세력에 맞선다는 명분으로 조선공산당, 조선인민당, 남조선신민당의 3당 합당을 제안했다. 하지만 합당의 과정은 결코 순탄하지 못했다. 여운형의 반대가 만만치 않았고 일부 조선공산당 간부들도 박헌영의 독단적인 노선에 반기를 들었다. 이에 대응해 박헌영은 각종 공작을 펼쳤다. 대표적으로 조선인민당에 프락치를 심어 일부 여운형 세력을 자신의 편으로 끌고 왔다. 우여곡절이 있었지만 박헌영의 의도대로 3당 합당은 이뤄질 수 있었다. 그리하여 '남조선노동당', 이른바 '남로당'이 만들어졌다. 박헌영은 남로당을 통해 남한 지역 공산화 작업을 더욱 가열하게 진행하고, 북한 김일성의 조선노동당에 효과적으로 대응하려 했다.

그러나 박헌영의 생각은 곧바로 난관에 부딪혔다. 이 시기에 좌익 세력에 대한 미군정의 탄압이 본격화된 것이다. 좌우합작이 사실상 물 건너가고 미국과 소련 간 긴장이 고조됨에 따라, 미군정은 남한에서의 좌익 세력 활동을 묵과할 수 없었다. 이에 미군정은 박헌영 등 남로당 간부들에 대한 체포령을 내렸고 좌익 계열 신문들을 폐간했다. 박헌영 등은 국내 역사상 최대 파업을 일으키는 것으로 맞섰다. 하지만 승산은 전혀 없었다. 미군정의 탄압이 갈수록 심화되면서 박헌영은 더 이상 남한에서 활동을 지속할 수 없다고 판단했다. 그래서 관이 실린 영구차를 몰래 탄 후 북한으로 넘어갔다. 한 때 남한에서 내로라하는 정치 거물이 비참하게 도망을 간 것이다. 수많은 남로당계 사람들도 박헌영을 따라 북한으로 넘어갔다.

박헌영이 북한에 왔을 때 또렷하게 목도한 것은 김일성의 강한 권세였다. 이미 북한 정국의 주도권은 김일성에게 있었다. 반면 남한과 달리 북한에서의 박헌영 권세는 미약했다. 1948년 9월 북한에서 초대 내각이 출범했을 때, 김일성은 조선민주주의인민공화국 수상으로, 박헌영은 부수상 겸 외무상에 선출됐다. 비록 초대 내각이 파벌들 간의 연합적인 측면이 강했지만, 김일성은 명실상부한 국가 최고지도자였고 박헌영은 실권이 크지 않은 허울뿐인 자리에 있었다. 더욱이 시간이 갈수록 김일성의 권력이 공고화되면서 1949년 즈음에 박헌영도 실질적으로 김일성의 우위를 인정하지 않을 수 없었다. 박헌영 및 남로당 세력은 점점 더 위축될 뿐이었다.

6.25 전쟁, 숙청의 시작

기실 권력욕이 강했던 김일성에게 있어 박헌영과 남로당 세력은 언젠가 반드시 숙청해야 할 대상이었다. 아무리 정국 주도권을 쥐었다 한들 그들은 언제나 눈엣가시나 다름없었다. 박헌영과 남로당 세력도 이를 의식하지 않을 수 없었다. 이에 따라 숙청에 대한 위기감이 고조됐고 무언가 난관을 타개할 수 있는 방안 마련이 시급했다. 고민 끝에 박헌영은 그 방안이 '남침'에 있다고 결론 내렸다. 조선인민군을 동원해 남한을 침략한다면, 자신이 뿌려놓은 남한 내의 남로당원들이 대거 들고일어나 남침을 더욱 용이하게 만들 것이라고 장담했다. 봉기하는 남로당원들의 수는 무려 20만 명에 육박할 것이라고도 했다. (앞서 박헌영은 남한 내 빨치산 활동도 효과적일 것이라고 주장했다. 그러나 별다른 성과를 거두지 못했다.) 결국 박헌영과 남로당 세력은 남침을 통해 숙청을 회피함은 물론 세력 기반을 크게 강화할 수 있을 것이라고 전망했다. 남침 주장은 일종의 '승부수'였던 셈이다.

이에 대해 김일성은 어떻게 반응했을까. 많은 사람들이 알다시피 그는 박헌영 이상으로 남침을 원했다. 설령 박헌영이 남침을 반대했다 하더라도 김일성은 남침을 강행했을 것이다. 그는 비단 북한만이 아닌 한반도 전체의 절대 권력자가 되기를 소망했다. 동상이몽이었지만, 김일성과 박헌영은 남침을 합의했고 관련 준비를 해나갔다. 우선 그들은 소련의 스탈린을 찾아가 남침을 승인 및 지원해 달라고 간청했다. 그러나 스탈린은 이 간청을 계속 거절했다. 그는 미국을 의식했고 아시아보단 유럽에 더 관심을 뒀다. 김일성은 북한의 군사력이 남한을 압도하고 전쟁 발발 시 신속하게 남한을 점령할 수 있을 것이라며 설득을 시도했다. 이에 대해 스탈린은 "북한의 군사력이 남한보다 압도적이지 못하다. 저들이 침략 의도를 갖고 있다면 먼저 도발해 올 것이다. 그때 대응을 하면 된다"라며 피해 갔다. 스탈린의 부정적인 태도에 김일성과 박헌영은 좌절했다. 이른 시일에 남침은 불가능할 것처럼 보였다. 그런데 스탈린의 태도에 변화를 가하는 반전이 일어났다.

우선 그동안 미국이 독점하고 있던 '핵무력'을 소련도 보유하게 됐다. 1949년, 소련은 카자흐 SSR의 세미팔라틴스크 실험장에서 22kt 급의 RDS-1을 성공적으로 터뜨렸다. 미국과 동등한 군사적 위치에 서게 되면서 스탈린은 큰 자신감을 갖게 됐다. 이와 거의 비슷한 시기에 '중국 대륙의 공산화'도 이뤄졌다. 북한을 지원할 수 있는 든든한 우방이 하나 더 생긴 것이다. 여기에 미국의 실책도 더해졌다. 미국의 극동군사방위선인 '애치슨 라인'에서 남한 지역이 제외됐다. 이는 소련과 북한으로 하여금 미국이 남한을 방어할 의지가 별로 없는 것으로 판단하게 만들었다. 이후 김일성이 다시 모스크바를 방문했을 때 스탈린은 이전과 달라진 모습을 보였다. 남침을 최종 승인했고 전쟁 물자들을 지원해 주기로 했다. 다만 소련군이 직접 개입하는 일은 없을 것이라고 선을 그었다. (중국의 모택동은 일찌감치 남침에 동의했고, 유사시 북한을 도와줄 것이라고 선언했다.) 이제 김일성과 박헌영이 원했던 대로 남침 준비에 가속도가 붙었다. 수많은 소련제 탱크, 박격포, 야포, 대전차포, 장갑차, 총기 등이 비밀리에 북한으로 넘어왔다. 이에 따라 북한의 군사력은 급격히 강해졌다. 반면 남침을 예상하지 못한 남한은 군사력을 강화할 생각을 하지 않고 있었다. 당시 남한에는 탱크 한 대도 없었다.

전쟁 직전 38선 부근에서는 국지전이 자주 발생했다. 조만간 불어닥칠 거대한 폭풍의 전야였다. 마침내 1950년 6월 25일, 북한군의 전면적인 기습 공격으로 '6.25 전쟁'이 발발했다. 전반적으로 봤을 때 북한군의 초반 공격은 매우 순조로

왔다. 무장이 제대로 안 된 남한군은 속절없이 밀렸다. 그런 데 전황을 세밀히 살펴보면 모든 것이 북한군의 뜻대로 되지 는 않았다. 북한군 제1사단의 서울 진격이 적지 않게 지연됐 고 제2군단의 수원 점령은 실패하기도 했다. 기실 이러한 모 습들의 책임은 김일성에게 있었다. 그가 진격로 설정 등 세부 적인 군사작전 계획을 수립 또는 승인했기 때문이다. 하지만 김일성은 조그마한 책임도 지려하지 않았다. 오히려 군사작 전 실패를 명분으로 평소 부담이 됐던 사람들을 제거해 나갔 다. 이때부터 사실상 김일성 '숙청'의 서막이 열렸다. 제1사단 장 최광은 총살당했고 제2군단장 김광협, 참모장 최인은 좌 천 또는 보직해임됐다. 제2군단 예하에 있는 2사단 및 12사 단에도 숙청의 칼날이 미쳤다.

한편 박헌영이 장담했던 남한 지역에서의 남로당 봉기는 일어나지 않았다. 전쟁 이전에 이승만 정부의 여러 조치들로 인해 봉기가 일어날 수 없는 상황이 조성됐다. 우선 이승만 정부는 일부 민간인들의 희생을 불사하면서까지 남한 내 공 산 세력을 철저히 짓밟았다. 전쟁 발발 이후에는 남한 내 공 산 세력이 대부분 궤멸된 상태였다. 아울러 농민들도 '농지개 혁법'의 영향으로 북한에 우호적이지 않았다. 이승만 정부는 제헌헌법에 의거, 농지를 농민들에게 적절히 분배함으로써 농가경제 자립과 농업생산력 증대를 꾀했다. 결국 기대했던 남로당 및 농민들의 봉기가 일어나지 않음에 따라 추후 박헌영은 난관에 처하게 된다.

약간의 어려움이 있었지만, 압도적 우위에 있던 북한군은 어느새 부산을 제외한 모든 남한 지역을 점령했다. 적화통일이 곧 달성될 것처럼 보였다. 그러나 예기치 못한 사건으로 북한군은 일순간 열세에 놓였다. 맥아더 장군의 지휘 하에 유엔군이 '인천상륙작전'을 성공시키면서 북한군은 북쪽으로 밀려나기 시작했다. 신속한 남한 점령을 장담했던 김일성의 당초 계획은 완전히 틀어졌다. 이제부터는 유엔군과 남한군의 시간이었다. 전쟁 초기의 북한군처럼 유엔군과 남한군도 노도와 같이 진격을 했다. 이들은 얼마 지나지 않아 북한의 수도인 평양을 함락시켰고 압록강까지 당도했다. 이 같은 총체적 난국은 김일성을 다급하게 만들었다. 그는 울먹이며 스탈린과 모택동에게 도움을 요청했다. (이때 스탈린은 군대 지원을 거부하며 태연하게 "그냥 내버려 두시오. 이제 미국이 우리의 이웃이 되게 합시다"라고 말했다.) 아울러 전쟁 실패의 책임을 떠넘기기 위한 숙청도 이어갔다. 대표적으로 평양 방

숙청의 역사

어 실패를 이유로 연안파의 수장 격인 김무정을 숙청했다. 애당초 김무정은 평양 방어가 어려울 것이기 때문에, 평양을 포기한 후 그다음 전선에서 대응하는 것이 능사라고 주장했다. 전황을 살펴봤을 때 김무정의 주장이 옳았다. 그럼에도 김일성은 끝까지 평양을 방어하라고 강요했다. 마지못해 평양 방어에 나선 김무정은 유엔군에 참패했고 김일성은 기다렸다는 듯 그를 제거했다. 여기에는 책임을 전가함과 더불어 평소 부담이 됐던 정적을 없앤다는 의도도 있었다.

그러나 김무정을 숙청했다 해서 김일성에 대한 책임론이 사라지는 것은 결코 아니었다. 어쨌든 전쟁을 주도한 최고 책임자는 김일성으로 비쳤기 때문이다. 그는 언제든 반대파의 공격을 받아 축출될 수 있음을 우려했다. 해법을 모색한 결과 김일성은 더욱 강력한 숙청이 필요하다고 판단했다. 그 표적은 바로 박헌영과 남로당이었다. 어찌 보면 김일성 못지않게 박헌영도 적극적으로 전쟁을 주장했던 만큼 좋은 먹잇감이 될 수 있었다. (여담으로 김일성과 박헌영은 술자리 등에서 전쟁 책임을 놓고 상호 간 호통을 치며 싸우기도 했다.) 한편 전황은 중공군의 전격적인 참전으로 다시 반전됐다. 한숨을 돌린 김일성은 한편에선 중공군과 함께 전쟁을 이끌었고, 다른 한편에선 암암리에 박헌영 및 남로당 숙청 계획을 세우고 있었다. 1953년, 전쟁은 막바지에 접어들었다. 이 시기 전황은 그 누구의 절대적 우세가 없이 교착 상태에 빠졌다. 휴전에 대한 얘기가 오고 가는 가운데 김일성은 기습적으로 숙청 계획을 실행에 옮겼다. 3월, 박헌영을 '미제 스파이'라는 죄목으로 체포해 감옥에 집어넣었다. 7월 휴전이 이뤄진 직후에는 박헌영을 추종하는 남로당계 인사들을 대거 체포했다. 8월 한 달간 체포된 남로당원이 무려 2000여 명에 육박한다는 추정이 나온다.

박헌영과 남로당계 인사들에 대한 북한 최고재판소의 재판은 1955년에 열렸다. 표면적으로 재판 절차를 진행하긴 했지만 이미 결과는 정해진 것이나 다름없었다. 시종일관 박헌영과 남로당계 인사들은 '미제 스파이'로 규정됐다. 그런데 이는 근거가 매우 희박했다. 박헌영과 남로당계 인사들 모두 황당해했고 소련파의 거두인 허가이는 이들을 변호했다. 김일성 최측근들을 제외한 당 간부들도 스파이 혐의에 선뜻 동조하지 않고 침묵한 것으로 전해진다. 하지만 재판부는 정해진 결론으로 밀고 나갔다. 후반에 가서 박헌영은 체념한 듯 '알아서 하라'는 식으로 대응했다. 이와 함께 그는 재판장에서

숙청의 역사

다음과 같은 말을 남기기도 했다. "너희들의 주장대로 나는 미제의 간첩이었다. 그러나 너희들이 주장하는 미제 간첩과 내가 주장하는 미제 간첩은 엄격히 다르다. 나는 조국의 해방과 통일을 위해 미국인들과 만난 것이지, 결코 너희들이 말하는 간첩 행위를 하지 않았다." 김일성 측은 박헌영의 일부 발언, "나는 미제의 간첩"이라는 발언만 들먹이며 박헌영이 죄를 자백했다고 곡해했다.

결국 박헌영과 남로당계 인사들에 대해 사형 및 전재산 몰수형이 선고됐다. 선고 직후 리강국 등 남로당계 인사들이 신속히 처형됐다. 박헌영 처형은 다소 지연되고 있었다. 그런데 이때 북한의 뒷배인 소련과 중국에서 박헌영 처형을 말리는 움직임이 나타났다. 예전부터 순수한 공산주의자인 박헌영에게 호감을 가졌던 모택동은 미제 스파이 근거가 부족하다는 이유를 들며 처형 반대 및 명예 회복을 주장했다. 또한 소련 정부도 대사인 이바노프를 통해 박헌영 처형만은 안 된다는 의사를 김일성에게 전달했다. 그러나 김일성은 박헌영이 죄를 자백했다면서 예정대로 사형을 집행했다. 이로써 한때 한반도에서 가장 큰 공산주의 세력을 형성했던 박헌영의 남로당은 완전히 궤멸됐다. 김일성은 '위기를 기회로 삼아'

최대 정적에 대한 숙청에 성공함으로써 자신의 권력을 더욱 공고히 할 수 있었다.

8월 종파 사건

1956년, 국제 정세에는 커다란 변화의 조짐이 나타났다. 스탈린이 사망한 후 니키타 흐루시초프가 소련의 새로운 서기장으로 취임했다. 그는 전임자였던 스탈린을 좋아하지 않았다. 공개 석상에서 스탈린을 강도 높게 비난한 것은 물론 대대적인 '격하운동'을 벌였다. 흐루시초프가 겨냥한 것은 스탈린의 개인숭배, 대숙청, 전쟁 초기 참담한 패배 등이었다. 한때 국제 공산주의 세력의 '신'으로 추앙받았던 스탈린이 맨바닥으로 고꾸라지고 있었다. 이러한 움직임은 김일성에게 불길한 징조였다. 그동안 김일성을 키워준 것은 사실상 스탈린이었으며, 김일성은 스탈린을 롤모델로 삼아 자신에 대한 숭배 분위기를 조성해나가고 있었다. 소련의 영향을 받아 북한에서도 김일성의 노선에 반하는 새로운 움직임이 나타날 가능성이 다분했다. 이때까지만 해도 북한은 김일성 유일 체제가 성립되기 전이었다.

아니나 다를까. 이른바 '8월 그룹'을 중심으로 새로운 움직

숙청의 역사

임이 나타나기 시작했다. 이 그룹은 윤공흠, 최창익, 리필규, 서휘 등 연안파와 박창옥, 김승화 등 소련파가 연합된 형태였다. 안 그래도 이들은 김일성의 책임 전가와 인사 정책 등에 큰 반감을 갖고 있던 터였다. 다만 처음부터 강경하게 나간 것은 아니었다. 즉 김일성의 축출을 목표로 한 것이 아니라 일부 김일성 측근 배제 및 노선 전환 유도를 목표로 했다. 이에 대해 김일성은 당근으로 맞섰다. 자신의 측근들을 배제하거나 노선 전환을 할 순 없지만, 그 대신에 8월 그룹 인사들에게 의미 있는 직책을 제공했다. 윤공흠의 경우 부수상까지 오를 뻔했다. 하지만 당근의 효과는 미미했다. 8월 그룹은 세력을 더 규합해 1956년 8월에 열리는 당 중앙위원회 전원회의에서 김일성의 개인숭배를 정면 비판하기로 했다. 마침 김일성이 오랜 기간 소련 및 동유럽 순방길에 올랐기 때문에 절호의 기회로 여겨졌다.

그러나 8월 그룹의 계획을 김일성은 이미 간파하고 있었다. 최용건 등 그의 최측근들이 8월 그룹의 동태를 파악해 자세히 알려줬기 때문이다. (8월 그룹은 최용건을 아군으로 끌어들이려 노력했지만 김일성과 오랜 인연이 있었던 최용건은 넘어오지 않았다.) 이후 김일성은 중앙위원회 전원회의가 열리기 직전까지, 8월 그룹의 공격이 무위에 그치도록 하기 위한 사전 정지작업을 진행했다. 본인 세력의 결속력을 강화했고 소련 등에게 8월 그룹과 접촉하지 말 것을 당부했다. 마침 소련도 헝가리 사태의 여파로 북한에서 권력 투쟁으로 인한 혼란이 초래되지 않기를 바랐다. 중앙위원회 전원회의가 시작도 하기 전에 8월 그룹의 공격 계획은 심각하게 틀어진 상태였다. 그리고 실제 전원회의 현장에서 8월 그룹은 맥없이 무너졌다. 전원회의에 참석한 사람들 대다수가 김일성 지지자인 상황에서 김일성 세력은 먼저 단상으로 나와 8월 그룹 핵심 인사들에 대해 선제공격을 가했다. 윤공흠과 서휘가 주요 표적이었는데, 그들이 책임자로 있는 기관 활동이 부진하다는 등의 비판이 쏟아졌다. 이러한 공격은 상당한 효과를 거뒀다.

윤공흠은 어떻게 해서든 반격을 가하기 위해 단상으로 나왔다. 그런데 엎친 데 덮친 격으로 윤공흠은 중요한 실수를 범했다. 핵심인 김일성의 개인숭배 부분에 대해 집중적인 공격을 가해야 했는데, 엉뚱하게도 김일성의 간부인사 정책 비판에 대부분의 시간을 할애했다. 특히 김일성의 최측근인 최용건을 당 정치위원 등에 앞서서 당내 민주주의를 파괴했다고 말했다. 개인숭배 문제를 비판하는 것은 김일성 세력에 속한 사람들에게도 어느 정도 공감을 얻을 수 있었다. 그러나 간부인사 정책에 대한 비판은 전혀 공감을 얻지 못하는 것이었다. 최용건의 경우 당 내에서 신망이 매우 높은 상황이기도 했다. 윤공흠의 발언에 야유가 터져 나왔고 급기야 김일성 지지자들에 의해 윤공흠은 단상에서 끌려내려왔다. 최창익이 단상으로 나와 뒤늦게 개인숭배 문제를 지적했지만 이제는 별 소용이 없었다. 이후 윤공흠과 서휘 등은 회의장을 신속히 빠져나와 신의주로 도망갔다. 중국으로 망명하기 위해서였다.

8월 그룹의 공격을 여유 있게 막아낸 김일성은 이들에 대한 숙청의 칼날을 빼들었다. 윤공흠, 서휘, 박창옥, 최창익 등이 출당 조치되거나 정부 직위를 박탈당했다. 더 나아가 김일성은 이른바 '반종파투쟁'을 단행, 다음 해 중순까지 8월 그룹과 연관된 반대파 인사들 200여 명을 체포해 숙청했다. 숙청된 사람들에겐 지배 체제에 순응하지 못하는 '종파주의자'라는 낙인이 찍혔다. 특기할 만한 점은 이때를 계기로 북한 전역에 악명 높은 '정치범 수용소'가 대거 세워졌다는 것이다. 이후 수용소의 규모는 점점 비대해져 오늘에 이르렀다.

'8월 종파 사건'으로 김일성의 또 다른 정적이었던 연안파와 소련파는 북한 정계에서 완전히 자취를 감췄다. 자연스레 김일성은 절대권력에 성큼 다가설 수 있었다.

최후의 숙청

이제 북한 정계에 존재하는 파벌은 김일성의 친위세력인 만주파와 갑산파였다. 상술했듯 두 파벌은 크게 보면 비슷하지만 세부적으로 보면 차이가 있었다. 엄밀히 말해 갑산파는 만주파와 달리 김일성을 견제할 수 있는 유일한 세력이었다. 당시 갑산파 일각에서 김일성의 개인숭배와 절대권력 획득을 우려하는 목소리가 존재하기도 했다. 김일성도 시간이 갈수록 갑산파의 존재를 탐탁지 않게 여겼다. 그는 조금의 장애물도 없이 절대권력을 갖고 싶어 했다. 이런 가운데 1967년부터 김일성과 갑산파가 본격적으로 대립하는 일이 연이어 발생했다. 우선 이 시기에 중국에서 문화대혁명이라는 거대한 폭풍이 발생했는데, 김일성은 여기에 동조하지 않아 모택동으로부터 수정주의라는 비판을 받았다. 이에 김일성은 앞으로 소련과 중국 등에 기대지 않을 것이라며 독자 노선을 표방하기 시작했다. '주체사상'의 시발점이었다.

이러한 방향성을 염두에 두고 김일성은 대대적으로 당 중앙지도기관 직제개편을 단행했다. 당 중앙위원회 위원장은 총비서로 명칭이 변경됐고 부위원장제가 폐지됐다. 위원장이었던 김일성은 자연스레 총 비서가 됐는데, 부위원장이었던 갑산파의 수장 박금철은 권력을 상당수 잃게 됐다. 박금철은 물론 갑산파 전체가 반발했다. 더욱이 비서국이 신설됨에 따라 조직비서와 조직지도부장 등이 핵심 요직으로 떠올랐는데, 갑산파 인물이 아닌 김일성의 친동생 김영주가 버젓이 해당 자리에 앉았다. 일련의 과정을 계기로 갑산파는 김일성에게 완전히 등을 돌리게 됐다. 그러면서 박금철을 김일성의 대체자로 내세웠다. 박금철은 과거 항일운동을 주도했던 만큼 명망이 높기도 했다. (이 당시 김일성은 친아들인 김정일을 후계자로 만들고 있었다. 박금철의 부상으로 후계 구도와 관련한 대립의 성격도 나타났다.) 갑산파 내부에서는 박금철과 그의 배우자인 서채순을 노골적으로 찬양하는 영화까지 만들었다. 이에 대해 김일성은 매우 불쾌해했다. 경제 관련 정책에 있어서도 김일성과 갑산파는 자주 충돌하는 모습을 보였다. 김일성은 중공업을 중시하면서 군사력 확충에 열을 올렸다. 여기에는 재차 남침을 하기 위한 의도가 깔려 있었다. 반면 갑산파는 경공업 및 소비재 생산을 중시하며 김일성의 노선 전환을 압박했다.

양측 간의 대립은 좀처럼 수그러들 기미가 보이지 않았다. 이런 상황에서 선수를 친 것은 김일성이었다. 그는 갑산파를 전격적으로 숙청하기로 마음먹었다. 조선노동당 4기 제15차 전원회의에서, 김일성 세력에 속한 김일과 김영주는 "갑산파가 반동적인 봉건주의, 수정주의, 부르주아 사상을 당 간부들에게 퍼뜨렸다"라고 맹렬히 공격했다. 특히 갑산파의 수장인 박금철은 고향인 갑산에 양옥집을 크게 세운 혐의, 서채순을 혁명가로 과장한 혐의, 24세가 된 맏딸을 경락연구소에 배치한 후 연구원들에게 딸의 논문을 대필하게 해 의학박사로 만든 혐의 등으로 가장 큰 공격을 받았다. 일순간 박금철, 김도만, 리효순, 박용국 등 갑산파의 핵심 인물들이 반동분자로 낙인찍혔고, 전격 체포돼 정치범 수용소에 갇혔다. 아울러 갑산파와 연관이 있는 중앙 및 지방의 간부들도 대거 체포됐다. 이들 대부분은 모진 고문을 당한 후 노동교화형이나 사형에 처해졌다. 숙청이 종료된 후에도 갑산파의 흔적을 완전히 지우려는 움직임이 있었다. 목민심서 등 갑산파가 연구한 정약용의 저서들이 금서로 지정됐고 갑산파의 명칭이 유래된 지역인 함경남도에 대한 정치적 차별이 이뤄졌다. 한편

숙청의 역사

갑산파에 대한 숙청이 한창일 때, 중국 정부는 대놓고 김일성에게 불쾌감을 표출한 것으로 전해진다. 갑산파가 중국과의 협력을 선호했던 측면이 강했기 때문이다.

절대권력자 등극

갑산파 숙청 이후 북한 정계에서 김일성에게 대항할 수 있는 세력은 더 이상 존재하지 않았다. 그는 수많은 권력투쟁에서 최종적인 승리를 거뒀다. 이제 남은 과제는 명실상부 절대권력자의 반열에 오르는 것이었다. 이를 위해 김일성이 진행한 주요 작업은 새로운 '헌법' 제정이다. 북한은 1948년 9월 최고인민회의 제1기 1차 전원회의에서 북한의 첫 정식헌법인 '인민 민주주의 헌법'을 제정, 20여 년 간 시행해오고 있었다. 김일성 측은 기존 헌법에 일부 자본주의적인 요소가 섞여 있어서, 사회주의가 어느 정도 정착된 현재에는 맞지 않다고 주장했다. 아울러 기존 헌법에 내각 및 최고인민회의 상임위원회가 권력을 균분하는 내각제적 요소가 담겨 있는 만큼, 자신들이 목표로 하는 김일성 유일 체제가 불가능하다고 봤다. 이에 따라 1972년 12월 최고인민회의 제5기 1차 전원회의에서 인민 민주주의 헌법을 폐지했고 새로이 '조선민주주의 인민공화국 사회주의 헌법'을 제정했다.

신헌법은 다음과 같은 특징을 내포하고 있었다. 우선 북한이 자주적인 사회주의 국가임을 천명했다. 정치, 경제, 문화 등 모든 측면에서 북한은 자주성과 사회주의 원리에 의해 운영되는 체제임을 분명히 한 것이다. 주권의 소유 주체도 노동자, 농민, 병사, 근로 인텔리로 제한했다. 북한을 이끌어갈 지도사상도 새롭게 규정했다. 순수 마르크스-레닌주의가 아닌 김일성의 사상인 주체사상을 헌법상의 규범으로 제도화했다. 그리고 결정적으로 김일성의 유일적 통치가 가능하도록 '국가주석' 제도를 신설했다. 이에 따르면 주석은 행정, 군사 분야의 최고책임자이며 국가 주권을 대표하는 인물이었다. 예로부터 북한에서 최고주권기관이자 최고입법기관으로서의 역할을 수행한 최고인민회의 등에도 소환되지 않을 정도로 주석은 무소불위의 권력을 보유할 수 있었다. 주석을 뒷받침하기 위해, 주석의 지도를 받으면서 국가의 대내외 정책을 수립하는 중앙인민위원회를 신설했다. 이 기관의 설립으로 사실상 최고인민회의는 유명무실해졌다.

결국 김일성은 신헌법을 통해 조선노동당 중앙위원회 총비서(당)와 조선민주주의인민공화국 주석(국가기관)이라는 양대 직책을 동시에 갖게 됐다. 이미 정치사회적으로 모습을 갖췄던 '김일성 유일 체제'가 최종적으로 법적 차원에서 완성됐다. 북한 당국은 새로운 체제가 "수령님의 유일적 영도를 확고히 보장할 수 있게 하는 가장 혁명적이고 우월한 국가 정치지도 체제"라고 찬양했다. 더욱이 법적 제도화를 넘어 김일성 유일 체제의 '이론화' 작업에도 박차를 가했다. 그 결과 '혁명적 수령관'이 등장했다. 이에 따르면 김일성 수령은 "당과 노동 계급을 비롯한 전체 인민을 통일적으로 영도하는 혁명의 최고 '뇌수'이며, 그들의 이익과 혁명적 지향을 집중적으로 체현하고 있는 계급의 유일한 대표자"로 규정됐다. 최고지도자를 넘어 인체의 핵심 부위(뇌수)에까지 비유되는, 그야말로 누구도 감히 건드릴 수 없는 '절대권력자'의 탄생이었다.

북한 사회가 김일성 수령을 중심으로 동심원적으로 편제되는 가운데, 유일지배정당인 조선노동당의 핵심 개념들도 김일성 중심으로 변화했다. 우선 기존의 '노동 계급의 당'에서 '당을 창건한 수령의 사상과 영도를 실현하는 무기'로 근본 개념이 바뀌었다. '당에 대한 무한한 충실성'으로 규정됐던 당성(黨性)은 '수령과 당에 대한 무한한 충실성, 김일성 수령의 교시를 관철하며 인민을 위해 몸 바쳐 싸우려는 투쟁정신'

으로 바뀌었다. 이렇게 절대권력을 확립한 김일성은 자신의 뒤를 안정적으로 이을 후계자 선정도 서둘렀다. 1974년 제5기 8차 전원회의에서 혁명 1세대들의 건의를 받아들이는 형식으로 첫째 아들인 김정일을 후계자로 추대, 당의 정치위원 및 비서를 겸하게 했다. 이후 1980년 6차 당대회에서 후계자로서의 김정일 지위가 공식화됐고, 국가의 주요 정책들을 김정일이 직접 주도하기에 이르렀다. 세계에서 그 유례를 찾아보기 힘든 부자간의 권력 세습, 그리고 유일 체제는 오늘날에도 북한에서 지속되고 있다.

06

모택동의 '문화대혁명'

홍위병 동원한 대규모 반달리즘

자국 문화, 자국민들 파괴한 집단광기 전말

모택동.

"의심할 여지없이, 무산계급 문화대혁명 중에 무산계급 신사조, 신문화, 신풍속, 신습관이 지주들과 기타 착취 계급의 구사상, 구문화, 구풍속, 구습관 이런 부패한 것들을 대체할 것이다. 위대한 마오쩌둥 사상으로 무장해 떨쳐 일어선 중국 인민들은 반드시 온갖 잡귀신들을 쓸어버릴 것이다."

_중앙문혁소조장 천보다 연설 中

현재 중국 대륙을 통치하고 있는 '공산당'은 1920~30년대까지는 중국 내 소수 세력에 불과했다. 당시 중국 대륙의 중심 세력은 장제스가 이끄는 '국민당'이었다. 그들은 공산당과 비교할 수 없는 압도적인 군사력 및 행정력을 보유하고 있었고, 이를 기반으로 공산당과의 경쟁에서 항상 우위에 있었다. 제2차 세계대전, 중일 전쟁이라는 거대한 전란이 끝난 이후에도 중국 대륙은 변함없이 국민당의 통치 하에 있을 것으로 전망됐다. 하지만 최후의 승리자는 공산당이었다. 그들은 중일 전쟁 중 기묘한 전략으로 힘을 키웠고 부정부패에 물든 국민당의 연이은 실책 등으로 승리를 거머쥘 수 있었다. 본 편에서 다뤄줄 주인공인 '모택동'은 바로 이 공산당의 승리를 이끈 주역이었다. 그의 탁월한 군사 전략가로서의 면모는 공산당 승리의 핵심 원동력으로 작용했다.

숙청의 역사

그런데 모택동은 군사적으로는 탁월했을지 모르나 행정가로서는 최악이었다. '중화인민공화국'을 건설한 후 모택동이 야심차게 추진한 주요 정책들은 대부분 뼈아픈 실패로 끝났다. 특히 서방 국가들을 따라잡기 위해 무리하게 추진한 '대약진 운동'은 중국 국민들을 대기근으로 몰아넣는 참사를 낳았다. 정상적이라면 이때 모택동은 모든 책임을 지고 뒷선으로 완전히 물러났어야 했다. 실제로 후임자였던 류샤오치와 등소평은 모택동과 다른 노선을 걷거나 그를 공개적으로 비난하며 흔적 지우기에 나서는 모습까지 보였다. 그러나 모택동은 끝내 물러나지 않았다. 당시 사회에 불만을 갖고 있는 대학생들의 마음을 악용해 자신의 충견들인 '홍위병'을 만들었고, 이를 기반으로 '문화대혁명'을 일으키며 권력의 중심에 다시 들어섰다.

문화대혁명은 '혁명'이라는 용어 때문에 자칫 긍정적인 것으로 오해할 수 있다. 하지만 이는 역사상 유례를 찾아보기 힘든 대규모 '반달리즘'(파괴) 운동이었다. 봉건적이고 부르주아적인 '낡은 것'들을 청산해 평등에 기초한 새로운 사회주의 국가를 건설한다는 목표였지만, 매우 극단적이고 폭력적인 방식으로 전개돼 수많은 대상들에게 큰 피해를 입혔다. 유무형의 전통문화재가 대거 파괴됐고 셀 수 없이 많은 사람들이 죽임을 당했다. 오로지 모택동과 그 추종자들, 홍위병들만이 안전지대에 있었다. 당초 내세웠던 평등은 모두가 못 살고 모두가 못 배우게 되는 퇴보한 평등으로 변질됐으며, 류샤오치 시대에 회복되는 듯했던 중국의 경제는 다시 나락으로 떨어졌다. 결국 모택동과 그 추종자들의 권력욕과 허무맹랑한 이상에서 비롯된 문화대혁명은 중국 사회의 근간을 뒤흔들고 무너뜨린 '문화대숙청'이라는 평가를 받는다. 모택동은 자신이 건설한 국가를 자신의 손으로 파괴하는 심각한 결과를 초래한 셈이다. 그럼에도 현대의 중국인들이 모택동을 국부로 여기며 숭배하고 있는 것은 역사의 아이러니로 보이기에 충분하다. 자국 문화와 자국민들을 무차별적으로 파괴한 집단광기, 모택동의 '문화대혁명' 전말을 되돌아봤다.

국민당-공산당, 대립의 역사

1920년대부터 중국 대륙에는 두 개의 눈에 띄는 세력이 존재했다. 바로 '국민당과 공산당'이다. 두 세력의 역사를 간략히 살펴볼 필요가 있다. 우선 국민당은 1912년 '쑨원'에 의해 공식적으로 창당되기 전까지 비밀결사 조직으로 활동했다. '삼민주의'(민족, 민주, 민생)를 바탕으로 청나라 제정을 무너뜨리기 위해 결성된 중국혁명동맹회가 그것이다. 이들은 1911년 우창 봉기를 기점으로 발생한 '신해혁명'을 통해 청나라를 멸망시켰고 공화정인 '중화민국'(中華民國)을 수립했다. 지도자였던 쑨원은 중화민국 초대 총통으로 취임했다. 하지만 기쁨도 잠시, 북방군벌과 열강의 지원을 얻은 청년 장군 위안스카이에게 그 자리를 빼앗기고 말았다. 쑨원은 이에 대응해 중국혁명동맹회를 공개정당으로 개편하는 것을 넘어 (위안스카이의 어용정당인 공화당의 대척점에 서는) 국민당을 창당했다. 한동안 국민당과 쑨원은 위안스카이에게 대대적인 탄압을 받으며 큰 우여곡절을 겪었다. 그러다 위안스카이의 실책 및 죽음과 반제국주의, 반봉건주의 혁명운동인 '5.4 운동' 등의 영향으로 중국 내에서 확실히 자리를 잡게 됐다. 쑨원이 1925년 사망한 후에는 그의 후계자를 자처한 정치군인 장제스가 국민당을 장악했다.

공산당은 1921년 천두슈, 리다자오의 주도 하에 창당됐다. '중공'(中共)으로 약칭하기도 한다. 러시아 혁명으로 집권한 소련 볼셰비키당에게 큰 영향을 받았고 5.4 운동의 시류를 타고 만들어졌다. 학계에서는 1920년에 결성된 사회주의자동맹이라는 단체가 공산당의 시초라는 주장이 있다. 상하이 창당 모임 당시, 50여 명의 당원을 대표한 13명의 중국인과 2명의 외국인이 참가했다. 추후 중국 공산당 최고지도자가 되는 모택동도 이 13명 중의 한 명이었다. 공산당은 모스크바에서 창설된 공산주의 국제연합인 '코민테른'의 지도를 받았고 도시 노동자들의 지지를 기반으로 세력을 불려 나갔다. 초창기 공산당의 대표적인 활동은 홍콩 선원 파업 등 각지에서 발생한 노동쟁의를 조직, 후원하는 것이었다. 한동안 천두슈와 리리싼이 선두에서 공산당을 이끌며 활동을 주도했다. 모택동은 뒷선에서 나름의 활동을 펼치며 서서히 존재감을 드러냈다. 그러다가 1930년대에 당세가 외부의 공격으로 급격히 위축되자 대안으로 모택동이 급부상하며 공산당을 장악했다.

국민당과 공산당은 국내외 정세에 따라 물리적으로 힘을 모으기도 했지만 화학적 결합은 될 수 없었다. 쑨원 시대에는 국민당 제1기 전국대표대회에 공산당원 대표들도 참가하는 등 '1차 국공합작'이 이뤄졌다. (중국에 영향력을 확대하려 했던 소련이 코민테른을 통해 "공산당은 국민당에 협력하라"라고 지침을 내린 것이 큰 영향을 미쳤다.) 하지만 쑨원 사후 장제스 시대에는 분위기가 완전히 달라졌다. 장제스는 극단적인 반공주의자였고, 이러한 성향을 결코 숨기지 않았다. 또한 국민당의 지지기반인 자본가, 중산층 당원 등은 공산당이 사유재산을 침해할 수 있다는 우려를 대놓고 표출했다. 공산당 역시 국민당 우파를 배제한 중국 대륙의 완전한 공산화라는 이상을 심심치 않게 드러냈다.

　불길한 기운이 고조되는 가운데, 1926년 장제스는 국민혁명군을 이끌고 1차 북벌(베이징의 군벌 타도를 목적으로 행한 출병)을 감행했다. 북벌이 전개되는 동안 국민당과 공산당 간 갈등의 골은 더욱 깊어졌다. 공산당은 비대해지는 장제스의 힘을 견제하기 위해 왕징웨이 등이 중심이 된 국민당 좌파와 연합, 장제스에 대한 공격을 가했다. 가뜩이나 공산당에 대한 거부감이 컸던 장제스는 참을 수 없었다. 결국 그는 1927년 4월 공산당을 타도하기 위한 '상하이 쿠데타'를 일으켰다. 이로 인해 공산당은 심각한 타격을 입었다. 이후 장제스는 국민당 좌파의 우한 정부와 구별되는 난징 정부를 세웠다. 국민당 좌파의 경우 상하이 쿠데타가 발생했음에도 여전히 공산당과 우호적인 관계를 형성하고 있었다. 하지만 코민테른에서 "국민당 중앙집행위원회를 장악하라"라는 새로운 지침이 내려온 후 공산당이 왕징웨이를 압박하자 국민당 좌파도 공산당과의 관계를 단절하게 된다.

공산당은 상하이 쿠데타에 대한 대응으로 광저우 등에서 폭동을 일으켰다. 그러나 이 폭동은 실패로 돌아갔고 6만 명에 달했던 당원의 수는 1만 명으로 급감했다. 극히 어려운 상황이었음에도 모택동과 주더 등 유격대 지휘관들은 굴하지 않았다. 정강산 투쟁을 시작으로 중국 곳곳에 소비에트 지구를 건설해 나갔다. 특히 강서성에 건설된 강서 소비에트는 지속적으로 확대돼 중앙 소비에트로 지칭됐고 1931년 '중화소비에트 공화국'을 선포하기에 이르렀다. 하지만 내부 갈등이 뒤따랐다. 모택동과 상하이의 임시 당 중앙위원회의 대립이 격화되면서 모택동이 실각했고, 오토 브라운과 28인의 볼셰비키라고 불리는 소련 유학파들이 군사 노선을 지휘하게 됐다. 이런 가운데 공산당의 소비에트 지구 건설에 큰 위기감을 느낀 국민당 정부는 공산당을 완전히 섬멸하기 위한 대대적인 작전을 펼쳤다. 이른바 '초공작전'이다. 이 작전은 총 5차례에 걸쳐 이뤄졌다. 특히 1933년의 초공작전은 공산당에게 궤멸적인 타격을 줬다. 중앙 소비에트를 비롯한 여러 소비에트 지구들이 분쇄됐고 중화소비에트 공화국은 멸망했다. 최악의 상황 속에서, 조만간 공산당 조직 자체가 완전히 소멸

숙청의 역사

될 것처럼 보였다. 그러나 그들은 잡초처럼 살아남았다. 잔존 병력과 당원들을 재편한 후 부대별로 해방구를 탈출해 중국 북서부의 산시성 옌안으로 이동하는 데 성공했기 때문이다. 이것이 그 유명한 '대장정'이다. 모택동은 대장정에서 눈에 띄는 활약을 펼치며 두각을 나타냈다. 더욱이 기존 공산당 지도자들의 실책이 부각됨에 따라 모택동은 반사이익을 얻으며 차기 공산당 최고지도자로서 각광을 받기 시작했다. 결국 1935년 정치국 확대회의에서 모택동은 당 지도권을 거머쥐었다.

장제스는 공산당이 살아남아 다시 세력을 확대하자 산시성에 있던 '장쉐량'에게 공산당 토벌을 명했다. 하지만 장쉐량은 홍군에게 참패했을뿐더러 공산당의 설득에 넘어가 버렸다. 일본이 '만주사변'을 일으키며 중국에 대한 침략 야욕을 노골화하고 있으니, 국민당과 공산당이 힘을 합쳐 맞서 싸워야 한다는 설득이었다. 결국 장쉐량군과 홍군 간 휴전 협정이 체결됐다. 이 소식은 즉각 장제스에게 전해졌다. 그는 노발대발하며 장쉐량이 있는 산시성으로 갔다. 그러나 장제스는 역공을 당하고 말았다. 장쉐량은 장제스를 구금했고 그에게 공산당과의 내전을 중단하고 전면적인 항일전에 나서라고 촉구했다. '시안사건'이었다. 마침 이 시기에 초공작전 대신 항일전에 나서라는 국민여론도 극에 달하고 있었다. 장제스는 고심 끝에 장쉐량의 요구를 받아들였다. 이에 따라 '2차 국공합작'이 이뤄졌다.

1937년 중일전쟁이 일어나자 장제스 및 국민당 인물들, 그리고 주요 공산당 인물들까지 참가한 '루산회의'에서 항일전이 공식 선포됐다. 당초 국민당의 국민혁명군과 공산당의 홍군은 적절히 협력해 잘 싸울 것처럼 보였다. (홍군은 국민혁명군 팔로군에 편성됐다.) 하지만 이 같은 전망은 오래가지 못했다. 시간이 갈수록 홍군은 이상한 모습을 보였다. 일본군에 정면으로 대항하는 것보단, 자신들의 지배 영역을 확대하는데 더욱 중점을 뒀던 것이다. 가끔 일본군과 전투를 벌이는 모습도 보였지만 기껏해야 국지전에 불과했다. 직속상관이라 할 수 있는 국민혁명군 사령관의 명령도 무시하기 일쑤였다. 이는 엄연히 협정 위반이었다. 분노한 장제스와 국민당은 공산당에게 항의 및 경고를 수차례 했다. 그럼에도 공산당은 훗날 국민당과의 일전을 대비한 세력 확대에 집중할 뿐이었다. (사실상 눈에 띄는 홍군의 항일전은 '백단대전'이 유일했다.) 결과적으로 공산당의 전략은 성공적이었다. 미약했던 공산당은 이 시기에 1억 명에 달하는 인구와 140만 명의 군대를 보유하게 됐다. 지배 영역은 화북에서 서북으로 확대 됐고 장강 중하류까지 미쳤다.

참다못한 장제스와 국민당은 행동에 들어갔다. 이들은 이 럴 바엔 국공합작이 깨져도 상관없다고 생각했다. 급기야 공 산당에 대한 물리적인 공격도 계획했다. 표적은 국민당의 거 점인 난징, 상하이 등에서 활개를 치고 있던 공산당 신사군이 었다. 이 군대의 규모는 10만 명에 달했던 만큼 국민당에게 매우 위협적인 존재였다. 우선 국민당은 신사군을 황하 이북 으로 철수시키라고 공산당에게 요구했다. 장제스는 만약 이 요구가 수용되지 않을 경우 즉각 신사군을 공격해 전멸시키 라고 명했다. 공산당은 처음에는 해당 요구를 거부했지만 분 위기가 심상치 않음을 느끼고 (안전을 보장받은 후) 철수하기 로 결정했다. 그런데 장제스와 국민당은 신사군이 순순히 철 수를 하고 있음에도 곱게 놔두지 않기로 결심했다. 1941년, 국민당 정찰대와 국민당 7개 사단의 무차별적인 공격이 신사 군에게 가해졌다. 이 공격으로 신사군 수천 명이 목숨을 잃었 다. '환남사변'이었다. 당연히 국공합작은 파기됐다. 이후 일 본이 패망할 때까지 국민당은 거의 단독으로 항일전을 치렀다. 132만 명에 달하는 전사자가 나왔고 공산당과의 지속적인 대립도 감수했다. 이에 반해 공산당은 항일전 기간 동안 뚜렷한 피해를 입지 않으며 조금씩 세력을 넓혔다. 결과적으로 중일전쟁은 국민당에게는 큰 어려움이 된 반면 공산당에게는 반전의 초석이 됐다.

국공내전, 중화인민공화국 수립

1945년, 마침내 연합군에게 패한 일본이 무조건 항복을 했다. 자연스레 중일전쟁도 중국(국민당)의 승리로 끝났다. 길고 끔찍했던 전쟁의 포성이 멎자 중국인들은 환호했고 앞으로 평화가 확고히 정착되기를 희망했다. 새로운 시대의 국민 여론을 의식한 탓이었을까. 8월 장제스와 모택동은 충칭에서 '화평교섭회담'을 개최했다. 여기서 쌍방은 내전 회피, 정치협상회의 개최, 각 당파의 평등한 지위 승인 등에 관한 협정을 논의했다. 그 결과 10월 '국공쌍방 대표회담 기록요강', 즉 '쌍십협정'(雙十協定)을 발표했다. "어떠한 일이 있어도 내전을 피하고, 독립·자유·부강의 신 중국을 건설한다"라는 것이 핵심이었다.

하지만 이는 시늉에 불과했다. 근본적으로 장제스의 국민당과 모택동의 공산당은 이념적 차이 등으로 인해 함께 갈 수 없는 운명이었다. 하나의 하늘에 두 개의 태양이 존재할 수 없는 것처럼, 둘 중의 한 사람, 한 세력만이 중국 대륙을 차지할 수 있었다. 결국 2차 국공내전은 불가피했다. 1946년 3월, 미국의 국무장관인 마셜이 정전협정을 주선한 후 귀국길에 올랐다. 마셜이 중국에 머물 때, 장제스는 결코 내전을 치르지 않을 것처럼 보였다. 그런데 마셜이 사라지자마자 그는 공산당에 대한 공격 명령을 하달했다. 당시 국민혁명군과 인민해방군(1947년 홍군에서 개칭)의 세력 규모를 살펴보면, 전자의 병력은 430만 명, 후자는 130만 명이었다. 병력뿐만 아니라 무기 측면에서도 국민혁명군이 우세했다. 이를 기반으로 국민혁명군은 내전 초반에 연이어 승리했다. 창춘, 지린 등에서 인민해방군이 쫓겨났고 조만간 하얼빈까지 국민혁명군이 점령할 태세였다. 그런데 아이러니하게도 이때 위기의 공산당을 살린 것은 다름 아닌 미국이었다. 공산당은 미국에 "국민당이 정전협정을 위반했다"라고 호소했고 미국은 이에 호응해 국민당에게 더 이상 진격을 하지 말라고 강요했다. 장제스는 따를 수밖에 없었다.

만주 공격에 앞장섰던 동북초비사령관 바이충시는 장제스

에게 이 같은 호기를 놓쳐서는 안 된다며 공격을 계속할 것을 주장했다. 내심 장제스도 바이충시와 비슷한 마음이었지만 든든한 지원국이었던 미국의 명령을 끝내 무시할 수 없었다. 공산당은 미국이 가져다준 소중한 시간을 잘 활용해 군대를 재정비하며 반격 준비를 해나갔다. 더욱이 소련에서도 각종 군사적 지원을 아낌없이 해줬다. (당시 만주를 점령했던 소련은 일본군이 두고 간 수많은 무기들을 모두 공산당에 넘겨줬다.) 1947년 말, 마침내 공산당 인민해방군은 수세에서 공세로 전환했다. 만주, 허베이, 양쯔강 중류 등에서 대규모 군사 행동을 전개, 그다음 해 초에 해당 지역 대부분을 점령했다. 이 시기에 인민해방군의 병력도 기존 130만 명에서 280만 명으로 대폭 증가했다. 반면 국민혁명군의 병력은 기존 430만 명에서 365만 명으로 감소했다.

특히 동북항일연군을 개편한 둥베이 인민해방군의 총사령관인 '린뱌오'의 활약이 두드러졌다. 그는 인민해방군을 이끌고 요충지인 요양, 영구, 사평가, 영길 등을 잇따라 점령했다. 이로 인해 최신식 미제 무기로 무장한 일부 국민혁명군이 만주에 고립됐다. 머지않아 해당 군대는 린뱌오의 인민해방군에 의해 격파됐고, 일순간 핵심 전력을 잃은 장제스와 국민당은 크게 당황했다. 1948년 말에 이르러 린뱌오는 금주를 공격, 점령했으며 창춘마저 포위했다. 그는 창춘을 공격해 점령하지 않는 대신 보급을 끊어 창춘 내에 있던 모든 사람들을 굶겨 죽이려는 계획을 세웠다. 실제로 이 계획은 실행에 옮겨져 16만 명에 달하는 군인 및 민간인들이 아사했다. 결국 창춘도 공산당의 수중에 떨어졌다. 뒤이어 인민해방군이 선양까지 공격해 점령함에 따라 국민당은 만주 전역에서 완전히 축출됐다. 엎친 데 덮친 격으로, 이 즈음 국민당에게는 또 하나의 악재가 발생했다. 장제스의 아들인 장징궈의 주도로 이뤄진 '화폐 개혁'이 실패한 것이다. 군사적, 경제적 활동이 연이어 난관에 빠지면서, 중국 국민들 사이에선 장제스의 리더십에 심각한 의문이 제기됐고 민심이반도 극심해졌다.

　모택동은 전세가 공산당에게 유리해지고 있다고 판단, 이 분위기를 살려 즉각 서주 공략에 나섰다. 인민해방군의 사기는 크게 높아져 있었고 국민혁명군은 침체돼 있었다. 게다가 59군과 77군의 반란이 일어나 국민혁명군은 스스로 무너지기 시작했다. 인민해방군은 이때를 놓치지 않고 맹공을 감행했다. 이에 따라 국민혁명군 제7병단, 12병단, 17병단 등이 잇따라 전멸했다. 국민혁명군은 나름대로 자구책을 마련하려 안간힘을 썼지만, 대세는 이미 기울었다. 결국 서주에서도 국민당은 참패했고 무려 55만 명에 달하는 병력을 잃었다. 이제 일부에서만이 아닌 전반적인 측면에서 국민당의 열세가 확인됐다. 국민당 내부는 큰 혼란에 빠졌다. 이 여파로 장제스는 총통직에서 물러나게 됐다.

인민해방군은 이제 파죽지세로 남진해 나갔다. 산둥반도에 대한 공격으로 성도 제남시가 함락됐고 평진 전역이 인민해방군의 수중에 떨어졌다. 이후 린뱌오의 군대는 베이징을 포위했다. 당시 베이징을 지키고 있던 국민혁명군의 수장은 푸쭤이였다. 그는 베이징 사수와 항복 사이에서 고민을 거듭했다. 그러다가 공산당원이었던 딸의 설득으로 항복의 길을 택했다. 인민해방군은 베이징에 무혈입성했고, 이를 계기로 화베이 일대를 완전히 장악했다. 한편 산시성의 오래된 지배자인 옌시산은 그 누구보다 인민해방군에게 강력히 저항하고 있었다. 그의 활약으로 인민해방군은 타이위안 및 산시성을 좀처럼 함락시키지 못했다. 하지만 옌시산의 군대는 저항을 이어갈 수 있는 지원을 제대로 받지 못해 서서히 무너졌다. 1949년 4월, 마침내 타이위안 및 산시성이 인민해방군에 의해 함락됐다. 가장 믿을 만한 인물의 군대가 무너짐에 따라 국민당은 더욱 난관에 빠졌다.

이후에도 인민해방군의 남진은 계속됐다. 그 결과 중요한 경계선이었던 '양쯔강'에 이르렀다. 양쯔강 너머에는 국민당 중화민국의 수도인 난징이 있었다. 국민혁명군은 양쯔강을 기반으로 반격의 기회를 엿보고 있었다. 아울러 공산당에 협상안도 제시했다. 그 내용은 더 이상 싸우지 말고 한국처럼 중국 영토를 분할하자는 것이었다. 이미 대세가 기울었다고 확신한 공산당은 이 제안을 받아들이지 않았으며, 국민당 입장에서 도저히 수용할 수 없는 요구 조건을 내걸었다. 내전 전범인 장제스와 그 부하 48명 체포, 헌법 폐기 등이었다. 당연히 협상은 결렬됐다. 직후 인민해방군은 기다렸다는 듯 '양쯔강 도하 작전'을 감행했다. 국민혁명군은 양쯔강을 맹렬히 건너는 인민해방군에 혼비백산해 급격히 무너졌다. 일부는 인민해방군에 투항해 직전까지 아군이었던 국민혁명군에 총부리를 겨눴다. 결국 국민혁명군의 양쯔강 방어선이 붕괴됐다. 중화민국 수도 난징의 총통부에는 공산당을 상징하는 홍기가 내걸렸다.

이제 인민해방군은 사실상 마지막 표적인 상하이 공격에

착수했다. 상하이는 중국 최대의 연안 도시이자 중국 경제의 중심지였다. 국민혁명군은 나름 최선을 다해 방어했지만 '중과부적'(衆寡不敵)이었다. 머지않아 상하이는 인민해방군에 의해 함락됐다. 모택동은 아직 점령할 곳이 더 남아 있었음에도 불구하고 국공내전에서의 완전한 승리를 선언하기로 했다. 그는 1949년 10월 1일 베이징 천안문 광장에 섰다. 그리고 '중화인민공화국' 수립을 선포했다. 이후 광저우, 충칭, 청두까지 인민해방군의 수중에 떨어지면서, 모택동의 공산당은 중국 대륙을 완전히 장악했다. 반면 비참하게 패배한 장제스의 국민당은 타이완섬(대만)으로 도망을 갔다.

한편 이쯤에서 장제스 국민당의 패배 원인을 좀 더 살펴볼 필요가 있다. 우선 '조직적인 문제'다. 당시 국민혁명군 내부에는 장제스 직할의 중앙군과 더불어 군벌군이 혼재하고 있었다. 이들은 전략적인 사고가 불합치하는 모습을 보였다. 특히 군벌군은 전체보다 사적 이익에 기반해 행동하는 경우가 적지 않았다. 이에 따라 인민해방군을 눈앞에 두고 국민혁명군은 통일된 움직임을 보이지 못해 어려움에 처하곤 했다. 또한 '전략적인 문제'도 있었다. 인민해방군은 유격전 등 매우 효과적이고 유연한 전략을 동원한 반면, 국민혁명군은 실리보다 명분에 집착해 대도시를 고수하는 등의 쓸데없는 전략으로 자충수를 두곤 했다.

국민당의 '부정부패 문제'도 빼놓을 수 없다. 국공내전 중 미국은 약 20억 달러에 육박하는 자금을 국민당에 지원했다. 그런데 국민당은 이를 충실히 전쟁 자금으로 사용하지 않았다. 절반 가까이 되는 자금이 국민당 인사들의 부정부패 자금으로 사용됐다. 공산당에 흘러들어 간 자금도 적지 않았다. 폐해가 워낙 심했기 때문에 미국 정부 내에서 국민당에 대한 지원을 중단해야 한다는 목소리도 나왔다. 끝으로 '경제적인 문제'다. 상술했듯 경제 파탄이 심화되는 가운데, 국민당은 화폐개혁 등 경제 재건에 실패해 극심한 민심이반을 불렀다. 그러나 공산당은 농촌 토지개혁 등에 성공해 민심을 사로잡았다. 그들은 폭력적인 방법을 동원해 친일파나 지주를 제거한 후 농민들에게 토지를 강제로 분배했다. 이에 중국에서 다수를 차지하는 농촌 농민들의 지지가 급격히 쏠리며 공산당 승리의 기반이 마련됐다. (앞서 살펴봤던 미국의 잘못된 중재, 즉 국민당의 군사행동 중단 요구도 공산당 승리에 한 몫한 것으로 평가된다.)

불안정한 사회

중화인민공화국이 출범한 직후만 해도 국민들은 새로운 지도자 및 정부에 대해 큰 기대감을 가졌다. 장제스 국민당 정부의 실정을 훌륭히 보완하고 국가의 눈부신 발전을 이룩할 것이라 믿었다. 그러나 이런 기대감은 오래가지 못했다. 공산당은 농업집산화, 토지개혁, 전매제 등을 무리하게 시행해 수많은 국민들을 고통에 빠뜨렸다. 일부 국민들이 저항을 하면 과도한 탄압을 하기 일쑤였다. 아울러 자본가, 외국인, 종교 등에 대한 탄압도 극심하게 시행했다. 이 시기에 희생된 사람들은 수백만 명에 이르는 것으로 추정된다.

공산당의 더 큰 문제는 국민당과 다를 바 없는 부정부패였다. 당시 국민당 출신 관료들은 거의 사라졌고 정통 공산당 관료들이 모든 조직을 채우고 있었다. 이들은 윗사람들에게 잘 보이기 위해 통계나 장부 조작 등을 아무렇지 않게 행했다. 여러 사람들에게 뇌물도 많이 받아 챙겼다. 일부 관료들은 집단농장 등에서 마치 봉건영주처럼 군림하며 밑에 있는 사람들을 부려먹기도 했다. 이에 따라 모택동의 공산정부에 대한 국민들의 반감은 날이 갈수록 높아졌다. 그런데 이 시기에 모택동과 공산당 지도자들은 '백화제방, 백가쟁명' 운동을 일으켰다. 이는 지식인들을 중용해 자신들의 경제 정책을 뒷받침하고, 고위 당원들에게 만연해있는 관료주의의 모습을 비판하는 것이었다. 하지만 당초 계획과 달리 지식인들은 공산당 체제 자체를 비판하는 방향으로 나아갔다. 공산주의자들이 사회주의의 전제를 지키지 못하고 새로운 계급을 형성해 사회경제적 불평등을 재개했다는 것이다. 설상가상으로 대학생들도 투쟁적인 모습을 보였다. 그들은 정부와 당의 건물을 공격하거나 당 관료를 인질로 잡았다. 이처럼 사회 곳곳에서 공산정부를 규탄하는 움직임이 나타났다. 심지어 "장제스의 국민당 시절이 더 좋았다"라는 말까지 나올 정도였다. 이에 대해 공산정부는 강경책으로 일관했다. 반대파들을 모두 우파로 규정하는 '반우파 운동'을 전개, 극심하게 탄압했다.

대약진 운동

사회 혼란이 지속되는 가운데 모택동은 국제 정세에 주목했다. 당시 이웃 나라인 소련에서는 오랜 기간 철권통치를 행했던 이오시프 스탈린이 사망했고 새롭게 '니키타 흐루시초프'가 최고 지도자가 됐다. 모택동은 스탈린에게는 철저히 복종했다. 그러나 흐루시초프는 얕잡아봤다. 특히 흐루시초프가 스탈린 격하운동을 벌이고 서방 국가들과의 화해와 협력을 모색하자 나약한 '수정주의'라며 격렬히 비판했다. 그러면서 중국이 소련을 제치고 새로운 공산주의 영도국가로 우뚝 설 것을 꿈꾸기 시작했다. 구체적인 행동도 뒤따랐다. 소련이 처녀지 개간 사업과 경공업 진흥 등을 통해 미국을 따라잡겠다고 선언하자, 모택동은 "공업, 농업을 육성해 영국을 추월하고 미국을 따라잡겠다"라고 천명했다. 1958년 '대약진 운동'의 서막이었다.

상당히 조급하고 불투명해 보이는 목표였지만, 당시 모택동과 공산당 지도자들은 몇 가지 정책들이 잘 시행된다면 충분히 달성 가능한 목표라고 확신했다. 해당 정책들을 살펴보면, 우선 '소련식 집단화'를 꼽을 수 있다. 이를 위해 인민공사를 설립해 협동농장으로 개편했다. 개별로 재산을 축적하거나 음식을 저장하는 행위가 금지됐고 지역 이동도 마음대로 할 수 없게 됐다. 특히 기존 식당과 사원 등이 폐쇄된 후 공용급식소가 세워졌으며 일반 가정집에 있던 식량, 그릇, 수저 등은 모두 수거돼 이곳으로 옮겨졌다. 국민들은 개인 취사를 할 수 없었고 오로지 공용급식소에서만 식사가 가능했다. 과거 이런 방식을 채택했던 소련에서 농업생산량이 급감한 전례가 있었지만 모택동은 아랑곳하지 않았다. 뒤이어 모택동은 '토법고로'를 대규모로 만들라고 지시했다. 저마다 집 뒤뜰에 이것을 만들면 큰 용광로가 없어도 강철을 대량으로 생산할 수 있다고 단언했다. 이에 전국에서 토법고로 증산 운동이 펼쳐졌다. 그러나 곧바로 부작용이 뒤따랐다. 생산 목표량 달성에 혈안이 된 사람들은 부적절한 대상을 녹였고, 결국 품질이 매우 좋지 않은 철을 대거 양산했다. 이 같은 철을 기반으로 형편없는 농기구들이 만들어졌고 자연스레 농업생산량에 악영향을 미쳤다. 토법고로를 대규모로 만들면서 삼림도 심하게 파괴됐다. 철을 생산하기 위해 토법고로에 계속 불을 떼야했는데 이를 위해서는 연료인 나무가 필요했기 때문이다. 전국에서 극심한 벌목이 이뤄진 결과 1959년에 이르면 민둥산들을 찾아보기가 어렵지 않았다. 이후 중국에서는 홍수와 가뭄 등이 자주 발생했다.

모택동은 '심경밀식'이라는 파종법도 보급시켰다. 이는 땅을 깊게 갈고 벼를 **빽빽**하게 심는 것이었다. 항공공학과 수학에 일가견이 있던 첸쉐썬 박사의 아이디어였다. 하지만 적절한 농학과는 거리가 있는 생각이었다. 간격을 좁혀 **빽빽**하게 심었더니 벼가 생장하기 어려웠고 병충해가 잘 발생했다.

당연히 벼의 수확에도 악영향이 미쳤다. 더욱이 모택동은 전국 농지의 3분의 1을 '휴경지'로 만들라고 지시하기도 했다. 농촌이 수많은 곡물의 무게에 짓눌려 힘들어하고 있다는 게 이유였다. 이에 따라 농업 생산을 할 수 있는 농지 면적이 3년 만에 23만km²가 사라졌다. 일련의 정책뿐만 아니라 공산당 중간 관료들의 만행도 국민들을 힘들게 만들었다. 이들은 윗사람들에게 잘 보이기 위해 터무니없는 생산 목표량 달성에 집착했다. 특히 1958년 말, 중국 최초의 인민공사인 허난성 차야산에서 1헥타르당 37.5톤이라는 목표량이 잡혔다. 그런데 이것은 1헥타르당 10.5톤인 미국 밀 생산량의 3배가 넘는 것이었다. 당시 중국의 인력 등을 감안할 때 결코 가능하지 않은 목표량이었다. 그럼에도 이들은 목표를 달성해야 한다며 사람들을 압박했고 이를 견디지 못하는 사람들은 끔찍하게 학대하고 죽였다. 어린 아이나 노약자들도 예외가 될 수 없었다.

대약진 운동의 폐해는 1959년 말부터 나타나기 시작했다. 이때부터 본격적으로 굶어 죽는 사람들이 생겨났다. 자연재해와 흉작 등이 잇따르면서 농업생산량은 10년 전 수준으로 떨어졌고 전국에서 식량 배급이 끊겼다. 산업생산량 역시 좋지 못했다. 결국 절망적인 대기근으로 최소 2000만 명에서 최대 5000만 명에 달하는 중국 국민들이 사망했을 것으로 추정된다. (중국 정부의 공식적인 입장은 1700만 명이다.) 당시 중국의 경제성장률은 마이너스 27%를 기록했다. 모택동이 몇 년 내로 서방 국가들을 따라잡겠다고 선포한 것은 완전한 허언이었다. 따라잡기는커녕 중국 국민들에게 유례를 찾아보기 힘든 고난을 안겼다. 대기근은 1962년 이후 조금씩 진정됐지만 중국 국민들의 삶은 지속적으로 팍팍했다. 배급제가 간신히 실시됐으나 배급의 양은 매우 적었다. 만약 배급표를 분실하면 다시 배급표를 발행받고 배급을 받는 것이 무척 까다로웠다.

재기모색과 해서파관

대약진 운동은 완전히 실패했다. 모택동은 이에 대한 책임을 지고 뒷선으로 물러났다. 공산당 내부도 분열했다. 모택동의 뒤를 이어 제1부주석이었던 류사오치와 등소평이 최고 지도자의 자리에 올랐다. 이들은 모택동이 망쳐놓은 중국을 다시 회복시켜야 할 막중한 짐을 짊어졌다. 류샤오치의 경우 당초 모택동의 노선에 대체로 긍정적이었다. 그러나 1961년 저우언라이와 함께 고향인 후난성을 방문한 직후 태도가 180

도 달라졌다. 그는 그곳에서 대약진 운동의 실패로 비참한 삶을 살고 있는 주민들의 모습을 보고 큰 충격에 빠졌다. 이후 1962년 1월 대약진 운동과 관련, "천재가 3할이면 인재가 7할"이라는 폭탄 발언을 했다. 모택동을 정면으로 비판한 것이었다.

이를 들은 공산당원들은 놀라움을 금치 못했고 모택동은 크게 불쾌해했다. 그는 참지 못하고 류샤오치를 향해 "인재란 발언 자체가 참사"라고 맞받아쳤다. 류샤오치는 이에 아랑곳하지 않고 한발 더 나아갔다. 그는 고향 주민들에게 무릎을 꿇고 사과했고, 그동안 정부가 국민들의 고통을 외면한 채 탄압과 검열 등으로만 일관했다고 비판했다. 이어 다시금 모택동을 겨냥해 "너무 많은 사람들이 굶어 죽었다. 역사가 당신(모택동)과 나를 심판할 것이다. 역사책에 식인행위마저 기록될 것"이라고 소리쳤다. 류샤오치는 등소평과 함께 경제정책의 대폭적인 변화를 꾀했다. '시장경제'를 도입하는 한편 무리한 중공업화 정책을 폐기하고 농업, 경공업의 비율을 증대시키는 정책을 펼쳤다. 진심 어린 노력은 통했다. 마이너스였던 중국의 경제성장률은 1963년부터 1966년까지 매년 두 자릿수대의 플러스 성장률을 기록했다. 농업 생산량도 대약진 운동 이전 수준으로 회복됐다.

　그런데 이 같은 모습에 모택동은 불안감을 감추지 못했다. 본인이 일선에서 물러나자 오히려 중국 경제가 훨씬 잘 돌아갔기 때문이다. 그는 이대로 가다간 자신이 세운 나라에서 완전히 매장되고 역사의 심판을 피할 수 없을 것이라고 생각했다. 가만히 있을 수 없었던 모택동은 결국 모종의 반격을 모색했다. 그는 우선 류샤오치와 등소평을 중국의 흐루시초프라고 부르며 '수정주의자'로 몰아갔다. 아울러 국내 정세를 유심히 살폈다. 당시 중국의 경제가 회복되고 있었지만 문제도 있었다. 공산당의 국정운영 방식에 대한 국민들의 불만이 적지 않았고, 공산당 내의 분열 등으로 정치적 혼란상이 뚜렷하게 나타났다. 이에 혈기왕성한 중국의 대학생들은 문제를 바로잡아야 한다며 대자보를 붙이거나 규탄집회를 자주 열었다. 류샤오치의 중국 정부는 온건하게 대처하지 않고 강경책으로 일관해 문제를 더 키웠다. 대학생들을 체제불안 세력으로 규정했으며 직접 관리하는 공작조까지 투입해 대놓고 탄압했다. 대학생들의 저항과 불만은 날이 갈수록 높아졌다. 모택동은 바로 이 지점에 주목했다. 그는 대학생들을 잘만 이용하면 다시 권력의 전면에 등장할 수 있을 것이라고 확신했다. 그래서 대학생들을 직접 만나 공개지지를 표명했고 류샤오치 정부와 공작조를 거세게 비난했다. 심지어 대학생들을 진압하러 온 공작조를 자신의 권위를 활용해 돌려보내기도 했다. 그 결과 대학생들은 모택동에게 열광하면서 광적인 준군사 조직인 '홍위병'으로 거듭났다.

  이런 가운데 엉뚱한 곳에서 거대한 불에 기름을 붓는 사건이 발생했다. 바로 '해서파관'이라는 한 편의 연극이었다. 이는 1959년 베이징 부시장이자 명나라 시대를 전공한 역사학자인 우한이 만든 작품이었다. 명나라 시대에 해서라는 올곧은 관리가 폭군인 가정제에게 파직을 당한다는 내용을 담고 있었다. 당초 모택동은 이 연극을 높이 평가했다. "당원들은 해서를 모범으로 삼아야 한다"라고 말하기까지 했다. 이때까진 별다른 문제가 없어 보였다. 그런데 1965년, 훗날 '4인방' (중국공산당 중앙위원회 부주석 왕훙원, 정치국 상임위원 겸 국무원 부총리 장춘차오, 정치국 위원인 장칭·야오원위안)의 수장이자 모택동의 부인인 장칭과 야오원위안이 '문회보'라는 신문에 한 칼럼을 게재하면서 문제가 불거졌다. 그들은 해당 연극 내용이 모택동을 우회적으로 비판했다고 주장했다. 구체적으로 가정제는 모택동을, 해서는 펑더화이를 의미

한다고 규정했다. 펑더화이는 1959년 루산회의 기간에 모택동에게 대약진 운동의 문제점과 노선 전환을 건의하는 편지를 보냈다가 실각한 적이 있었다.

사실상 억지로 구실을 만든 모택동 세력은 본격적으로 대반격에 나섰다. 첫 불똥은 우한의 직속상관이자 베이징 시장인 펑전에게 튀었다. 모택동과 그의 측근들은 선전매체 및 공산당 중앙위원회 통지 등을 통해 펑전을 격렬히 비난했다. 특히 린뱌오는 선두에 서서 펑전을 비롯해 베이징 시 당위원회, 베이징 대학 당위원회, 문화혁명 오인소조를 공격했고, 모택동을 열렬히 지지하는 연설까지 하며 대중을 선동했다. (앞서 린뱌오는 모택동에게 아첨하기 위해 '모택동 어록'을 출간, 배포했다.) 이때 홍위병들은 "정치와 사회를 갈아엎어 버리자"라는 내용의 편지를 모택동에게 보냈다. 모택동은 매우 흡족해하며 '조반유리'(造反有理)라는 구호를 내세웠다. 이는 '모든 반항과 반란에는 나름대로 정당한 도리와 이유가 있다'라는 뜻이다. 홍위병들의 언행에 정당성을 부여함으로써, 향후 더욱 격렬한 언행을 유도하기 위함이었다. 뒤이어 모택동은 1966년 8월 인민일보에 '사령부를 폭격하라'라는 간략한 논평을 냈다. 기실 류샤오치와 등소평, 그리고 공산당 내 우

파들을 겨냥한 것이자 '문화대혁명'의 시작을 알리는 선언이
었다.

문화대혁명

모택동의 논평 발표와 거의 동일한 시점에 중국 공산당 중
앙위원회는 '프롤레타리아 문화대혁명에 관한 결정안 16개
조'를 발표했다. 여기에서 중요한 것은 '표현의 자유'를 보장
했다는 것이다. 그런데 이 표현의 자유는 어디까지나 모택동
사상에 기반해 그 범위와 성질이 규정됐다. 즉 모택동만을 위
해 표현의 자유를 행사하라는 의미였다. 이를 통해 모택동에
게 커다란 권력 및 권위가 부여됐고, 홍위병들에게는 '자유
롭게 활동하면서' 공격 대상에게 공격을 가할 수 있는 명분이
마련됐다. 다만 16개 조는 "무투(武鬪)보다는 문투(文鬪)가
좋다"라며 홍위병들에게 무력보단 말로 할 것을 권고했다.
하지만 이미 이성을 상실한 홍위병들은 이를 준수할 생각이
전혀 없었다. 더욱이 이 시기에 홍위병들의 공격 대상은 매우
광범위해졌고 이념적 지향성도 명백해졌다. 비단 모택동에
반하는 정적들만이 아닌 '파사구'(破四舊), 즉 낡은 사상, 낡
은 문화, 낡은 풍속, 낡은 관습 등을 타파하고 사회주의 리얼
리즘에 기반한 이타주의적이고 자기희생적인 사회주의 문화

숙청의 역사

를 창조하자는 결의에 들떠 있었다. 막후에서 이 같은 노선을 주입시킨 것은 당연히 모택동이었다. 단순한 권력 회복을 넘어 중국 사회의 근간을 뒤흔들려는 의도를 갖고 있었다.

이에 홍위병들은 마치 고삐 풀린 망아지처럼 전국 각지에 출몰, 소위 낡은 것들(구체제의 봉건적이고 권위적인 관료제, 부르주아적인 위계질서와 관련된 모든 것들)로 규정된 문화유산과 서적 등을 파괴하기 시작했다. 1966년 베이징에서만 보호 유적지 6800여 곳 중 5000곳 가까이 파괴됐다. 비보호 유적지의 파괴 정도는 더욱 심했다. 10년에 걸친 문화대혁명 기간 동안 중국 전역에서 최소 10만여 점 이상의 문화유산이 파괴된 것으로 추정된다. 대표적으로 공자, 관우, 곽거병, 제갈량, 악비, 해서, 왕희지, 만력제 무덤의 파괴를 꼽을 수 있다. (명나라 때부터 중국 황제들의 거처로 사용됐던 자금성도 완전히 파괴될 뻔했지만, 저우언라이가 이를 막아 간신히 보존될 수 있었다.) 무형문화재에 대한 파괴도 심각했다. 우선 사제 관계가 봉건적이라고 규정돼 중국 무술이 파괴됐다. 현재 우리가 알고 있는 대부분의 중국 무술은 고서적의 기록을 참고했거나 이미 무술 수련이나 대련을 끊은 지 수십 년이 지난 무술인들이 최대한 기억을 짜내 복구한 것이다.

경극 등으로 겨우 명맥을 이어가던 연극과 영화도 구시대적이고 봉건적인 내용만 추구한다는 이유로 대거 파괴됐다. 특히 연극의 경우 장칭이 앞장서서 파괴했다. 음악과 인문학 등도 예외가 아니었다. 4000년 중국 전통문화의 기반이 통째로 무너졌고, 한족은 물론 소수민족과 고구려, 발해 등의 문화들도 대거 약탈되거나 파괴됐다. 중국 역사상 그 어떠한 침략 및 전란도 문화대혁명만큼 중국의 문화를 파괴하지 못했다는 평가가 나올 정도였다.

비단 문화재만 파괴된 것이 아니었다. 셀 수 없이 많은 사람들이 고통을 받거나 조리돌림을 당한 후 살해됐다. 특히 권위 있는 지식인들의 피해가 가장 컸다. 구사상, 구체제에 물들어있는 '반동분자'라는 것이 이유였다. 이 과정에서 린뱌오와 장칭은 미디어를 동원해 홍위병들을 적극 선동했다. 대표적으로 몇 가지 사례를 살펴본다. 우선 문화대혁명 초기에 발생한 '베이징 8월 폭풍 사건'을 보면, 약 한 달 동안 1만 명이 넘는 사람들이 죽임을 당했다. 노인들과 어린이들도 참혹하게 살해됐다. 광시 쫭족 자치구에서는 최대 15만 명에 달하는 사람들이 죽었다. 후난성의 다오현에서는 약 두 달 동안 4500명이, 사오양현에서는 2000명 가까운 사람들이 살해됐다. 상하이에서는 704명이 자살하고 534명이 죽임을 당했다. 특히 상하이의 고위공직자들이 대거 숙청돼 해당 지역의 행정 업무가 마비되기도 했다. 우한에서도 수많은 사람들이 자살하거나 살해됐다.

인민해방군에게도 문화대혁명의 광기가 미쳤다. 개국공신이라 할 수 있는 인민해방군 내 주요 장성들이 문화대혁명에 대해 걱정을 내비치자, 이들에 대한 조리돌림이 가해졌고 결국 군대에서 대거 쫓겨났다. 심지어 군부대가 홍위병들에게 약탈을 당했고, 군구 부사령관급의 고위 장교들이 홍위병들에 의해 끌려 나와 중태에 빠질 정도로 구타를 당하는 사태도 발생했다. 홍위병들의 규모가 갈수록 비대해져 1500만 명에 육박하고 도를 한참 넘는 잔혹한 행동이 계속 이어져도 정부에서는 이를 제지할 기미를 보이지 않았다. 당시 공안부 수장이었던 셰푸즈는 "누가 맞아서 죽어도 우리 소관이 아니다. 만약 때려죽인 사람을 구속한다면, 이것이야말로 과오를 범하는 것"이라고 말했다. 심지어 모택동은 공안이 홍위병의 행동을 제지하지 못하도록 하는 내용의 공지문을 발표했고, "사람을 더 많이 죽일수록 혁명가가 된다"라는 발언을 하기도 했다. 이런 분위기 하에서 문화대혁명 기간 동안 목숨을 잃은 사람들이 최대 2000만 명에 육박한다는 추정이 나온다.

홍위병들에게 박해를 당한 주요 인물들도 살펴볼 필요가 있다. 우선 모택동 세력과 홍위병들의 거센 공격으로 류샤오치는 국가주석직에서 물러나 가택연금됐다. 그런데 홍위병들은 집에 머무르고 있는 류샤오치를 가만히 놔두지 않았다. 그의 집에 난입해 집을 깨부수고 더럽혔고 증오와 분노가 뒤섞인 언어 테러를 가했다. 류샤오치가 식은땀을 닦기 위해 주머니에서 손수건을 꺼내자 홍위병들은 그것마저 난폭하게 낚아챘다. 이후 류샤오치는 중병에 시달렸다. 그럼에도 제대로 된 치료를 받지 못한 채 방치됐다가 비참하게 사망했다. 등소평은 실각한 후 농촌에서 재교육을 세 번이나 받고 트랙터 엔진 공장에서 일하게 됐다. 펑더화이는 집에 있다가 홍위병들에 의해 거리로 끌려 나와 명패를 달고 온갖 수모를 당했다. 국방위 부주석을 지낸 허룽은 장칭이 칭화대학교에서 그에 대한 공격을 명령한 직후 홍위병들에게 체포됐다. 극심한 고문과 조리돌림이 뒤따랐다. 그는 자신의 무죄를 증명하기 위해 단식 투쟁을 벌이다 옥사했다. 중국 외교관이었던 차오관화와 지펑페이도 홍위병들에게 납치, 감금된 후 조리돌림을 당했다. 공산당 우파의 거두였던 장보쥔은 자신의 가족들과 함께 홍위병들에게 치명적인 모욕을 당했다. 공산당 부총리였던 타오주와 노동부 부장이었던 리리싼은 당 내의 모함과 홍위병들의 압박을 견디지 못하고 죽었다. 심지어 모택동의 오른팔이었던 저우언라이의 경우 본인은 끝까지 공직을 유지했지만, 수양딸인 쑨웨이스가 배우였다는 이유로 홍위병들에게 조리돌림을 당한 후 사망했다.

홍위병들의 무지막지한 준동으로 가장 큰 수혜를 본 것은 모택동이었다. 그는 1969년 제9기 전국인민대표대회에서 '절대권력자'의 반열에 올랐다. 홍위병들이 천안문 광장에서 들고 있었던 모택동 어록은 전 국민들의 성서가 돼 누구나 휴대해야 했고 무려 3억5000만 부가 인쇄됐다. 모택동이 문화대혁명의 수혜를 본 반면 중국 전체는 큰 피해를 봤다. 문화대혁명의 악영향으로 1967, 68년 중국 경제성장률은 마이너스를 기록했다. 류샤오치 시대에 회복됐던 경제가 다시 무너진 것이다. 1970년대 초반에 문화대혁명이 진정되면서 경제가 다소 회복되긴 했지만 부침이 심했다. 세계경제력 순위도 지속적으로 하락했다. 서독, 이탈리아, 브라질 등에게도 경제력이 추월당해 그 순위는 10위권 밖으로 밀려났다. 더욱이 문화대혁명 때 지식인들이 대거 숙청됨으로써, 추후 중국이 얻을 수 있는 사회, 경제적 부가가치가 대거 사라졌다고 평가된다. 결국 문화대혁명은 중국 국민들에게 씻을 수 없는 물질적, 정신적 치명상을 남겼다.

광기의 진정

문화대혁명의 광풍으로 중국 전역은 좀처럼 혼란의 도가니에서 빠져나오지 못했다. 홍위병들의 만행은 그칠 줄 몰랐고 이에 대한 국민들의 반감과 저항은 점점 커졌다. 심지어 홍위병들 내부에서 분열이 발생하며 자중지란에 빠지기도 했다. 초기 문화대혁명을 주도했던 홍위병들은 '보수파'로 불렸다. 이들은 대부분 당 고위 관료의 자제들이었다. 이후 혈통주의에 반대해 흑오류 출신의 홍위병들이 대거 등장했는데 이들은 '조반파'로 불렸다. 보수파와 조반파 사이에서 출신 배경이나 정치적 이유 등으로 사사건건 충돌이 발생했다. 한동안 홍위병들의 만행을 수수방관하거나 조장했던 모택동은 점차 홍위병들을 제어할 필요성을 느꼈다. 이들의 모습이 예측 불가로 나아가면서, 자칫 자신의 권력에도 누가 될 수 있다고 판단했다. 극심한 민심 이반 또는 홍위병 쿠데타를 걱정했던 것이다.

이에 모택동은 홍위병들에게 박해를 당하던 인민해방군에게 힘을 실었다. 그들에게 문화대혁명에 적극 개입할 것을 지시했다. 사실상 인민해방군을 동원해 홍위병들을 진압하려 했다. 인민해방군은 각지에 있는 학교, 공장, 정부기관 등을 접수했고 수백만 명에 달하는 홍위병들을 압박하기 시작했다. 예상치 못한 모택동과 인민해방군의 모습에 홍위병들은 크게 당황했다. 이런 가운데 모택동은 홍위병들 앞에 나아가서 "농촌으로 가서 다시 배우라"며 '상산하향'(上山下鄕)도 명했다. 그동안 도시에서 혁명 활동을 많이 했으니 이제는 농촌으로 내려가서 육체노동을 하며 혁명을 완수하란 말이었다. 기실 모택동 사상의 핵심이 농촌과 농민에 있기도 했다. 그는 예전부터 농민들이 농촌에서 혁명전위대를 조직해 도시를 포위해야 한다고 강조했다.

홍위병들은 모택동의 하방 명령을 순순히 받아들였다. 자신들이 숭배하는 지도자가 의미 있게 명령하는 만큼 따르지 않을 재간이 없었다. 머지않아 도시로 다시 올라올 수 있다는 희망도 있었다. 하지만 이는 모택동에게 또 한 번 이용된 것이었다. 모택동은 자신의 권력 회복 및 강화를 위해 홍위병들을 적극적으로 이용했다. 이제 목적이 달성된 후 효용가치가

떨어지자 좋은 말로 구슬려 홍위병들을 몰아낸 것이다. 그것
도 모르고 홍위병들은 대거 농촌으로 내려가 열심히 활동했
다. 덕분에 농업생산량이 증대되고 문맹이 퇴치되는 등의 긍
정적인 현상도 나타났다. 다만 홍위병들은 모택동이 죽기 전
까지 결코 도시로 돌아오지 못했다. 이처럼 홍위병들이 사라
지고 1968년 전국 각지에 당 간부, 인민군 대표, 홍위군 대
표 등 3자 결합으로 '혁명위원회'가 수립되면서, 문화대혁명
의 광기는 진정 국면으로 접어들었다. 상술했듯 최악의 상황
에 빠졌던 중국의 경제도 이 시기에는 성장률이 다시 플러스
로 전환되는 등 회복되는 모습을 보였다.

이후의 역사

문화대혁명을 통해 절대 권력자의 반열에 오른 모택동은
반드시 결정해야 할 사안이 있었다. 바로 '후계자' 건이었다.
모택동 자신이 고령에 접어들었던 만큼 이는 중요한 문제였
다. 그는 충실한 부하이자 사냥개 역할을 했던 린뱌오를 사실
상 후계자로 지목했다. 린뱌오는 국공내전, 문화대혁명, 류
샤오치 제거, 중국-인도 국경분쟁 등에서 큰 공을 세운 바
있다. 그의 후계자 지위는 1969년 제9차 중국 공산당 중앙위
원회에서 공식화됐다. 저우언라이는 4위로 밀려났다. 그런데

린뱌오는 보다 확고한 후계자 지위를 보장받고 싶어 했다. 이에 따라 과거에 폐지됐던 국가 주석직을 다시 복원하려 했다. 모택동이 주석이고 자신이 부주석에 있으면, 모택동 유고시 자연스레 주석직을 승계하며 무난하게 권력을 장악할 수 있었기 때문이다.

   하지만 문제가 있었다. 이 당시 핵심 사안에 있어 린뱌오는 모택동과 정면으로 충돌했다. 대표적으로 1969년 중국-소련 국경분쟁 때, 소련이 중국 본토에 대한 핵공격을 시사하자 겁을 먹은 모택동은 미국과 손잡을 것을 계획했다. 이른바 '데탕트'의 서막이었다. 당 내 주요 인사들 및 인민해방군 장성들 대부분이 이에 동의했다. 그러나 린뱌오는 대놓고 반대했다. 그는 중국의 군사력을 과신했고 소련을 막기 위해 제국주의자인 미국과 손을 잡는 건 부당하다고 강조했다. 모택동은 린뱌오가 현실을 제대로 보지 못한다며 비판했다. 이어 린뱌오를 배제하고 저우언라이 등을 통해 미국과 접촉했다. 후계자로 부상했던 린뱌오의 위신이 급격히 흔들렸다.

   그는 돌파구 마련이 필요했다. 이에 정치국 상무위원인 천보다와 밀착, 1970년 제9기 중국 공산당 중앙위원회 제2차 전원회의에서 공세적으로 나섰다. 핵심은 국가주석직의 복원을 재차 강조한 것이다. 하지만 이는 결정적 패착이었다. 이득을 본 것은 전혀 없었고 되레 모택동의 심기만 더욱 불편하게 만들었다. 모택동은 이 같은 주장이 자신의 권력을 넘보는 것이라고 의심하기까지 했다. 결국 전원회의에서 국가주석직 복원을 앞장서 주장한 천보다는 해임됐고 린뱌오의 권력도 점점 축소됐다. 모택동의 마음은 이미 린뱌오에게서 크게 멀어졌다. 린뱌오는 초조해지기 시작했다. 그러던 중 1971년 사달이 발생하고 말았다.

린뱌오는 아들인 린리궈와 함께 '571 공정' 음모를 꾸몄다. 이는 모택동을 암살한 후 자신을 지지하는 군부 세력을 동원해 권력을 장악한다는 것이었다. 다만 이 음모를 린뱌오가 주도했다는 설과 린뱌오가 아닌 린리궈가 주도했다는 설이 엇갈린다. 여하튼 음모는 실행에 옮겨졌다. 기차로 중국 남부를 순시하고 있던 모택동에게 습격이 가해졌다. (관련 정보를 사전에 입수한 모택동이 다른 곳으로 가면서 피해를 입지 않았다는 설도 있다.) 하지만 암살 시도는 실패했고 모택동은 살아남았다. 궁지에 몰리게 된 린뱌오는 가족 및 측근들과 함께 비행기를 타고 소련 망명을 시도했다. 그런데 이 비행기는 소련까지 가기는커녕 몽골 상공에서 석연치 않게 추락했다. 추락 원인에 대한 설은 분분하다. 기기 불량, 연료 부족, 단순 조종사의 실수, 중국군의 미사일 격추 등이 거론된다. 비행기 추락으로 린뱌오 일행은 모두 사망했다.

유력한 후계자였던 린뱌오가 갑자기 사라지자 모택동은 큰 고민에 빠졌다. 또 다른 후계자를 찾아야 했지만 주목할 만한 후계자가 보이지 않았다. 그럼에도 언제 죽을지 몰랐던 만큼 누군가를 선정해야만 했다. 모택동은 당시 상하이 당 간부였던 왕훙원에게 관심을 보였다. 왕훙원은 문화대혁명이 일어났을 때, 상하이에서 조반파를 결성한 후 총책이 돼 상하이 총공회장을 역임했다. 이때 모택동의 큰 신임을 얻은 것이 긍정적 영향을 미친 것으로 보인다. 왕훙원은 모택동의 후원 하에 고속 승진을 해나갔고 1973년 공산당 부주석까지 올랐다. 왕훙원이 유력한 후계자로 보였다. 그런데 반전이 있었다. 저우언라이가 모택동의 허락을 받은 후 문화대혁명 때 쫓겨났던 등소평을 불러들인 것이다. 다분히 왕훙원의 독주를 견제하려는 의도였다. 등소평은 정부 요직에 올라 실용적인 경제 정책을 추진해 나갔다.

저우언라이와 등소평이 계속 존재감을 드러내자 왕훙원과 장칭 등은 초조해졌다. 이에 추종자들인 장춘차오, 야오원위안과 연합해 대응에 나섰다. 이때 결성된 것이 바로 '4인방'이다. 4인방의 주요 표적은 저우언라이였는데, 이는 모택동이 뚜렷한 후계자를 정하지 않은 상황에서 죽었을 경우 저우언라이가 권력을 승계하는 게 순리였기 때문이다. 조만간 4인방은 저우언라이를 제거하기 위한 '비림비공운동'을 전국적인 규모로 전개했다. 이 운동을 살펴보면 '비림'은 린뱌오 반대, '비공'은 공자 반대를 의미했다. 표면적으로는 린뱌오의 반역 행위를 규탄하고 중국 내 유교 문화를 없애버리자는 것이었다. 그러나 그 이면을 들여다보면 저우언라이를 겨냥했다. 베이징 수도체육관에서 중앙군사위원회의 각 기관, 베이징 주둔 군대, 중공 중앙 직속기관 등 총 1만 명이 참석한 가운데 비림비공운동 대회가 열렸다. 장칭은 대회 후에 개인 명의로 해군, 공군, 난징 부대, 광저우 부대 등에 편지를 보내거나 측근들을 파견해 비림비공운동에 동참하도록 압박했다. 대중 동원도 본격적으로 시도됐다. 공격적인 방식의 운동으로 저우언라이는 궁지에 몰릴 것처럼 보였다.

하지만 비림비공운동은 곧 한계에 부딪혔다. 4인방을 추종하는 일부 학생들과 학자들만이 운동에 적극 참여했을 뿐 대중들의 참여가 저조했던 것이다. 이는 대중들 사이에서 신망이 높았던 저우언라이를 4인방이 공격하는 것에 대한 반감이 컸기 때문이다. 더욱이 4인방이 운동의 범위를 교육계 등으로 확대하려 했을 때 모택동이 이를 제지했다. 그는 대회의 녹음테이프를 압수하게 했고, '중공중앙통지'를 통해 군중들의 폭로, 비판은 린뱌오 반당집단의 음모와 연관된 문제로 한정해야 하며 지나치게 '극대화' 되면 안 된다고 강조했다. 결국 4인방의 의도와는 달리 비림비공운동은 실패로 돌아갔다. 저우언라이는 거의 타격을 받지 않고 건재했다. 비록 이 당시에는 실패했지만 다소 시간이 흐른 후 4인방이 권력을 잡을 수 있는 절호의 기회가 찾아왔다. 1976년 1월, 저우언라이가 방광암으로 세상을 떠난 것이다. 가장 강력한 정적이 스스로 사라졌던 만큼 4인방은 쾌재를 불렀을 것으로 보인다.

4인방은 저우언라이 추모 열기를 억제하는 한편 마지막 정적인 등소평을 제거하기 위해 노력했다. 그런데 또다시 변수가 생겼다. 모택동의 행보가 4인방 뜻대로 이뤄지지 않았다. 당시 모택동은 별로 유명하지 않았던 화궈펑이라는 인물을 총리로 내세웠다. 비교적 온건한 인물이라 극심한 정쟁을 잘

조정할 수 있을 것이라는 평가가 긍정적 영향을 미쳤다. 아울러 천안문 광장에서 대대적인 저우언라이 추모 집회가 열렸다. 이는 4인방, 문화대혁명, 모택동에 대한 성토 집회로 발전했다. '제1차 천안문 사태'였다. 4인방은 이것이 우파들의 반역 행위라며 강경 진압에 나섰다. 동시에 그 배후에 등소평이 있다고 주장하며 제거를 시도했다. 결국 등소평은 다시 실각하게 됐고 한동안 집 안에서 나오지 못했다. 이런 가운데 1976년 9월, 절대권력자였던 모택동이 사망했다. 그는 죽기 직전 사실상 화귀펑을 후계자로 지목했다. 4인방은 공식적으로 권력을 승계하진 못했지만 앞날을 낙관했다. 화귀펑이 권모술수를 모르는 순한 사람인만큼 자신들 마음대로 조종하거나 제거할 수 있을 것이라고 판단했다.

그러나 이는 완벽한 오판이었다. 화귀펑은 예젠잉과 손을 잡고 모택동 사후 한 달 만에 4인방을 전격적으로 숙청했다. 오랜 기간 정국을 좌지우지했던 4인방이 일순간 역사의 뒤안길로 사라지자 중국인들은 놀라움을 감추지 못했다. 이로써 길고 길었던 문화대혁명은 대단원의 막을 내렸다. 의외로 과단성 있는 면모를 보여준 화귀펑은 '양개범시'(兩個凡是)를 내세우며 권력을 공고히 하려 했다. 양개범시는 모택동 사상과 문화대혁명은 옳았으니 이를 계승한다는 것을 의미했다. 자타공인 모택동의 후계자였던 만큼 모택동에 반하는 노선을 걸을 순 없었다. 다만 홍위병들처럼 과격한 숙청 대신 온건한 방식으로 공산주의 노선을 추진하자고 덧붙였다. 하지만 중국인들의 마음은 달랐다. 화궈펑의 노선을 탐탁지 않게 여겼던 것이다. 문화대혁명의 폐해에 염증을 느꼈던 중국인들은 변화를 갈망했다. 그 대안으로써 등소평이 떠올랐다.

등소평은 개혁적 성향을 갖고 있었고, 실제로 일련의 경제개혁을 추진해 성과를 내면서 중국인들에게 좋은 평가를 받았다. 또한 당 내에 후야오방, 자오쯔양 등 든든한 후원자들이 존재했으며, 국공내전 때 등소평과 함께 했던 제2 야전군 출신들이 군 상층부에 대거 포진해 있었다. 이에 따라 시간이 갈수록 당과 군부의 지지세가 등소평에게 쏠렸다. 반면 화궈펑은 궁지에 몰렸다. 결국 화궈펑이 권력을 잡은 지 2년 만인 1978년에 등소평이 중국의 최고지도자로 올라섰다. 화궈펑은 문화대혁명 청산을 제대로 하지 못한 것에 대한 자아비판을 하며 사임했다. 그의 지지자들도 차례로 제거됐다. 등소평 하에서 중국은 '과거 청산'과 '개혁개방'의 길로 본격적으로 나아갔다. 특히 1981년 6월, 중국 공산당은 '건국 이래의 역사적 문제에 관한 당의 결의'를 통해 문화대혁명과 모택동을 부정적으로 평가했다. 즉 당, 국가, 인민에게 가장 심한 좌절과 손실을 가져다준 모택동의 극좌적 오류이며, 그의 책임이라고 규정한 것이다. 다만 등소평은 흐루시초프처럼 대대적인 전임자 격하 운동을 벌이지 않았고, 중화인민공화국을 건국한 모택동의 공로를 인정하며 국부의 지위를 유지해줬다.

07

피노체트의 '민주세력 숙청'

산티아고에 비가 내린다

CIA 정치 공작과 칠레 군부 인권탄압 전말

아우구스토 피노체트.

"민주주의란, 때로는 피로 목욕을 해야 하는 것이다... 꼼짝 마라, 내 허락 없이는 낙엽 하나도 떨어질 수 없다... 군정 시절에 사라진 사람들은 칠레의 전체 인구와 비교해 볼 때 아무것도 아니다."

_피노체트 연설 취합 中

    남북으로 길게 뻗은 특이한 지형을 갖고 있는 남아메리카 국가 '칠레'. 현재 비교적 잘 살고 평온해 보이는 이 국가는 그리 멀지 않은 과거에 쓰디쓴 역사적 아픔을 겪었다. 1970년대, '살바도르 아옌데'라는 인물이 혜성처럼 등장해 칠레를 사회주의 국가로 변모시키는 실험을 단행했다. 당시 칠레 국민들은 아옌데에게서 조국과 국민들의 미래를 진심으로 생각하는 한 정치인의 모습을 엿볼 수 있었다. 이에 따라 미국과 우파들의 집요한 정치공작에도 불구하고 대체로 그와 그의 정부를 지지했다. 하지만 아옌데 정부는 오래가지 못했다. 미국 CIA(중앙정보국)의 지원을 등에 업은 '아우구스토 피노체트'의 군부가 쿠데타를 감행해 아옌데 정부를 무너뜨렸다. 이후 출범한 피노체트 정부는 민주인사 및 일반 국민들을 강하게 통제하거나 숙청하는 공포정치를 단행했다. 칠레 국민들은 무려 17년 동안 정치, 사회적 암흑기 속에서 살아야만 했다.

본편을 작업하면서 강렬하게 다가온 몇 가지 장면들이 있었다. 우선 '미국'이라는 국가의 존재였다. 오래전부터 미국이 주도하는 자본주의 체제 하에서 살아온 (필자를 포함한) 한국 사람들은 자연스레 미국에 우호적인 생각을 가지기 쉽다. 적어도 필자는 미국이 비교적 인권과 자유를 존중하고 사랑하는 국가라고 생각한다. 그러나 본편에서만큼은 이 같은 생각이 전혀 통하지 않았다. 마치 『지킬 앤 하이드』처럼 느껴질 정도로 미국의 이율배반적인 모습을 적나라하게 목도했다. 그들은 각종 극악한 정치공작들을 동원해 합법적으로 선출된 대통령과 정부를 끊임없이 흔들어댔다. 급기야 군부 쿠데타라는 폭력까지 끌어들여 자신들의 목적을 달성했다. 새롭게 출범한 정부가 무수한 인권 탄압을 자행해도 그저 뒷짐지고 있을 뿐이었다. 그 당시 자본주의와 공산주의의 대결, 즉 '냉전'이라는 특수한 시대적 상황이 있었다 하더라도 이는 정도(程度)를 벗어나도 한참 벗어난 행동이었다.

다음으로 '아옌데'라는 한 정치인의 존재였다. 그는 매우 영특했고 획기적이었으며 진심을 갖춘 정치인이었다. 아옌데가 추진했던 각종 사회보장제도 등 개혁 정책들은 현재에 더욱 각광을 받는, 시대를 앞서나간 묘안들이었다. 이는 비단 이성적인 사고를 넘어 칠레 국민들을 위하는 진심이 있었기에 가능했다. 더욱이 쿠데타 군에 포위돼 죽음을 앞둔 그 순간, 아옌데가 행한 마지막 연설은 개인적으로 큰 감동이었다. 그동안 수없이 많았던 사회주의, 공산주의 정치인들과는 근본적으로 다른 인물이었다.

끝으로 '국내 역사'와의 비교였다. 아옌데와 피노체트를 보면서 자연스레 '단종과 수양대군'을 떠올렸다. 단종은 정통성을 갖춘 왕이었지만, 정치적 기반이 취약해 숙부인 수양대군에게 왕위를 빼앗겼고 비극적인 최후를 맞았다. 당초 왕위를 넘볼 수 없는 위치에 있었던 수양대군은 결국 그 자리를 무력으로 쟁취하는 데 성공했다. 당대에 보면 단종은 패배자요, 수양대군은 승리자였다. 하지만 역사의 흐름 속에서 승리자와 패배자는 180도 달라진다. 현재 단종은 연민과 사랑의 대상이 됐지만 수양대군은 잔혹한 인물이라는 부정적인 낙인이 찍혀있다. 이는 아옌데와 피노체트의 모습과 매우 유사하다. 당대에 패배했던 아옌데는 현재 칠레 국민들이 가장 존경하는 인물이 됐고, 당대에 승리했던 피노체트는 현재 칠레 국민들에게 지탄의 대상이 됐다. 경제 성장이라는 업적이 피노체트에게 있었음에도 국민들에게 별로 고려되지 않았다. 결국 단종과 수양대군의 경우처럼, 칠레 국민들 역시 업적보다는 올바른 도리인 '정의'에 입각해 아옌데와 피노체트, 그 시대상을 평가한 것이다. 이처럼 극적인 역사적 평가의 단초가 된 아옌데의 개혁 정치와 군부 쿠데타, '민주세력 숙청' 전말을 되돌아봤다.

아옌데와 피노체트

초반부에서는 본편의 주인공들인 아옌데와 피노체트의 면면에 대해 살펴볼 필요가 있다. 우선 아옌데는 매우 유복한 환경에서 성장했다. 그의 집안은 대대로 정치 명문가였다. 자연스레 엘리트 교육 과정을 밟아나갈 수 있었다. 의사의 꿈을 가졌던 아옌데는 칠레대 의과대학에 지원, 합격했다. 그런데 실제 의과대 입학을 앞두고 별안간 부유층 출신들이 꺼려하는 군대에 자원입대했다. 나름대로 애국심이 투철했던 것으로 보인다. 군 전역 후 의학도로 살아가던 아옌데는 자신의 운명에 큰 영향을 미치는 중대한 경험을 하게 된다. 극심한 난관에 처해있는 칠레 국민들의 삶을 접하게 된 것이다. 그는 진심으로 공감하며 자체적인 해법을 모색했다. 그러면서 정치와 사회주의 사상에 눈을 뜨게 됐다. 이후 아옌데는 의학 서적은 내팽개쳤고 마르크스 등이 집필한 사회주의 서적들을 열심히 탐독했다. 나아가 국가의 미래를 위한 여러 사회주의적인 개혁 정책들을 구상했다.

    결국 정치인의 길로 들어선 아옌데는 1933년 사회주의 정당인 칠레 사회당 창당에 주도적으로 참여했다. 칠레에서 널리 알려진 공산당이 있었지만 그는 이 정당보단 사회주의 정당이 칠레 현실에 더 적합하다고 생각했다. 4년 뒤 아옌데는 사회당 후보로 총선에 출마해 하원의원에 당선됐다. 사실상 처음으로 제도권에 진입한 것이다. 그 이듬해에 중도파와 좌파가 힘을 모아 결성한 인민전선이 권력을 장악했다. 이때 아옌데는 의학도 경력을 인정받아 4년 간 국내 보건복지부 장관에 해당하는 후생장관을 역임했다. 이후에도 상원의원에 연이어 당선되며 정치적으로 승승장구하는 모습을 보였다. 아옌데에게 있어, 이제 올라갈 자리는 칠레 대통령밖에 없었다. 하지만 이전과 달리 대선에서는 잇따라 고배를 마셨다. 불가피한 이유가 있었다. 사회당과 공산당 등 좌파 진영의 분열과 중도파의 이탈, 그리고 미국과 우파 진영의 집요한 정치 공작이 대선 패배를 불렀다. 특히 미국은 아옌데를 위험한 적으로 간주해 끊임없이 방해했다. 그러나 아옌데는 포기하지 않았고 담담히 다음 기회를 노렸다.

이쯤에서 아옌데 이야기는 잠시 뒤로 미루고 피노체트에 대해 살펴본다. 피노체트는 이민자의 후손이었다. 어린 시절, 그의 부모는 피노체트가 의사가 되기를 원했지만 군인의 길로 들어섰다. 피노체트는 군인으로서 두드러진 자질을 갖고 있었다. 우선 칠레 육군사관학교에서 군사 지리학을 강의했고 『지정학』과 『태평양 전쟁』이라는 책까지 집필하는 등 해박한 군 관련 지식을 선보였다. 아울러 각종 군사적 능력을 인정받아 단기간에 진급을 거듭했다. 특히 1967년 대령이 된 후 단 6년 만에 육군참모총장에 올랐다. 세간의 평가도 우호적이었다. 피노체트는 '정치적이지 않으며 순수하고 전문적인 군인'으로 여겨졌다. 아옌데 역시 이 같은 인식을 어느 정도 공유하고 있었기 때문에 추후 피노체트를 요직에 임명한 것으로 보인다. 돌이켜보면 피노체트는 발톱을 숨기고 있었던 셈이다. 기실 그는 극우파이자 철저한 친미, 반공주의자였다.

거침없는 개혁과 성과

아옌데에게 기회가 찾아온 것은 1970년 9월 대선이었다. 당시 사회당과 공산당 등 좌파 진영은 더 이상의 분열은 있을 수 없으며 반드시 집권을 해야만 한다는 절박감을 공유하고 있었다. 이에 기반해 공산당 대선 후보로 유력시됐던 파블로 네루다가 대선 출마를 포기한 후 사회당과의 연합을 선언했다. 사회당과 공산당은 인민연합을 결성했고 최종적으로 아옌데를 대선 후보로 내세웠다. 이제 그는 보수진영이 내세운 대선 후보인 호르헤 알레산드리 전 대통령과 본선에서 맞붙게 됐다. 대선 경쟁은 우열을 가릴 수 없을 정도로 매우 치열했다. 그 누구도 뚜껑이 열리기 전까지 승자를 예측할 수 없었다. 운명의 투표 결과가 공개됐다. 두 대선 후보의 격차는 불과 2% 포인트에 불과했다. 아옌데의 신승이었다. 다만 과반 득표를 하지 못했기 때문에 헌법상 칠레 의회의 인준 투표를 거쳐야 했다. 이때 미국은 무력을 보유한 르네 슈나이더 육군참모총장을 통해 의회 부결을 획책하려고 했다. 그러나 군부의 정치개입을 반대한 슈나이더는 미국의 계획을 거부했다. 이에 미국은 슈나이더를 납치한 후 설득하려 했는데, 이 과정에서 슈나이더가 강력히 저항해 사망하는 사건이 발생했다. 백주대낮에 벌어진 미국의 만행에 모든 칠레 국민들이 경악했다. 반사적으로 국민 여론과 의회는 급격히 아옌데 쪽으로 기울었고 마침내 그는 새로운 칠레 대통령으로 선출됐다. 자충수를 둔 미국과 우파는 당혹감을 감추지 못했다.

아옌데는 1970년 11월 3일에 공식 취임했다. 권좌에 오른 그는 머뭇거리지 않았다. 자신이 구상해 왔던 개혁 정책들을 즉시 실행에 옮기기로 했다. 그만큼 아옌데 앞에 놓여있는 칠레의 상황이 심각했기 때문이다. 당시 칠레는 빈부 격차가 극심했다. 부의 재분배가 전혀 이뤄지지 않으면서, 소수 특권층만이 대부분의 부를 차지했고 대다수 국민들은 빈곤에 허덕였다. 아옌데는 이 문제를 해결하지 않는다면 칠레가 무너질 수도 있다고 판단했다. 이에 따라 그는 다국적 기업과 소수 특권층이 점유하고 있던 구리, 질산염, 요오드, 철광석, 금융 등을 국유화하는 조치를 단행했다. 뒤이어 수많은 사유지들도 국유화했다. 가장 규모가 큰 독과점 부문들을 국가의 소유로 만든 후 그곳에서 나오는 부를 국민들에게 재분배하기 위해서였다. 그동안 달콤한 특권을 누려왔던 세력들의 거센 반발이 있었지만 아옌데 정부는 아랑곳하지 않았다.

국민들의 생활 수준을 향상하기 위한 노력들도 잇따랐다. 아옌데는 소득이 적거나 실업, 질병, 노쇠, 재해 등의 사유로 생활에 위협을 받고 있는 국민들에게 국가가 '최소한의 인간다운 생활'을 보장해줘야 한다고 생각했다. 이에 따라 각종 사회보장제도가 추진됐다. 대표적으로 전 국민 생활임금제,

60세 이상 연금 지급, 전 국민 예방치료 의료보장, 전국에 보건진료소 설치, 무상 우유·식사 제공, 공교육 제도 도입, 중소기업에 사회보험 적용, 집세 인상 규제, 전국에 전기·수돗물 공급 등이 있었다. 또한 정치인과 공무원에 대한 주민소환제도를 도입하려 했고 정책결정 과정에 시민단체 및 노동자들을 어느 정도 참여시키려고도 했다. 이처럼 아옌데가 추진한 일련의 개혁 정책들이 완전히 달성된 것은 아니었지만, 이의 여파로 국민들의 생활 수준 및 국가 경제가 과거에 비해 크게 개선된 것만은 분명했다.

아옌데 이전 정부에서 3% 이하에 불과했던 연평균 국민총생산(GNP) 성장률이 8%까지 상승했다. 고공행진을 했던 물가와 실업률은 눈에 띄게 낮아졌고 각종 산업 생산량은 뚜렷한 성장세를 보였다. 상황이 이렇자 아옌데 정부에 대한 국민들의 지지는 매우 높아졌다. 특히 집권 다음 해에 실시된 지방선거에서 국민들은 여당에 압도적인 표를 선사했다. 보수 야당은 미국의 전폭적인 지원에도 불구하고 맥을 추지 못했다. 힘겹게 권좌에 올랐지만 과감하면서도 신속한 개혁 정책들의 성공으로, 아옌데 정부는 향후 오랫동안 칠레 정국을 유리하게 주도할 수 있을 것처럼 보였다. 하지만 곧바로 거센 반격이 시작됐다.

美 집요한 정치공작, 국가 혼란

미국은 아옌데 정부의 거침없는 개혁과 성과를 결코 좌시할 수 없었다. 만약 아옌데 정부가 최종적으로 성공할 경우 남아메리카 전역에 사회주의 도입에 대한 요구가 높아질 것이 우려됐다. 이에 따라 미국의 닉슨 행정부와 CIA는 각종 공작을 펼치며 아옌데 정부 붕괴를 획책했다. 핵심적으로 칠레의 '경제'를 노렸다. 제대로 먹고살 수 없게 만들어 민생을 파탄시키면, 자연스레 칠레 국민들이 아옌데 정부에 등을 돌릴 것이라고 판단했다. 일명 '퓨벨트' 작전의 서막이었다. 특히 미국은 이 시기에 자신들이 쌓아놓은 구리들을 세계 시장에 대거 내놓음으로써 구리 가격 폭락을 유발했다. 그동안 주로 구리 수출을 통해 국가 경제를 지탱해 왔던 칠레의 경제 특성을 정면으로 겨냥한 것이다. 이의 여파로 칠레는 더 이상 구리 수출을 통해 짭짤한 수익을 거둘 수 없었다. (미국은 당시 베트남 전쟁이 막바지에 접어든 시점이라 탄약용 구리 수요가 감소했고, 악화하는 재정 부족을 만회하기 위해서라도 비축해 놓은 구리를 시장에 방출할 필요가 있었다.) 또한 칠레의 계좌를 사용할 수 없게 만들어 외국 정부나 공적 기관으로부터 자금을 빌려올 수 없게 만들었으며, 필수적인 생활용품 및 의료품도 수입할 수 없도록 조치했다. 특히 후자의 경우 미국은 세계 각국의 관련 회사들을 거의 협박하다시피 하며 목적을 관철시켰다. 그 결과 아옌데 정부는 선거 운동 당시 핵심 공약이었던 분유 무상지급을 할 수 없었다.

미국의 칠레 경제 고사 작전에는 언론사가 적극 동원되기도 했다. 이 시기 칠레의 주요 언론사들은 미국에 매수된 상태였다. 대표적으로 칠레의 최대 신문사인 『엘 메르쿠리오』가 있었다. 미국이 제공하는 뒷돈에 넘어간 수많은 언론사들은 칠레 및 아옌데 정부와 관련한 부정적인 기사, 사설 등을 끊임없이 내보냈다. 가령 "빵을 만들 밀가루가 부족해질 것이다" 등 생필품 부족과 관련한 기사를 내보냄으로써 국민들의 불안감을 조장했다. (당시 일부 언론은 "사회주의자 아옌데를 몰아내기 위해 군대가 일어나야 한다"라는 노골적인 쿠데타 선동 기사도 내보냈다.) 결국 칠레 전역에서 생필품 사재기 현상이 발생함에 따라 칠레 물가는 최대 160%까지 치솟았다. 여기에 더해 미국은 또다시 칠레의 경제적 특성을 정밀하게 건드리는 공작을 펼쳤다. 바로 '트럭 노조 파업'이다. 남북으로 약 4300km 길게 뻗은 지형을 갖고 있는 칠레는 생필품을 비롯한 물류 수송을 대부분 트럭에 의존하고 있었다. 만약 이 부분이 훼손된다면 칠레 경제는 마비될 가능성이 높았다. 미국은 아옌데 정부가 국영 트럭운송 회사를 만들겠다는 것을 빌미 삼아 민간 트럭운송 회사 노조원들의 파업을 선동했다. 특히 사회당 당원 출신인 노조위원장을 매수해 선동 효과를 극대화했다. 순진한 노조원들은 집요한 선동에 넘어가지 않을 재간이 없었다. 결국 1972년에 트럭 노조가 대대적인 파업에 돌입했다. 모든 도로에 수많은 노조원들과 트럭들이 멈춰 서서 시위를 벌였다. 경찰도 속수무책이었다. 미국은 총 800만 달러(100억 원) 이상의 자금을 투입하며 연일 파업 사태 악화를 도모했다.

칠레 경제 고사 작전에는 비단 미국만 참여했던 것이 아니다. 칠레의 다국적 기업들과 자본가 계층도 가담했다. 다국적 기업들은 아옌데 정부의 강제적인 국유화 정책에 반발, 칠레에 대한 경제 투자를 중단하기 시작했다. 자본가들은 매우 비열한 방법을 구사했다. 자신들이 운영하는 공장에 생필품이 가득 쌓여있었음에도 불구하고 이를 시장에 내놓지 않았다. 의도적으로 생필품 부족과 물가 상승을 조장했고 "이 모든 문제의 원인이 아옌데 정부에 있다"라고 선동했다. 한편 미국의 공작은 물리적인 폭력도 수반했다. 테러 단체에게 거금을 제공한 후, 이들이 친아옌데 인사와 특정 건물 등에 무차별적인 테러 공격을 가하도록 유도했다. 증권거래소, 방송국, 공항, 철도 등이 불에 탔다. 이처럼 전방위적인 공작으로 칠레 국민들은 큰 두려움에 휩싸였다. 이를 반영이라도 하듯 칠레 금융시장도 출렁였다. 아옌데 정부에 대한 국민들의 반감은 차츰 높아졌고 좌파 진영에서도 내분의 조짐이 나타났다. 미국이 원했던 대로 칠레 정국이 돌아갈 것처럼 보였다.

군부 쿠데타

하지만 반전이 있었다. 과거 대비 떨어지긴 했지만 아옌데 정부의 지지율은 어느 정도 선에서 굳건히 버티고 있었던 것이다. 더욱이 1973년 총선에서 여당은 대통령 탄핵을 방지할 수 있는 안정적인 의석을 확보하는 데 성공했다. 그동안 아옌데 정부를 붕괴시키기 위해 전방위적인 공작을 펼쳤던 미국과 우파 입장에서는 매우 실망스러운 결과가 아닐 수 없었다. 기본적으로 아옌데에 대한 국민들의 신뢰가 두터웠고 아직 대체할 만한 세력을 발견하지 못했기 때문이다. 사실상 퓨벨트 작전 실패에 직면한 미국과 우파가 할 수 있는 다음 행동은 무엇이었을까. 정상적이라면 미국과 우파는 1975년 대

숙청의 역사

선을 노렸어야 했다. 그러나 이들은 그때까지 참고 기다릴 수가 없었다. 결국 '비정상적인' 카드를 꺼내 들기로 했다. 그것은 바로 '군부 쿠데타'였다.

미국은 끊임없이 공작원을 투입해 군부 쿠데타를 선동했다. 로베르토 온프라이 중령이 중심이 된 일부 군부 세력이 호응해 쿠데타를 시도했지만 곧바로 제압당했다. 당시 육군 참모총장이자 내무부 장관이었던 카를로스 프라츠가 미리 쿠데타 정보를 입수한 후 방어에 나섰기 때문이다. 프라츠는 군부의 정치 불개입이라는 확고한 신념을 갖고 있었다. 이때 미국과 우파는 프라츠를 제거하는 것만이 쿠데타 성공의 지름길임을 확인했다. 이에 따라 아옌데가 제헌의회 구성과 관련한 국민투표를 제안했을 때, 이를 수용하는 대신 프라츠 교체를 역제안했다. 프라츠의 대체자로 지목된 사람은 다름 아닌 피노체트였다. 상술했듯 피노체트는 극우파이자 철저한 친미, 반공주의자였다. 하지만 그의 본질을 제대로 몰랐던 아옌데는 치명적인 실수를 범하고 말았다. 우파의 제안을 받아들여 피노체트를 새로운 육군참모총장으로 임명했다. 여기에는 특정 경험에 기반한 아옌데의 개인적인 신뢰도 한몫 했다. 피노체트는 전임 육군참모총장이었던 프라츠와 함께 1차 쿠데타를 진압하는데 큰 공을 세운 바 있다. 아울러 아옌데는 다소 미심쩍더라도 우파의 제안을 신속히 받아들임으로써, 제헌의회 구성 관련 국민투표를 관철하는 것이 절실했던 측면도 있다.

이유야 어찌 됐든, 결과적으로 아옌데는 스스로를 무장해제시킨 것이나 다름없었다. 피노체트는 육군참모총장에 임명된 직후 우파와 연합해 쿠데타를 준비해 나갔다. 미국의 움직임도 빨라졌다. 미국은 6000만 달러, 730억 원에 달하는 자금을 피노체트의 군부에 지원했다. 군부는 이 자금으로 각종 무기를 구입해 중무장했다. 매우 은밀하게 쿠데타가 준비됐던 만큼 아옌데 정부는 사전에 이를 눈치채지 못했다. 1973년 9월 11일 아침, 결국 칠레 군부는 쿠데타를 실행에 옮겼다. 이때 칠레의 공영 라디오 방송에서는 다음과 같은 말이 연이어 송출됐다. "오늘 산티아고에 비가 내립니다." 이는 쿠데타군의 작전 개시 암호명이었다. 칠레의 수도 산티아고에 수많은 쿠데타 군인들과 탱크들이 진입했고 하늘에는 공군 전투기가 날아다녔다. 압도적인 무력 앞에 아옌데의 정부군은 속절없이 밀렸다. 쿠데타군은 아옌데가 머물고 있는 모네다궁을 포위한 다음 그에게 투항할 것을 권고했다. 피노체트

숙청의 역사

는 아옌데가 투항하면 헬기를 제공해 아르헨티나로의 망명을 허가할 것이라고 말하기도 했다. (사실 아옌데가 탑승한 헬기를 격추하려고 했다.) 아옌데는 단호히 거부했다.

모네다궁을 겨냥한 쿠데타군의 무차별적인 폭격이 시작됐다. 산티아고는 순식간에 아수라장이 됐다. 겁에 질린 산티아고 시민들은 황급히 도망을 갔다. 폭격으로 모네다궁 전체가 불타고 있는 가운데 아옌데는 무엇을 했을까. 그는 집무실을 벗어나지 않고 그대로 지키고 있었다. 주변에는 아옌데를 사수하기 위한 일단의 시민군과 가족, 측근들이 있었다. 주변인들이 몸을 피하자고 권고했지만 아옌데는 이를 거부한 후 조용히 라디오 연설대 앞에 앉았다. 자신이 진심으로 사랑했던 칠레 국민들을 향해 마지막 연설을 하기 위함이었다. 그는 비장한 표정으로 다음과 같이 말했다.

"역사적인 순간을 맞은 지금, 저는 인민들의 충정에 제 목숨으로 보답하려 합니다. 저는 확신합니다. 우리가 수많은 칠레 인민들의 존엄한 의식 위에 뿌린 씨앗은 결코 파괴할 수 없을 것입니다. 저들이 무력을 장악했으니 우리를 짓밟을 수도 있을 것입니다. 그럼에도 사회적 변혁의 과정을 멈추게 할 수는 없습니다. 범죄 행위로도 무력으로도 막을 수 없습니다. 역사는 우리의 편이며 역사를 만드는 것은 인민입니다. 조국의 노동자 여러분, 그동안 보내주신 변치 않는 성원에 감사드립니다. 정의를 갈구하는 여러분의 의지를 옮기는 통역 구실에 불과한 제게 보내주신 무한한 신뢰에 감사드립니다. 조국의 겸허한 여성 동지들께도 특별한 인사를 전하고 싶습니다. 인민연합 정부를 믿어주신 여성 농민들과 그 누구보다 힘써 일하신 여성 노동자들, 그리고 인민연합의 보육 정책을 적극 이해해 주신 어머니들께 감사드립니다. 이 땅의 모든 애국적 전문 직업인들께도 감사드립니다. 여러분은 전문가 집단 내부에서 터져 나온 온갖 선동, 자본주의 사회가 제공하는 수많은 특권을 지키기 위해 혈안이 된 계급 집단에 맞서 올곧게 투쟁해 왔습니다. 노래와 흥겨움, 열정으로 투쟁을 지원했던 청년들에게도 감사의 인사를 전합니다. 조국의 노동자 여러분, 저는 칠레와 칠레의 운명에 대한 믿음이 있습니다. 반역이 우리에게 강요한 이 잿빛의 쓰디쓴 순간도, 누군가는 반드시 이겨낼 것입니다. 그 점을 잊지 말기 바랍니다. 그리 머지않은 장래에, 자유로운 인간이 더 나은 사회를 건설하기 위해 당당하게 걸어갈 드넓은 길을 열어나갈 수 있을 것입니다. 칠레여 영원하라. 인민들이여 영원하라. 노동자들이여 영원하라."

마지막 연설이 끝난 후 아옌데는 자리에서 일어나 가족 및 측근들을 껴안았다. 그들의 눈에서는 뜨거운 눈물이 흘러내렸다. 직후 아옌데는 총기를 사용할 줄 아는 일부 사람들만 남기고 가족 등을 모네다궁 밖으로 나가게 했다. 그런 다음 쿠데타군과 최후의 전투를 벌였다. 항전하는 아옌데와 측근들의 모습은 매우 장렬했다. 그들은 쿠데타군을 향해 총격은 물론 대전차포를 발사하기도 했다. 그러나 쿠데타군을 막아내기엔 역부족이었다. 모네다궁이 함락되기 직전, 아옌데는 측근들마저 궁 밖으로 내보냈고 조용히 자신의 집무실로 들어가 문을 잠갔다. 자결하기 위해서였다. 그는 쿠바의 피델 카스트로에게 선물을 받은 총을 자신의 머리에 겨눈 후 방아쇠를 당겼다. 그렇게 칠레의 사회주의 지도자이자 대통령인 아옌데는 역사의 뒤안길로 사라졌다.

사실상 막후에서 아옌데 정부 붕괴를 획책한 미국은 아옌데 사망 및 쿠데타 성공 소식을 듣고 쾌재를 불렀다. 최근에 기밀해제된 닉슨과 키신저의 통화 내역에는 이 같은 사실이 고스란히 담겨있다. 닉슨에게 칠레 사태와 관련한 질문을 받은 키신저는 "축하해야 할 일이다. 아이젠하워 시대라면 우리는 영웅이었다"라고 답했다. 이에 닉슨은 "그들은 미국을 반대하는 이상한 정부였다. 이제 공산주의자들은 잊어버리자"라고 말했다. 쿠데타로 인해 칠레인들이 겪는 고통은 안중에 없었다. 칠레에는 새로이 군부 정권이 들어섰다. 다수의 군인들이 국정을 운영하는 '훈타'가 행정, 입법, 사법 등 모든 권력을 장악했다. 초기에는 피노체트 이외에 다른 유력 군인들도 최고 지도자의 자리에 오를 수 있었다. 그러다가 1974년 말에 이르러 피노체트가 대통령이 되면서 '1인 독재 체제'가 성립됐다.

민주세력 숙청

피노체트는 집권하자마자 국가를 전방위적으로 통제했다. 우선 여당을 제외한 다른 모든 정당들의 활동을 금지했다. '1당 독재 국가'가 된 것이다. 이어 공산주의 간첩을 잡아낸다는 명분으로 국민들을 끊임없이 감시했으며 자유롭게 돌아다니지도 못하게 했다. 칠레의 길거리에는 언제나 중무장을 한 군대와 경찰이 고압적인 자세로 서있었다. 좌파 사상을 담고 있다고 판단되는 모든 서적, 방송용 필름들은 불태워졌다. 이 경우 칠레의 '문화 정전'이라는 말까지 나올 정도로 극심하게 행해졌다.

　피노체트는 단순히 국가 통제에만 머무르지 않았다. 한발 더 나아가 무자비한 숙청도 단행했다. 특히 쿠데타 성공 직후 약 두 달간, 산티아고 월드컵 경기장에 피노체트 반대파로 지목된 민주 인사들 및 일반 시민들 2만여 명을 잡아들여 심한 고문을 가하거나 살해했다. 또한 칠레 육군 소속 분대가 불법으로 구금돼 있던 정치범들을 대거 처형한 후 그 시신을 헬기에 실어 버리기도 했다. 뒤이어 숙청은 한 기관의 탄생으로 더욱 강도 높게 이뤄진다. 기존 육군정보부를 개편한 국가정보부인 '디나'였다. 디나는 히틀러의 비밀경찰인 게슈타포에 비견될 정도로 악명이 높았다. ('죽음의 순례단'도 만만치 않았다.) 이 기관은 전국 각지에 강제 수용소를 설치한 후 수많은 민주인사, 노동운동가, 사회주의자 등을 쥐도 새도 모르게 잡아들였다. 반대파라고 여겨지면 외국인들도 예외가 될 수 없었다. 매우 잔혹한 방식의 고문과 살해가 뒤따랐고 시신들은 헬기로 이송돼 태평양이나 안데스 산맥에 버려졌다.

　피노체트 정부의 숙청 여파는 국내를 넘어 해외까지 미쳤다. 해외로 도피한 반정부 인사들은 비밀리에 파견된 디나 요원들에 의해 죽임을 당하기 일쑤였다. 심지어 피노체트는 다른 국가의 지도자들과 국제협력 조직을 만들어, 반정부 인사들에 관한 정보를 용이하게 교환하거나 기습적으로 살해했다. 피노체트가 집권한 17년 동안 전방위적으로 진행된 숙청의 결과는 끔찍했다. 사망하거나 실종된 사람들은 공식적으로 3225명, 비공식적으로는 1만5000여 명으로 집계됐다. 정치적인 이유로 불법 구금된 후 고문을 받은 사람들은 4만여 명이었고 수많은 여성 정치범들은 성폭행을 당하기도 했다. 숙청을 피해 해외로 도피한 사람들은 100만 명에 달했다. (일부 사람들은 '남미의 나치'라고 불리는 호르헤비델라 치하의 아르헨티나로 도피를 하기도 했다.) 또한 외상 후 스트레스 장애를 호소한 국민들은 20만 명에 육박했다.

역사의 평가

아옌데는 당대에 철저히 실패했고 짓밟혔다. 이상과 소명 의식은 컸지만 이를 뒷받침할 만한 힘을 갖지 못했던 아옌데는 집권 3년밖에 안 되는 짧은 기간에 피노체트의 군부에게 권좌와 목숨을 **빼앗겼다**. 사후에는 피노체트 정부에 의해 평가절하되기도 했다. 하지만 극적인 반전이 있었다. 아옌데는 역사의 도도한 흐름 속에서 당당히 승자로 떠올랐다. 오늘날 그는 칠레에서 가장 존경받는 인물로 꼽힌다. 과거 칠레의 한 국영 방송에서 설문조사를 한 결과, 아옌데는 '역사상 가장 위대한 칠레인 1위'에 선정됐다.

아옌데가 이 같은 평가를 받게 된 것은 그만큼 그가 추구했던 정책과 이상, 진심이 국민들에게 큰 울림으로 다가왔기 때문이다. 상술했던 아옌데의 각종 무상복지정책, 임금·연금 정책, 사회보험정책, 공교육 정책, 토지개혁, 인권 향상, 공직자 투명성, 사회적 인프라 확대 등은 시대를 앞서나간 획기적인 개혁들이었으며, 앞으로도 칠레가 지향해야 할 이정표로 여겨지고 있다. 특히 2008년 리먼 브라더스 파산에 따른 국제 금융위기는 신자유주의의 대안으로써 아옌데의 유산을 되돌아보게 만들기도 했다. (또 다른 대표적인 정책인 구리 산업의 국유화는 현재 칠레 경제를 지탱하는 초석이 되고 있다.) 아옌데 특유의 이념, 즉 '아옌데주의'는 과거보다 현재에 더 각광을 받고 있고 현재보다 미래에 더 각광을 받을 것으로 전망된다.

그렇다면 당대에 승리했던 피노체트는 어떨까. 우선 그는 집권 후 아옌데와 정반대로 국정을 운영했다. 특히 경제 정책에 있어 자유화, 국유기업 민영화, 인플레이션 안정화 등을 중점적으로 추진했다. 아옌데 시대의 사회주의적인 정책들은 대부분 폐기했다. 이 같은 기조 하에서 칠레의 경제는 등락을 거듭했다. 집권 후 부진했던 경제는 국영기업 민영화 정책이 효과를 발휘하는 1977년부터 호황을 누렸다. 그러다가 미국 연방준비제도의 초고금리 정책으로 인해 1982년부터 크게 악화됐다. 하지만 1985년 이후 온건한 신자유주의 정책이 효과를 나타내고 연평균 경제성장률이 크게 향상됨에 따라, 칠레는 남미에서 가장 잘 나가는 국가로 자리매김했다. 경제성장 측면에서 피노체트의 공로를 결코 무시할 수 없다. 일부 국내 역사가들은 그를 한국의 경제성장을 이끈 '박정희'에 비유하기도 했다.

그러나 오늘날 피노체트를 향한 국민들의 평가는 결코 좋지 않다. 국정 운영에서 뚜렷한 성과가 있었지만, 많은 국민들은 그를 '페로체트'(피노체트 개새끼)라고 부르기를 주저하지 않는다. 아옌데를 향한 국민들의 절대적인 지지와는 매우 상반된 모습이다. 이는 민주적인 선거를 통해 출범한 아옌데 정부를 무력으로 전복시키고 잔혹한 숙청을 서슴없이 자행한 결과다. 엄청난 규모의 공금 횡령과 비자금 조성, 그리고 죽을 때까지 자신의 잘못을 조금도 반성하지 않은 것도 영향을 미쳤다. 여담으로 피노체트가 사망했을 때, 칠레 정부에서는 국가 장례를 불허했으며 조기 게양도 하지 않았다. 수많은 국민들은 길거리로 나와 환호했다. 멕시코의 저명한 소설가인 카를로스 푸엔테스가 피노체트 사망 소식을 접한 후 한 말은, 그 당시와 현재 칠레 국민들의 심정을 적절히 대변하는 것처럼 보인다. "오늘은 악마들에게 나쁜 날이다. 왜냐하면 피노체트가 악마들에게서 지옥의 대통령직을 빼앗을 것이기 때문이다."

08

폴 포트의 '킬링필드'

캄보디아 전역의 사지화

극좌적 망상에 기반한 대량학살 전말

폴 포트

"우리는 그동안의 투쟁 과정에서 얻은 경험을 통해 전혀 새로운 형태의 사회주의 국가를 건설할 것이다. 과거로부터 모든 것을 단절하고 전통은 사라질 것이다. 화폐와 경제체제가 사라져 국가가 국민들의 모든 것을 돌보는 사회를 건설할 것이다. 우리는 새로운 캄보디아 건설을 위해 수도에 있던 300만의 국민들을 농촌으로 분산시켰다. 이제 농촌은 혁명의 전초 기지가 될 것이며, 인민들은 앞으로 사라지게 될 여러 도시들의 운명을 결정하는 주체가 될 것이다."

_1975년 폴 포트 연설 中

역사적으로 악명 높은 독재자들이 수없이 존재했지만, 개인적으로 캄보디아의 '폴 포트'만큼 극단적인 폭정과 학살을 저지른 독재자는 드물다고 생각한다. 원래 유순한 학생이었던 폴 포트는 유학지였던 프랑스 파리에서 공산주의 사상을 접한 후 충실한 공산주의자로 변모했다. 그는 가슴 한편에 나름의 국가관을 설계한 후 조국으로 돌아왔고 '크메르 루주'라는 좌익 무장단체를 조직해 반정부 투쟁을 벌이며 권력의 중심으로 나아갔다. 그런데 이 과정에서 일반적인 범위를 벗어나 극좌적이고 폭력적인 사고방식이 폴 포트에 내재하게 됐다. 폴 포트와 크메르 루주가 친미 정부인 론 놀 정부를 무너뜨린 후 캄보디아 전역을 손에 넣었을 때, 국민들은 내전의 아픔을 씻어내고 국가의 밝은 미래가 도래할 것이라 기대했다. 하지만 이미 극좌화, 폭력화된 폴 포트 치하의 캄보디아는 한 번도 경험해보지 못한 '지옥' 그 자체가 됐다.

폴 포트와 크메르 루주가 내세운 것은 평등, 농업, 집단 등이었다. 이를 위해 도시민들을 농촌으로 강제 이주시킨 후 극강의 노동을 하게 만들었고, 모든 국민들의 생활을 '자로 잰 듯' 평준화했다. 자율과 인권을 철저히 무시한 해당 정책들의 결과는 처참한 실패였다. 국민들에게 돌아온 것은 이상적인 공산주의 사회가 아닌 끔찍한 기근과 하향 평준화였다. 더욱이 매우 심각한 수준의 극좌적 망상에 사로잡혔던 폴 포트와 크메르 루주는 '지식인'들을 비롯한 수많은 자국민들을 말도 안 되는 이유를 들이밀며 대량 학살했다. 노약자와 어린아이도 결코 예외가 될 수 없었다. 폴 포트의 하수인들은 마치 학살을 즐기는 것처럼 보일 정도였고 그 결과 인구의 4분의 1이 소멸됐다. 4년이 채 안 되는 기간 동안 캄보디아 전역이 죽음의 땅이 되는 '사지화'(死地化), 즉 '킬링필드'가 됐다.

폴 포트의 사례는 무지하고 공감 능력이 떨어지는 지도자가 '신념'에만 강하게 경도되면 어떠한 국가적 비극이 초래될 수 있는지를 적나라하게 보여준다. 정신병에 가까울 정도로 정치적 신념에 집착했던 폴 포트와 크메르 루주는 악화되는 국내 상황 및 국민들의 고통은 전혀 아랑곳하지 않았다. 오로지 자신들 신념의 현실화만을 최우선으로 여겼다. 이를 위해 극단적이고 폭력적인 방식을 여과 없이 총동원하면서, 셀 수 없이 많은 사람들을 지옥도에 머물게 했다. 이른바 '근대의 실패', '이성의 실패'를 여실히 드러내는 대표적인 역사적 사례로 보인다. 또한 공산주의의 내재적 폭력성과 경직성이 최대치로 발현된 사례라고도 볼 수 있다. 극좌적 망상에 매몰돼 캄보디아 국민들을 무차별적으로 학살한 폴 포트. 역사상 최악의 독재자, 학살자가 주도한 '킬링필드' 전말을 되돌아봤다.

악마의 형성

먼저 본편의 주인공인 폴 포트의 과거 행적 등에 대해 살펴볼 필요가 있다. 그의 어릴 적 이름은 살롯 사였다. 출생한 집안은 부유함을 넘어 왕실과 연결된 소위 지배계층이었다. 친형은 왕궁의 관방실 서기관이었고 사촌누나는 왕자의 첩으로 들어가 왕비까지 올랐다. 이복누나는 후궁이 되기도 했다. 이런 막강한 배경 하에서 폴 포트는 매우 유복한 삶을 살았다. 학생 시절 폴 포트는 학습 등에서 특출 난 학생은 아니었지만 기본적인 인성은 좋았던 것으로 전해진다. 예의범절이 투철했고 유머 감각도 뛰어났다. 더욱이 작은 동물 하나 죽이지 못하는 여린 학생이었다고 한다.

폴 포트가 운명의 전환점을 맞게 된 것은 공업학교인 프놈펜 기술학교에 편입하면서다. 당시 이 학교에서는 성적우수자 3명을 선발, 프랑스 대학에 국비 유학생으로 보냈다. 폴 포트는 그 3명 안에는 못 들었지만, 갑자기 성적우수자를 5명까지 늘림에 따라 1949년 프랑스 유학길에 오를 수 있었다. 그런데 프랑스 파리의 무선공학학교에 입학한 폴 포트는 공부가 아닌 다른 일에 열중했다. 바로 정치 활동이다. 그는 크메르학생회에 가입했고 여기에서 훗날 크메르 루주 지도부 인사가 되는 이엥 사리 등과 함께 정치 활동을 본격화했다. 뒤이어 1951년 프랑스 공산당의 세포조직인 마르크스 클럽에서 공산주의를 접한 후 극단적인 공산주의자가 됐다. 프랑스 공산당에도 가입했다. 이 시기에 폴 포트는 처음으로 조국인 캄보디아를 평등에 기반한 공산주의 국가로 만들겠다는 목표를 세웠을 것으로 보인다.

정치 활동은 열심히 했으나 공부는 뒷전이었던 만큼 폴 포트는 학교에서 3번이나 낙제를 했다. 더 이상 공부를 지속하기 어려웠던 그는 1953년 캄보디아로 돌아왔다. 귀국 후 곧바로 북베트남의 지원을 받는 캄보디아 공산주의 운동과 프랑스에 맞서는 반외세 독립운동에 가담했다. 이때부터 살롯 사가 아닌 폴 포트로 알려지게 됐다. 그래도 아직은 폴 포트가 비교적 정상적인 상태였던 것으로 보인다. 비정상적인 사고방식을 갖게 된 결정적인 계기는 반 정부 활동을 하면서 지명수배를 피해 밀림으로 잠적했을 때였다. 여기서 인간 이하의 취급을 받았던 소수의 원주민들과 어울리면서, 철저히 평등, 농업, 집단에 기반한 생활양식을 갖춘 국가를 지향하게 됐다. 그리고 이를 달성하기 위해 그 어떠한 수단도 마다하지 않을 것이라는 폭력적인 결심도 했다. 크메르 루주라는 무장단체도 이때 결성됐다.

내전과 집권

캄보디아는 오랜 기간 프랑스의 식민지였다. 제2차 세계대전이 한창일 때, 잠시 일본군에게 점령당했지만 일본 패망 후 다시 프랑스의 지배 하에 들어갔다. 캄보디아 국민들은 프랑스의 오랜 지배에서 벗어나기 위해 격렬한 독립 투쟁을 벌였다. 큰 전쟁을 거치면서 프랑스도 예전과 같지 않았다. 캄보디아의 독립 투쟁을 단호하게 꺾지 못했고 되레 끌려다니는 모습을 보였다. 결국 1953년 캄보디아는 프랑스에게서 완전한 독립을 쟁취했다. 비로소 온전한 주권 국가가 된 캄보디아를 이끄는 사람은 '시아누크 국왕'이었다. 그의 통치 하에서 캄보디아는 비교적 원만하게 나아갔다. 내부적으로 먹거리가 풍부해져 국민들이 굶주리지 않았고 내전이나 대규모 난민들도 발생하지 않았다. 시아누크는 성가신 국제 분쟁에 휘말리지 않기 위해 비동맹, 중립 외교 노선을 펼쳐 어느 정도 효과를 보기도 했다.

하지만 이처럼 좋은 모습은 오래가지 못했다. 베트남 전쟁이 발발한 후 미국이 캄보디아 동부 지역에 대규모 폭격을 감행했다. 베트남 전쟁인데 왜 캄보디아 지역이 공격을 받은 것인지 의문이 들 법도 하다. 해당 지역은 표면적으로만 캄보디아 영토였을 뿐 실질적으로는 북베트남의 실효 지배 하에 있었다. 북베트남은 이 지역에 대규모 지하 터널, 일명 '호치민 루트'를 건설해 미국을 괴롭혔다. 미국 입장에서는 핵심 타격 지역이었던 셈이다. 다만 '아침 식사 작전' 등 미국의 폭격이 강력히 행해졌지만 끝내 호치민 루트를 궤멸시키진 못했다. 시아누크는 자국의 영토가 공격을 당하자 미국에 반발하며 국교 단절을 선언했다. 미국, 베트남뿐만 아니라 미국, 캄보디아 사이에서도 극도의 대립과 긴장이 조성됐다.

　이런 가운데 1970년 별안간 캄보디아에서 정변이 발생했다. 친미를 표방했던 일부 군부 세력이 미국의 은밀한 지원 하에 쿠데타를 일으켰던 것이다. 이 세력의 수장은 국방장관을 역임했던 '론 놀'이었다. 그는 국가와 왕실의 존립을 위해서는 미국의 힘이 반드시 필요하다고 믿었다. 군부 쿠데타의 여파로 반미를 내세웠던 시아누크는 쫓겨났다. 새롭게 출범한 론 놀 정부는 맹목적인 친미 노선을 표방했다. 그런데 이 정부 하에서 캄보디아는 악화 일로를 걸었다. 특히 미국의 캄보디아 지역 폭격이 격화돼 농지가 황폐화되면서 기반 산업인 농업이 무너졌다. 농업의 붕괴는 곧 캄보디아 전체 경제의 붕괴를 의미했다. 심각한 기근이 찾아오면서 수많은 사람들이 굶어 죽었다. 농촌에 있던 사람들은 살기 위해 수도 프놈펜으로 몰려들었다. 농촌이 무너지고 도시는 넘쳐나는 실향민으로 혼란스러움에도 불구하고 론 놀 정부는 이에 제대로 대처하지 못했다. 별다른 해법 없이 그저 미국에 대한 의존도만 높여나가는 모습을 보였다.

캄보디아 국민들은 자연스레 론 놀 정부에 등을 돌렸다. 그러면서 새로운 대안 세력을 찾기 시작했다. 이 틈을 비집고 들어온 것이 폴 포트의 크메르 루주였다. 상술했듯 크메르 루주는 1960년에 결성된 좌익 무장단체였다. 내부 구성원들을 살펴보면 농민, 노동자, 민족주의자들이 다수였다. 이들은 친미인 론 놀 정부 전복, 캄보디아에 완전한 공산주의 정착을 목표로 굳게 뭉쳐있었다. 목표를 달성하는 수단은 오로지 폭력 혁명밖에 없다고 확신하기도 했다. 크메르 루주는 론 놀 정부의 실정과 미국으로 인한 폐해, 그리고 공산주의의 이상점들을 국민들에게 열심히 선전하며 빠르게 세력을 확대해 나갔다. 이와 함께 정부군에 대항한 군사 작전도 적극적으로 병행했다. 시간이 갈수록 유리한 흐름을 타던 크메르 루주에게 1973년 절호의 기회가 찾아왔다.

오랜 기간 전쟁에 지친 미국이 베트남 및 캄보디아 동부 지역 등에서 군대를 완전 철수한 것이다. 론 놀 정부는 졸지에 든든한 후원자를 잃었다. 크메르 루주는 기회를 놓치지 않고 총공세를 감행해 론 놀 정부를 궁지에 몰아넣었다. 결국 1975년 크메르 루주는 캄보디아의 수도 프놈펜을 함락시켰다. 론 놀과 그의 측근들은 캄보디아를 탈출한 후 하와이로 망명했다. 크메르 루주는 시아누크를 다시 국왕의 자리에 앉히며 국가 최고지도자로 내세웠다. (시아누크는 론 놀 정부에 반대해 암암리에 크메르 루주를 지원했었다.) 다만 이는 명목상에 불과했으며 실제로는 폴 포트가 캄보디아의 모든 권력을 장악했다. 이때까지만 해도 캄보디아의 국민들은 폴 포트와 크메르 루주의 집권을 열렬히 환영했다. 이들이 론 놀 정부의 실정을 보완하고 국가의 밝은 미래를 열어줄 것이라 믿었다. 약 4년 간의 '지옥문'이 열릴 것이라고는 조금도 생각하지 못했다.

강제 이주, 극강의 노동

폴 포트는 권력을 잡은 직후부터, 이전과는 완전히 다른 극단적인 공산주의 국가를 만드는 작업에 착수했다. 우선 자신이 집권한 1975년을 '0년'으로 선포했다. 기존의 역사를 모조리 지워버리고 원년으로 회귀시킨 것이다. 일종의 '리셋'이었다. 사유재산을 정당화하는 자본주의를 배격하면서 화폐제도를 폐지하고 중앙은행을 폭파했다. 그는 "누군가가 돈을 많이 가지면 평등하지가 않다"라고 강조했다. 이제 캄보디아에서의 모든 거래는 화폐가 아닌 쌀을 통한 물물교환으로만 가능했다. 그런데 집권 초기 폴 포트의 가장 악마적인 폭정은 따로 있었다. 그의 정치적 롤모델은 중국의 '모택동'이었다. 폴 포트는 집권한 직후 중국으로 건너가 모택동을 만났고 '대약진 운동'을 살펴봤다. (앞선 '문화대혁명' 편에서 다뤘던) 대약진 운동은 1958년부터 4~5년 간 추진된 농공업 증산 운동이다. 모택동은 경제 발전을 명분으로 전국에 집단 농장을 만들었고 모든 노동력을 농업에 집중시켰다. 결과적으로 대약진 운동은 수많은 사람들이 굶어 죽으면서 완전히 실패했다. 그럼에도 폴 포트는 대약진 운동에 내포된 정책들이 캄보디아에 적용돼야만 한다고 생각했다. 모택동은 실패했지만 자신은 반드시 성공시킬 수 있다고 확신하기도 했다. 국민들의 생활을 강력히 '통제'함으로써 말이다. 이는 결국 모든 도시민들을 농촌으로 강제 이주시킨 후 극강의 강제 노동을 시키는 것으로 현실화됐다.

당시 폴 포트는 황폐화된 농촌을 피해 사람들이 대거 몰려든 수도 프놈펜을 비롯한 도시에 주목했다. 이 도시를 벌레 같은 자본주의가 번식하는 소굴이며 공산주의의 온전한 성장에 해를 끼치는 곳이라고 판단했다. 도시에 거주하는 도시민들은 자본주의에 물들어서 국가를 망치는 국민들, 즉 '신인민'으로 규정했다. 그래서 이들을 반드시 이상적인 공산주의자, 농민 및 노동자들과 같은 '기본인민'으로 개조해야 할 대상으로 상정했다. 이에 따라 모든 도시민들을 도시에서 내쫓아 농촌으로 내려보낸 후 강제 노동과 사상 교육을 시행할 계획을 수립했다. 도시민 강제 이주를 통해 확보된 풍부한 노동력을 바탕으로, 오래전부터 구상해 온 '초대약진 운동'을 농촌에서 효과적으로 펼칠 수 있을 터였다. 예로부터 도시에서 생활해 온 사람들은 졸지에 생활 터전을 잃을 위기에 처했다. 적지 않은 사람들이 정부의 방침에 반발하는 모습을 보였다. 그러자 폴 포트와 크메르 루주는 군인들을 동원해 반발하는 사람들에게 총을 들이밀었다. 그럼에도 계속 반발하는 사람들은 즉석에서 총을 쏴 죽였다. 거짓된 계략도 동원됐다. 이른 시일에 캄보디아 모든 도시를 겨냥, 미군의 대대적인 폭격이 있을 것이니 24시간 내에 빨리 도망가라는 것이었다. 도시민들은 화들짝 놀라 급히 짐을 싼 뒤 강제 이주길에 올랐다. 이로써 한 국가의 수도와 주요 도시들이 텅 비게 되는 사상 초유의 사태가 발생했다. 강제 이주는 40도가 넘는 무더위 속에서 진행됐다. 한없이 땀이 나는 상황이었지만 이주 속도는 매우 더뎠다. 도시에서 한꺼번에 쏟아져 나온 사람들로 인해 정체 현상이 빚어졌기 때문이다.

급기야 사람들은 고통을 못 견디며 주저앉았고 차량에 탑
승시켜 달라고 울부짖기도 했다. 이런 사람들 중에는 임산
부, 노약자, 어린아이들이 많았다. 하지만 군인들은 조금의
배려도 하지 않았다. 낙오하는 사람들을 그대로 방치하거나
처형했다. 질병과 기아까지 더해지면서 강제 이주길에는 수
많은 시체들이 즐비하게 됐다. 농촌으로 이주길에 오른 도시
민 가운데 약 35%가 사망한 것으로 전해진다. 가까스로 생
존해 농촌에 도달한 도시민들을 기다리고 있는 것은 집단 농
장과 인민공사였다. 이곳에서 도시민들은 집단생활을 하며
10~13시간에 달하는 극강의 노동에 시달렸다. 농사철에는
농사에 매달려야 했고 다른 기간에는 댐, 운하, 수로 등 관개
시설 공사에 참여해야만 했다. 노동량이 도를 넘어섰지만 그
대가가 좋은 것은 아니었다. 식사가 제대로 나오지 않았으며
휴식 시간도 매우 짧았다. 휴일도 손에 꼽을 정도였다. 이미
화폐가 사라졌기 때문에 일당도 없었다. 더욱이 불만을 표출
하거나 실수를 하는 사람, 할당량을 채우지 못한 사람들에게
는 무자비한 구타와 처형이 뒤따랐다. 이처럼 척박한 환경에
서 노동을 하는 모습은 가히 '지옥'과 유사했다고 한다.

이주민들을 동원한 만큼 농촌의 노동력은 그 어느 때보다

풍부했다. 노동력이 풍부하면 이에 정비례하는 좋은 결과가 나와야 했다. 그러나 반비례하는 참담한 결과가 나왔다. 이전 대비 농업 생산량과 수출량이 급감했고 셀 수 없이 많은 사람들이 굶주림에 시달렸다. 대부분의 사람들이 육체적, 정신적으로 매우 취약한 상태에서 노동에 임했기 때문에 이 같은 결과는 어느 정도 예견된 것이었다. 그럼에도 일선 관리들은 상부에 생산량 및 아사자들과 관련한 허위 보고를 하기에 급급했다. 당초 틈만 나면 농업 진흥 및 쌀 생산을 강조했던 폴 포트의 계획은 완전히 실패로 돌아갔다. 그나마 생산된 질 좋은 농작물들은 거의 대부분 수출길에 올랐고, 이주민들에게는 맹물에 가까운 쌀죽이 배급됐다. (식량 배급량은 130g에 불과했다.) 질병에 걸려 노동을 할 수 없는 사람들은 이마저도 받지 못해 굶어 죽었다. 이런 최악의 상황에서 폴 포트는 어떤 생각을 했을까. 그는 다양한 보고를 통해 기근, 아사, 질병 등이 얼마나 심각한 지를 알고 있었다. 하지만 사소한 일로 치부했고 별다른 대책을 취하지 않았다. 심지어 이 모든 결과가 정책상의 실패가 아닌 숨어있는 적들의 공작, 국민들의 혁명 의식 결핍, 일을 하기 싫어 잔꾀를 부린데서 비롯됐다고 말했다.

생존의 위기에 처한 일부 국민들은 식량을 훔치거나 자체적으로 과일, 채소 등을 키워 먹으려고 했다. 그러나 정부에서는 즉결 처분을 하는 등의 잔혹한 방법으로 이를 철저히 막았다. 공공의 땅에서 감히 재산 절도, 민간 기업 활동을 했다는 명목이었다. 결국 수많은 국민들이 동물 사료를 먹거나 숲으로 나가 곤충, 동물 등을 잡아먹었다. 심지어 '인육'을 하는 사람들도 비일비재했다. 이처럼 캄보디아 국민들의 상황은 돌이킬 수 없을 정도로 악화 일로를 걸었다. 반면 폴 포트와 크메르 루주 인사들은 모두 잘 먹고 잘 살았다. 국민들의 고통을 분담하려는 자세는 조금도 찾아볼 수 없었으며 그저 코브라 수프 등 최고급 음식들을 만끽했다. 아울러 캄보디아 전역을 '사지화'하는 대규모 학살도 획책했다.

무차별 학살

만약 위와 같은 선에서 캄보디아의 비극이 종료됐다면, 폴 포트와 크메르 루주는 일반적인 독재 세력으로 평가됐을 것이다. 하지만 상상을 초월하는 무차별적인 대량 학살이 뒤따랐기 때문에 그들은 역사상 최악의 독재 세력으로 평가받고 있다. 캄보디아판 대약진 운동이 실패한 이후 폴 포트는 더욱 극단적인 방향으로 나아갔다. 극좌적인 망상에 사로잡혔던 그는 농민과 노동자들을 제외한 나머지 모든 사람들을 공산주의에 방해가 되는 암적 존재로 규정해 없애버리려고 했다. 특히 고등 교육을 받은 '지식인들'이 주요 표적이 됐다. 공무원, 판사, 의사, 교수, 교사 등이 단지 부르주아적인 지식인이라는 이유만으로 처형되거나 '뚜올 슬렝'이라는 보안감옥에 갇혔다. (당시 캄보디아에는 200개에 달하는 수용소가 있었다.) 그 결과 당시 캄보디아의 판사는 545명 중 4명만이, 의사는 800명 중 40명만이 살아남았다.

그런데 학살의 광기는 정통 지식인들만이 아닌 '지식인으로 보이는' 일반인들에게까지 미쳤다. 정부는 자의적인 판단 기준을 갖고 지식인 여부를 가렸다. 안경을 쓴 사람, 손바닥에 굳은살이 없는 사람, 영어를 하는 사람, 책을 제대로 보는 사람, 시계를 보는 사람 등이 지식인으로 몰려 죽임을 당했다. 생존하기 위해선 숨거나 탈출해야 했다. 그리고 무언가를 할 줄 알아도 못하는 바보처럼 행동해야 했다. 추후에는 죽여야 할 지식인들이 좀처럼 보이지 않자, 정부 정책에 불만을 갖고 있다고 판단되는 농민, 노동자들도 살해했다. 학살에는 후환을 막는다는 명목으로 연좌제도 적용됐다. 직접적으로 표적이 된 사람들만이 아닌 그 가족들 전체가 학살 대상이 된 것이다. 이로 인해 캄보디아 전역이 사지화되는 '킬링 필드'로 변모해 갔다.

　정부가 시행한 끔찍한 학살과 고문의 방식도 살펴볼 필요가 있다. 그들은 총알을 아끼기 위해 가시가 많은 설탕야자나무 몽둥이로 때려죽였고 살아있는 사람을 구덩이나 우물에 처박은 후 질식시켜 죽였다. 사람들을 한 줄로 세워놓은 후 일제히 창으로 심장을 찔러 죽이기도 했다. 또한 욕조 안의 고리에 몸을 끼워 고정시킨 뒤 서서히 물을 채워 익사시켰으며, 드릴과 같은 도구로 뒤통수를 뚫거나 디딜방아처럼 생긴 도구에 머리를 넣고 찧어 죽였다. 어린아이들의 경우에는 공중으로 던져 총검으로 찌르거나 가시가 많은 나무에 세게 던져 살해했다. 고문은 주로 프놈펜의 뚜올 슬렝에서 악명 높게 행해졌다. 쇠파이프, 채찍, 전선 등으로 무자비하게 구타하는 것은 기본이었다. 사람을 거꾸로 매단 후 오물이 담긴 바구니에 얼굴을 담그게 했고 독이 든 지네와 전갈 따위를 상처나 은밀한 부위에 풀었다. 전류를 신체의 민감한 부위에 집중적으로 흘려보내기도 했다. 이처럼 가혹한 고문으로 뚜올 슬렝에 수감된 2만 명 중 단 12명만이 생존할 수 있었다.

킬링필드가 전방위적으로 펼쳐지고 있는 가운데 폴 포트와 크메르 루주는 좀처럼 학살을 멈추지 않고 끊임없이 조장했다. 심지어 크메르 루주의 고위 인사는 "학살은 민중 순화의 수단", "캄보디아에 100만 명의 사람들만 남더라도 우리는 학살을 계속해야 한다" 등의 망언을 서슴없이 했다. 폴 포트 역시 "전체 인구에 비해 여전히 소수의 사람들이 죽었으므로 더 많은 학살이 행해져야 한다"라고 주장했다. 그야말로 악마적인 발언이었다. 결국 1975년부터 1979년까지 무차별 학살로 캄보디아 인구 4분의 1, 약 200만 명이 사망했다. 발굴된 학살 매장지는 2만3000여 곳이며 확인된 유해만 130만 명이 넘는다. 한편 폴 포트와 크메르 루주의 학살에는 심대한 모순이 존재한다. 이들이 내세운 학살 기준에 따르면, 가장 첫 번째로 학살이 돼야 할 것들은 바로 폴 포트와 크메르 루주 인사들이었다. 대체로 부유한 집안에서 태어나 오랜 기간 외국에서 유학을 한 정통 지식인들이었기 때문이다. 이들의 부모들도 대부분 처단돼야 할 지식인들이었다. 그럼에도 폴 포트와 크메르 루주는 국민들에게만 가혹했을 뿐 정작 본인들에게는 한없이 관대한 모습을 보였다.

끝없는 지옥도

학살과 강제노동에 더해 전방위적으로 지옥도가 펼쳐졌다. 폴 포트와 크메르 루주는 매우 기형적인 방식으로 국민들의 생활양식을 통제했다. 우선 국민들은 집단 농장에서 생활하면서 정부가 지정한 검은색 옷과 폐타이어 신발만을 착용할 수 있었다. 먹을 음식, 주거 장소, 수면 시간 등도 정부에서 정했다. 극단적인 평등사상이 강조된 결과였다. 누군가 죽은 후에는 장례식도 마음대로 치르지 못하게 했다. 일주일에 두 번씩 열리는 생활모임 시간에는 '자아비판'이 강요됐다. 모든 사람들이 최근 활동과 잘못한 일에 대해 공개적으로 자백하는 것이었다. 이로 인해 사람들 사이에서 상호감시와 경계, 의심이 독버섯처럼 자라났다. 가정 내의 사소한 생활양식도 통제 대상이었다. 부부끼리 하는 애정 표현, 노인 공경, 남편의 양육 등이 금지됐다. 자식이 사망했을 때 부모가 슬퍼하는 것도 금지됐다. 부르주아적인 감상주의라는 게 이유였다. 봉건적인 가부장제 및 가사노동으로부터의 해방을 이유로 기혼 여성을 남편 및 자식들과 강제 분리시키는 정책도 시행했다. 사실상 '가족'이라는 개념 자체가 파괴된 셈이었다. 국민들은 자유롭게 연애 및 결혼도 할 수 없었다. 반드시 정부의 허락을 받아야 했다. 결혼식은 정부가 주관했고 최소 10쌍 이상

씩 합동결혼식 형태로 치러졌다.

    폴 포트와 크메르 루주는 어린아이들에게도 집착했다. 아이들은 아직 자본주의에 전염되지 않은 순수한 영혼을 가진 만큼 처음부터 집중적인 사상 교육이 필요하다고 강조했다. 이에 따라 정부는 겨우 5~9세밖에 되지 않은 아이들을 부모에게서 강제로 빼앗아 한 곳에 모아놓고 사상 교육을 시행했다. 기존 서구식 교육은 제국주의를 가르친다는 이유로 완전히 폐지했다. 비단 공산주의 교육만 시행된 것은 아니었다. 폴 포트와 크메르 루주에 대한 절대적인 충성 교육 및 군사 훈련도 이뤄졌다. 특히 무엇인가를 명령했을 때, 결코 이의를 제기하지 말고 무조건 명령을 이행하라고 교육을 시켰다. 여기에 완전히 세뇌된 아이들은 폴 포트와 공산주의를 결사옹위하는 소년병으로 성장했다. 언론은 거의 소멸되다시피 했다. 우선 국영 방송국인 'TVREK'의 경우 크메르 루주가 집권하자마자 파괴됐고 이곳에 종사하던 모든 사람들은 처형됐다. 민간에서 신문을 발간하는 것이 금지됐으며 라디오 방송도 대부분 막혔다. 그나마 활로가 열렸던 것은 정부를 위한 선전용 기관지와 프놈펜의 각료들을 위한 신문인 '파데밧'이 전부였다.

정부의 묵인 및 조장 하에 대규모 성범죄도 만연했다. 성범죄의 주체는 당 간부들이었고 피해자는 소녀부터 할머니에 이르기까지 광범위했다. 정부의 주관 하에 결혼을 한 여성들의 80%가 성폭행을 당했다는 충격적인 통계도 있다. 성관계를 거부하는 사람들은 대부분 감옥에 갇혔거나 살해됐다. 반면 가해자들인 당 간부들은 전혀 처벌을 받지 않았다. 이 시기 캄보디아는 사실상 성폭행이 합법화된 것이나 다름없었다.

베트남의 침공

폴 포트는 극단적인 '공산주의자'이기도 했지만 극단적인 '민족주의자'이기도 했다. 그래서 캄보디아 인구의 약 15%에 달하는 소수민족에 대한 혐오를 숨기지 않았고 잔혹하게 탄압을 했다. (캄보디아에는 20개 이상의 소수민족이 존재했다.) 그동안 동남아시아의 인도차이나 반도와 말레이 반도 일대에 거주했던 오스트로네시아계 민족인 참족은 크메르 루주가 집권한 4년 간 30만 명에 달하는 사람들이 죽임을 당했다. 베트남계와 중국계 캄보디아인들도 대거 학살의 구렁텅이에 빠졌다. 이 시기에 베트남계는 9만 명, 중국계는 23만 명이 살해됐다. 나아가 폴 포트는 영토 분쟁도 일으켰다. 집권한 직후부터 과거의 영토를 되찾는다는 명분 하에 베트남의 영토를 계속 침략했다. 특히 바축 마을을 침략해 3200명에 달하는 민간인들을 학살했다. 이 과정에서 약탈, 성폭행 등도 성행했다.

　자국의 영토와 자국민들이 큰 피해를 본 베트남은 대로했다. 협상 등을 통해 문제가 해결될 단계는 이미 지났다고 판단한 베트남은 1978년 말에 대규모 군대를 편성, 캄보디아를 전면적으로 침공했다. 폴 포트와 크메르 루주는 결사항전의 태세를 갖췄다. 하지만 예로부터 동남아시아 국가들 중 최강의 군사력을 보유했고, 미국과의 전쟁에서도 승리를 거뒀던 베트남군을 상대하기엔 역부족이었다. 전쟁이 개시된 후 한 달도 안 돼 캄보디아의 수도 프놈펜이 베트남군의 수중에 떨어졌다. 다급해진 폴 포트와 크메르 루주 지도부는 태국 국경으로, 시아누크는 중국 베이징으로 도망을 갔다. 캄보디아에는 새로이 친베트남 성향의 '캄푸치아 인민공화국'이 수립됐다. 정부의 수장은 '훈 센'이었다. 그는 크메르 루주 출신이었지만 이후 크메르 루주에 반대하며 베트남으로 망명했다. 이로써 폴 포트와 크메르 루주의 무차별 학살극도 종지부를 찍었다.

베트남은 매우 손쉽게 캄보디아를 장악했지만 축배를 들 겨를이 없었다. 곧바로 난관에 직면했다. 우선 중국과의 갈등이 표면화됐다. 그동안 중국은 크메르 루주를 지원했던 만큼 베트남의 군사 행동을 달갑게 볼 수 없었다. 더욱이 중국과 베트남은 틈만 나면 영토 분쟁을 겪고 있었다. 이에 중국은 캄보디아 해방을 명분으로 베트남을 침공했다. 양 국가 사이에서 한 달 가까이 국지전이 벌어졌다. 그런데 중국 이외에 크메르 루주를 지원하고 베트남을 반대했던 강대국이 또 있었다. 바로 미국이다. 미국은 킬링필드의 존재는 아랑곳하지 않았고, 오로지 베트남 전쟁 때 자신들을 패배시켰던 베트남을 곤경에 빠뜨리기 위해 노력했다. 중국이 군사적으로 베트남을 공격했다면 미국은 외교적으로 공격을 가했다. 국제 사회에 베트남을 "무고한 주권 국가를 침략한 깡패 국가"라고 선전했고 크메르 루주만을 캄보디아의 정식 정부로 인정했다. 시간이 갈수록 베트남은 국제 사회에서 고립이 되는 위기에 처했다.

두 강대국의 지원을 등에 업은 폴 포트와 크메르 루주는 태국 국경 부근에서 활발한 게릴라전을 펼쳤다. 베트남은 과거 미국과의 전쟁 때 게릴라전을 주도했던 입장에서 이제는 적군에 의해 게릴라전을 당하는 입장에 놓였다. 크메르 루주는 친베트남 정부에 반대하는 세력과 연합전선을 구축했고 표면상 시아누크를 다시 지도자로 만들어 명분을 확보했다. 내전은 점점 격화되면서 수십만 명에 달하는 사상자가 나왔다. 이 과정에서 크메르 루주는 또 하나의 심각한 전쟁 범죄를 저질렀다. 각종 대인지뢰를 무차별적으로 캄보디아 전역에 뿌린 것이다. 지뢰 표시를 제대로 하지 않았기 때문에 군인들은 물론 수많은 민간인들이 큰 피해를 입었다. 지금까지도 이 대인지뢰는 캄보디아에서 해결되지 않은 문제로 남아있다.

폭로된 만행

당초 예상과 달리 군사적, 외교적으로 곤경에 처한 베트남은 자구책 마련에 골몰했다. 베트남은 프놈펜 등을 점령한 후 대규모 학살이 자행된 흔적을 목도했다. 이에 따라 국제 사회에 킬링필드를 대대적으로 홍보하기로 결정했다. 끔찍한 학살을 저지른 크메르 루주를 단죄하고, 캄보디아 국민들을 해방시키기 위해 침공을 감행했다는 명분도 내세우기로 했다. 이후 여러 국가에서 파견된 기자들이 대거 캄보디아에 들어와 학살 현장을 취재했다. 그 실상은 순식간에 국제 사회에 퍼졌다. 그동안 소문으로만 알려졌던 킬링필드가 명백한 증거와 함께 그 베일을 벗는 순간이었다. 동기야 어찌 됐든, 이후에도 베트남은 지속적으로 킬링필드를 알리는 작업에 전념했다. 전국적으로 유해 발굴을 진행했고 뚜올 슬렝을 박물관으로 만들기도 했다. (베트남은 박물관에 '해골 지도' 등 자극적인 것들을 여과 없이 전시했다. 국제 인권 단체로부터 반인륜적이라는 항의를 받은 후 해당 전시물들을 철거했다.)

일각에서는 베트남이 침공의 정당성을 확보하기 위해 킬링필드를 과장했다는 주장도 있다. 그러나 이는 어디까지나 주장일 뿐 뒷받침하는 증거는 없다. 베트남이 폭로한 적나라한 킬링필드의 모습은 그 자체로 국제 사회에 엄청난 충격을 줬다. 이를 통해 곤경에 처해있던 베트남은 잠시동안 반전의 계기를 마련할 수 있었다. 다만 궁극적으로 승리를 거두진 못했다. 베트남의 침공에 대한 국제 사회의 부정적인 여론이 좀처럼 사라지지 않았다. 더욱이 크메르 루주는 굴하지 않고 게릴라 활동을 계속해 나갔다. 동유럽권에서 혁명의 열기가 달아오르고 캄보디아의 자치 능력이 높아지는 것도 불리하게 작용했다. 결국 베트남은 침공 10년 만인 1989년에 캄보디아에서 군대를 철수했다. 캄푸치아 인민공화국은 해체됐고 든든한 뒷배가 사라진 훈 센 정부는 곤경에 처했다.

폴 포트의 최후

베트남군이 철수한 후 캄보디아 내전은 격화되는 모습을 보였다. 권력 공백 현상이 발생함에 따라, 훈 센 정부 및 크메르 루주를 포함한 유력 세력들이 저마다 권력을 잡기 위해 치열한 투쟁을 벌였기 때문이다. 캄보디아는 끝없는 수렁에 빠져들고 있었다. 이런 가운데 1990년에 극적인 변화가 찾아왔다. 시아누크 세력, (반공산주의 저항세력 지도자인) 손 산 세력 등이 한 자리에 모여 캄보디아 평화에 대해 논의하는 도쿄 회의가 열린 것이다. 회의에서는 좋은 분위기가 형성됐다. 이를 기반으로 그다음 해 프랑스 파리에서 캄보디아 평화 협정과 관련한 최종 합의문이 도출됐다. 구체적으로 내전 종결, 무장 해제, 난민의 귀환, 제헌의회 선거 실시, 국제연합 캄보디아 잠정 통치기구 설치 등이었다. 이를 19개 국가가 승인하면서 무려 20여 년에 걸친 캄보디아 내전은 종결되는 듯 보였다.

훈 센 정부와 4개 정파는 서로 연합해 캄보디아 최고 국민평의회를 만들었다. 이어 국제연합 캄보디아 잠정 통치기구가 설립돼 평화유지 활동을 개시했고 국민의회 총선거를 통해 입헌군주제가 채택됐다. 이로 인해 시아누크는 또다시 국왕의 자리에 올랐다. 평화협정에서 합의된 사안들이 차례차례 실행에 옮겨지면서 이제야 캄보디아에도 빛이 찾아오는 것 같았다. 하지만 장애물은 여전했다. 이번에도 폴 포트와 크메르 루주가 가만히 있지 않았다. 이들은 평화협정 체결 및 선거를 반대했으며 새롭게 출범한 정부에 맞서 내전을 계속 이어갔다. 국제사회의 이목은 안중에 없었고 권력 쟁취를 위해 끝까지 캄보디아를 수렁에 빠뜨리려고 했다. 이 기간에 벌어진 내전의 악영향은 유네스코 세계문화유산인 앙코르 사원에도 미쳤다. 사원 곳곳에 총탄 자국이 뚜렷하게 새겨졌다.

다만 폴 포트와 크메르 루주의 힘은 예전 같지 않았다. 캄보디아 국민들은 물론 국내외 모든 세력이 이들에게서 완전히 등을 돌리면서 설 땅이 매우 비좁아졌다. 결국 크메르 루주 내부에서도 분열이 발생하기 시작했다. 이의 여파로 한때 폴 포트의 충실한 부하들이 하나 둘 훈센 정부에 투항했다. 이 같은 모습을 본 폴 포트는 대로했다. 마치 최후의 일인으로라도 남아서 내전을 계속할 것처럼 보였다. 하지만 1997년 폴 포트는 부하의 배신으로 체포됐다. 모든 힘이 사라진 그를 기다리고 있는 것은 '인민재판'이었다. 이 재판에서 폴 포트는 끝까지 자신의 만행을 인정하지 않았고 변명으로만 일관했다. 그는 "내가 이 혁명에 열심히 참여한 것은 캄보디아 국민들을 죽이기 위한 것이 아니었다. 나를 봐라. 내가 사납고 잔인하고 잔혹한 사람 같은가. 아니다. 그래서 과거는 물론 지금도 양심적으로 문제가 없다"라고 말했다.

폴 포트는 종신형에 처해져 가택연금됐다. 과거 캄보디아를 통치한 무자비한 독재자였지만 지금은 그저 집에 갇힌 처량한 노인에 불과했다. 그런데 그의 최후는 석연치가 않다. 인민재판 1년 뒤인 1998년에 갑작스레 심장마비로 사망했다. 이에 따라 온갖 음모론들이 난무했다. 자연사가 아닌 타살을 당했거나 자살을 했다는 것이다. 폴 포트의 시신은 캄보디아 북부 지역에서 각종 쓰레기 더미들과 함께 불태워졌다. 수장이 사망하면서 크메르 루주는 완전히 해체됐다. 아울러 길게 이어져온 캄보디아 내전도 마침내 종지부를 찍었다. 이후 국제연합과 캄보디아 정부는 크메르 루주 전범재판소를 설치해 책임자 처벌에 나섰다. 크메르 루주 주요 인사들과 뚜올 슬렝 관계자들이 줄줄이 법정에 섰다. 그러나 처벌에는 한계가 있었다. 훈 센 등 캄보디아 정부 인사들의 크메르 루주 전력 시비, 미국 정부의 비협조 등으로 재판과 처벌은 계속 지연됐다. 결국 크메르 루주 전범재판은 16년 간 3억3700만 달러(약

4742억 원)의 막대한 비용을 소요했지만, 단 3명에게만 유죄를 선고한 후 종료됐다.

숙청의 역사

09

호메이니의 '이슬람 근본주의 혁명'

이란의 신정 국가화

전근대 국가로의 퇴행 전말

아야톨라 루홀라 호메이니.

"이슬람은 모든 것을 뜻한다. 그것은 당신네 세계에서 자유이니 민주이니 하는 것까지도 포함한다. 그렇다. 이슬람은 모든 것을 내포하고 있다. 이슬람은 모든 것을 포함한다. 이슬람은 모든 것이다."_호메이니 인터뷰 中

오늘날 이란이라는 국가는 종교 지도자가 정치권력을 잡고 국가를 통치하는 대표적인 '신정 국가'로 여겨진다. 전근대 국가에서나 보일 법한 국가 체제가 21세기에 버젓이 온존하고 있는 셈이다. 북한이 이념적인 측면에서 시대에 동떨어진 국가라면, 이란은 종교적인 측면에서 시대에 동떨어진 국가라고 할 수 있다. 신정 국가를 뒷받침하는 것은 '이슬람 근본주의'다. 이슬람이라는 종교 외에는 그 어떠한 종교나 사상을 용납하지 않는다. 철저히 이슬람 율법에 근거해 국가가 통치되다 보니, 대내적으로는 독재 정치가 대외적으로는 곧잘 고립에 가까운 상황에 빠졌다.

기실 이란은 지금과는 완전히 다른 국가가 될 수도 있었다. '팔레비 2세'를 중심으로 한 전제군주제 시절, 이란은 지금으로선 상상할 수 없는 '백색 혁명'을 시도했다. 이는 기존 이슬람주의와는 상당히 배치되는 개방적, 진보적인 움직임이었

숙청의 역사

다. 이란 여성들은 히잡과 차도르 대신 비키니를 입었고, 기업들은 민영화된 후 산출된 이윤을 노동자들에게 분배했으며, 학생들은 자유로이 해외 유학을 가서 선진 문화를 경험할 수 있었다. 외교적으로는 미국, 영국 등 서방 국가들과 매우 친밀한 관계를 형성했다. 하지만 이 모든 시도들은 빈부격차와 인플레이션 등 심각한 경제 문제와 '아야톨라 루홀라 호메이니'를 중심으로 한 이슬람 근본주의자들의 격한 반발로 휘청이다가, 끝내 '이란 혁명'이라는 결정타를 맞고 무산되고 만다. 이후 이란은 다시금 원점으로 회귀했다.

이란의 이슬람 근본주의 혁명은 이란이 나름 선진적인 모습으로 발돋움할 수 있는 기회를 날려버렸다는 데에만 그 문제가 있지 않다. 과거는 물론 오늘날까지 아랍 지역과 전 세계에 부정적인 영향을 끼치고 있다는 데에 가장 큰 문제가 있다. 혁명에 자극을 받은 이슬람 근본주의자들은 갈수록 극단화되는 모습을 보였고, 지금도 때와 장소를 가리지 않고 각종 테러 행위를 일삼고 있다. 이 모든 현상의 원류는 사실상 이란 혁명이었던 셈이다. 신정 국가화를 통해, 이란을 전근대 국가로 퇴행시킨 호메이니의 '이슬람 근본주의 혁명' 전말을 되돌아봤다.

모사데크 실각과 팔레비 2세 집권

인류 역사상 최악의 사건인 '제2차 세계대전'은 이란에게도 상당한 영향을 미쳤다. 1925년에 탄생한 팔레비 왕조의 국왕 '레자 샤'는 이란의 중립을 선포했지만, 풍부한 자원이 발목을 잡았다. 영국은 나치독일이 이란의 석유를 차지할 수 있다고 우려해 같은 연합국인 소련과 함께 선제적으로 이란을 침공, 군대를 주둔시켰다. 이 직후에 레자 샤는 아들인 '모하마드 레자 팔레비(팔레비 2세)'에게 왕위를 물려주고 모리셔스 섬으로 망명했다. 이란을 장악한 연합국은 페르시아 보급로를 통해 다량의 자원을 용이하게 보급하며 전쟁을 유리하게 이끌어나갔다. 이란은 1943년 연합국의 압력으로 독일에 선전포고를 하면서 연합국의 일원이 됐다. 전쟁은 그로부터 2년 뒤에 연합국의 승리로 끝났다. 그런데 종전에도 불구하고 이란에 대한 외세의 영향력은 지속됐다. 해외 열강들은 이란의 풍부한 자원을 쉽사리 포기할 수 없었다. 과거 레자 샤가 해외 열강과 체결한 '석유 협정'은 더욱 이란의 발목을 잡았다.

전후 이란 권력의 중심부로 진입한 인물은 '모하마드 모사데크'였다. 그는 1951년 의회 투표로 총리에 취임했다. 취임

직후에 우선적으로 추진한 일은 외세의 손아귀에서 벗어나는 것이었다. 이의 일환으로 먼저 이란의 석유 대부분을 통제하고 있던 앵글로-이란석유회사의 국유화를 단행했다. 모사데크는 이 회사를 영국 정부의 무기로 규정했고, 이란에 있는 모든 석유의 정당한 소유자는 이란이라는 점을 분명히 했다. 그의 과감한 행보는 이후 다른 중동 산유국들이 채택한 '자원민족주의'의 시초로 평가를 받는다. 뿐만 아니라 모사데크는 대대적인 사회 개혁 정책도 시행했다. 대표적으로 '토지 개혁'을 통해 지주의 수입 20%가량을 떼어내 사회복지 및 개발 사업에 투자했다. 뒤이어 지주 사유지에 있는 농민들의 강제 노동을 금지했고, 실업 수당 등 각종 수당을 도입하기도 했다. 모사데크는 국왕의 전제적인 권한도 대폭 축소하려 했는데, 이 과정에서 팔레비 2세와 심각한 갈등을 빚게 된다.

모사데크는 국가를 크게 바꿔보기 위해 이전에는 볼 수 없었던 각종 정책을 가열하게 추진했다. 하지만 그 결과는 좋지 못했다. 특히 석유 국유화의 경우 되레 부정적인 효과가 나타났다. 국유화 과정에서 유능한 서방 국가 인력들이 대거 유출됨에 따라, 석유 관련 시설의 운영 능력과 생산력이 현저히 떨어졌다. 더욱이 영국 등 일부 국가들은 막강한 해군력을 동원해 이란의 석유 수출을 크게 방해하기도 했다. 모사데크는 각종 어려움을 타개하기 위해 소련에 손을 내밀었다. (국유화 정책으로 인해 모사데크는 이미 '사회주의자'로 낙인이 찍힌 상태였다.) 그러나 이는 모사데크를 더욱 어렵게 만들었다. 미국 중앙정보국(CIA)과 영국 비밀정보국(M16)이 모사데크 실각을 목표로 행동에 들어갔다. 그들은 파즐롤라 자헤디 등 근황파 장군들에게 접근해 친 팔레비 쿠데타를 일으키도록 선동했다. 결국 쿠데타가 일어났고 모사데크는 신속히 체포돼 감옥에 갇혔다. 반면 모사데크를 피해 잠시 로마로 망명했던 팔레비 2세는 의기양양하게 귀국해 이란의 권력을 장악했다.

백색 혁명

팔레비 2세는 기본적으로 친 서방적이었다. 일찌감치 국왕의 성향을 파악한 미국, 영국은 팔레비 2세의 집권은 물론 국정 운영을 적극적으로 도왔다. 팔레비 2세 시대는 다음과 같이 규정할 수 있다. 경제 성장을 목표로 하는 권위주의적인 개발독재와 '백색 혁명'이다. 특히 후자의 경우 이란의 급진적인 근대화를 추구하는 것이었다. 백색 혁명은 1963년부터 본격적으로 전개됐다. 당시 팔레비 2세는 미국의 경제 원조

와 석유를 판매해서 얻은 다량의 외화를 기반으로, 각종 근대
적이고 서구적인 정책을 추진했다. 국영기업의 민영화, 노동
자에 기업이윤 분배, 토지 개혁, 여성 참정권의 확립, 여성의
히잡 및 차도르 착용 금지, 문맹 퇴치, 교육 개혁, 해외 유학
등이다.

모사데크가 시행했던 석유 회사 등에 대한 국유화 조치를
다시 되돌렸고, 민영화된 기업에서 나온 이윤이 자연스레 노
동자들에게 가도록 했다. 지주들의 토지를 매입해 농민들에
게 분배했으며, 선거권 및 피선거권 인정, 복장 자율화 등을
통해 그동안 억제됐던 여성들의 권리를 크게 신장했다. 즉위
전 95%에 달하던 문맹률을 절반 가까이 감소시켰다. 부유층
자녀들을 중심으로 해외 유학도 적극 추진, 해외 선진국을 경
험한 유학파 인재들을 대거 양성하려 했다. 팔레비 2세의 친
서방적인 색채는 외교에서 더욱 두드러졌다. 그는 영어와 프
랑스어 등 해외 선진국들의 언어를 자유롭게 구사할 줄 알았
고, 이를 무기로 서방 국가의 지도자들을 여러 차례 만나 친
분을 쌓았다. 외교적인 노력으로 큰 성과도 거뒀다. 미국은
한때 자국의 최첨단 무기들을 다른 국가가 아닌 이란에게만
판매했다. 사실상 최혜국으로 대우한 것이다. 몇 년 전까지

만 해도 상상도 못 했던 일들이 연이어 발생했다. (이란은 서방 국가들 뿐만 아니라 한국과도 친밀한 관계를 형성했다. 강남구에 있는 테헤란로도 이때 만들어졌다.) 이 시기의 이란은 더 이상 이슬람 국가가 아니었다. 아리아인에 기원을 둔 '서양적인' 국가로 비쳤다.

호메이니의 반정부 투쟁

이쯤에서 백색 혁명을 계기로 한 호메이니의 반정부 투쟁을 살펴볼 필요가 있다. 팔레비 2세의 전례 없는 백색 혁명은 즉각적으로 반작용을 불러일으켰다. 오랜 기간 이슬람 종교가 주류를 이뤘던 이란에서 이와 배치되는 현상이 발생한 만큼, 반작용은 필연적인 것이었다. 이의 중심에 있었던 인물이 '호메이니'였다. 이슬람 신학을 체계적으로 공부한 율법학자인 호메이니는 백색 혁명이 발생하자 본격적으로 반정부, 반서방 투쟁을 펼쳤다. 팔레비 2세가 권위주의적인 독재 정치를 지향하며 반대파들을 극심하게 탄압하는 것은 반정부 투쟁 분위기를 더욱 고조시켰다.

그러나 호메이니는 1963년 반정부, 반미 투쟁을 한 혐의로 체포된 뒤 투옥됐다. 이듬해에 풀려났지만 터키로 추방됐다.

그는 얼마 안 가 이라크로 이동해 시아파의 성지인 나자프라는 곳에서 오랜 기간 머물게 된다. 이곳에서 국내외에 있는 측근 및 지지자들과 긴밀히 교류하며 반정부 투쟁을 주도했다. 하지만 1978년 수니파인 사담 후세인이 집권하면서 곤경에 처했다. 이란과의 관계 및 호메이니의 존재를 부담스러워한 후세인은 그에게 반정부 투쟁을 중단하든지 아니면 이라크를 떠나든지 하라고 압박했다. 호메이니는 후자를 택했다. 그의 다음 망명지는 프랑스였다. 그런데 프랑스에서의 활동은 호메이니에게 커다란 호재가 됐다. 당시 프랑스 반체제 성향 지식인들이 그를 자국에서 탄압받는 정의로운 정치 지도자로 묘사하면서, 호메이니는 일약 세계적인 '스타'가 됐다. 뜻밖에 해외에서 호메이니의 명성이 높아지자, 덩달아 이란 국내에서도 호메이니의 명성이 크게 높아졌다. 후술 할 예정이지만, 당시 이란 내의 여러 모순으로 인해 팔레비 2세 정부에 대한 국민들의 반감이 극에 달한 상태이기도 했다.

자연스레 호메이니가 중요한 대안으로 떠올랐다. 수많은 이란 이슬람 종교 지도자들과 지지자들이 호메이니가 있는 프랑스 노플로샤토로 몰려들었다. 호메이니는 이들을 규합해 '이슬람 혁명위원회'를 조직, 반정부 투쟁을 더욱 가열하게 전개했다. 특히 자신의 설교가 담긴 작은 카세트테이프들을 지지자들에게 전달했고 해당 지지자들은 이란으로 돌아가 카세트테이프들을 널리 전파했다. 이의 영향력은 상당했던 것으로 전해진다. 한편, 후세인이 그랬던 것처럼 프랑스 정부도 호메이니의 존재를 달가워하지 않았다. 이에 따라 프랑스 정부는 호메이니 암살 계획까지 세웠다. 하지만 호메이니가 순교자가 되는 것을 우려한 팔레비 2세가 프랑스 정부의 암살 시도를 막은 것으로 알려졌다. 결과적으로 팔레비 2세는 자신의 발등을 스스로 찍은 격이었다.

난관에 봉착한 팔레비 2세

적지 않은 저항에도 불구하고 백색 혁명이 어느 정도 진행되고 '오일쇼크'라는 호재도 발생하면서, 1970년대 이란의 경제는 표면적으로는 좋아졌다. 오일쇼크 직전 이란의 1인당 국민소득은 570달러에 불과했지만 1977년에는 2315달러로 급증했다. 같은 시기 한국보다 높은 수준이었다. 1974년에 개최된 테헤란 아시안 게임도 성공적으로 치렀다. 이에 따라 팔레비 2세 정부의 앞날도 순탄할 것으로 전망됐다. 그러나 좋은 시절은 오래가지 못했다.

숙청의 역사

우선 오일쇼크가 가라앉으면서 다시금 경제가 하향 곡선을 그리기 시작했다. 그리고 석유 수출로 떼돈을 벌어들였지만, 그 열매가 왕가와 관료 등 일부 계층에게만 쏠리면서 '빈부격차'가 뚜렷해졌다. 계층 간 위화감을 조성시키는 이 같은 측면은 이란 혁명을 촉발시킨 결정적 원인으로 여겨진다. 더욱이 이 시기에는 이란 국민들의 소비가 이전 대비 증가했는데, 정작 이란의 산업 부문은 이를 감당하지 못해 시장에 상품 부족 현상이 발생했다. 곧바로 '인플레이션'이 닥치면서 중소상인들이 몰락했고 농촌은 피폐해졌다. 이후 수많은 농민들이 도시로 몰려듦에 따라 도시 근교에 빈민촌들이 줄지어 들어섰다. 팔레비 2세 정부가 경제적으로 흔들리면서 평소 백색혁명에 불만을 갖고 있던 이슬람 근본주의자들이 힘을 얻게 됐다. 상술했듯 이들은 해외에 있는 호메이니를 중심으로 강하게 결속했고 반정부 투쟁을 가열하게 전개했다. 뿐만 아니라 팔레비 2세 정부의 권위주의적 독재 정치와 무력 탄압에 불만을 품고 있던 공산주의자, 자유주의자들도 반정부 투쟁을 전개하기에 이르렀다.

그런데 만약 총체적 난국 속에서도 팔레비 2세가 상황을 개선하려는 적극적 의지나 행동을 보였다면, 혁명으로까진 나아가지 않았을 가능성이 높다. 하지만 팔레비 2세는 그렇게 하지 못했다. 무엇보다 그의 건강에 적신호가 켜졌기 때문이다. 임파암, 비장암, 간암 등에 시달렸고 추후에는 해외 국가 순방도 취소해야 할 정도로 심각해졌다. 이란 혁명 직전, 팔레비 2세는 더 이상 공식석상에 모습을 드러내지 못했다. 그러면서 이란 혁명은 불가역적인 흐름이 됐다.

이란 혁명

1978년 8월, 아바단에서 '렉스 극장 화재 사건'이 발생했다. 적지 않은 시민들이 큰 피해를 입은 가운데, 반정부 세력들은 이 사건이 팔레비 2세 정부의 비밀정보기관 '사바크'의 소행이라고 주장했다. 물론 정부는 이슬람 근본주의자들의 소행이라고 반박했다. 많은 국민들은 정부가 아닌 반정부 세력들의 주장에 공감했다. 가뜩이나 정부에 대한 불만이 넘쳐나던 차에, 해당 사건은 그야말로 '불에 기름을 붓는 격'이었다. 기존에 일부 세력과 지역에 국한됐던 반정부 투쟁은 이제 전국으로 확산됐다. '이란 혁명'의 시작이었다. 이때를 놓치지 않고 호메이니와 그 측근들은 기민하게 움직였다. 호메이니의 육성이 담긴 카세트테이프를 더욱 확산시켜 반정부 투쟁 격화 및 이슬람주의자들의 총결집을 도모했다.

초기 팔레비 2세 정부는 이란 혁명에 무력으로 맞대응했다. 하지만 무력 대응은 상황을 더욱 악화시킬 뿐이었다. 다음으로 유화책을 들고 나왔다. 여기에는 국왕의 권력을 약화시키는 입헌군주제로의 개헌, 민주적 다당제에 입각한 새로운 총선거 실시, 비밀정보기관 해체, 정치범 사면, 세금 감면, 언론 자유 허용, 일자리 창출 등 파격적인 내용들이 담겨 있었다. 그럼에도 불구하고 이란 국민들과 정치 세력들은 유화책을 받아들이지 않았다. 대신 팔레비 2세의 즉각적인 퇴진과 왕정의 완전한 폐지를 요구했다. 이미 민심은 멀리 떠나 있었던 것이다. 이런 가운데 이란 군부도 심상치 않게 돌아갔다. 전반적으로 군부는 혁명에 소극적으로 대응했고 군부 내 일부 세력은 아예 혁명을 지지하는 모습도 보였다. 시간이 갈수록 팔레비 2세 정부는 헤어 나올 수 없는 수렁으로 빠져드는 모양새였다. 여기서 '결정타'가 터졌다. 마지막 보루였던 서방 국가들이 팔레비 2세 정부에 대한 지지를 철회한 것이다. 미국, 영국 등은 1979년 1월 6일 '과달루프 선언'을 통해 이란 혁명 불개입 원칙을 분명히 했다.

팔레비 2세는 더 이상 버틸 여력이 없었다. 국내외 정세는 절망적이었고 본인의 건강도 심각한 상황이었다. 이제 그는 정권 유지를 포기하고 국외 망명을 모색했다. 이때 팔레비 2세가 가장 두려워한 점은 폐위를 당한 뒤 성난 국민들에게 일가족이 조리돌림이나 집단린치를 당하는 것이었다. 실제로 주변 국가에서 이와 유사한 전례가 있었다. 이에 따라 그는 망명을 더욱 적극적으로 추진했다. 결국 1979년 1월 16일 팔레비 2세는 측근인 샤푸르 바크티아르를 새로운 총리로 임명한 뒤 "나는 이제 지쳤다"라는 말을 남기고 망명길에 올랐다. 이후 팔레비 2세는 미국, 멕시코, 모로코, 이집트 등 여러 국가를 전전하다 이듬해에 암으로 사망했다. 팔레비 2세가 사라진 직후 호메이니는 측근들과 함께 귀국해 이슬람 혁명위원회를 조직했다. 바크티아르는 가장 큰 정치 세력인 호메이니 측에 선제적으로 정국 안정 및 차기 정부 구성 등과 관련한 협상을 하자고 제안했다. 그러나 호메이니는 단호히 거부했다. 현 정부와는 어떠한 협상도 하지 않을 것이며 무조건 바크티아르 내각이 퇴진하고 정권을 넘길 것을 요구했다.

바크티아르도 호메이니의 요구를 단호히 거부했다. 양측이 극한 대립을 이어가는 가운데, 바크티아르 내각을 지지하는 이란 육군 및 내무부 보안군과 호메이니 측을 지지하는 육군 내 반정부 세력 간에 크고 작은 전투가 벌어졌다. 10여 일 동안의 전투 결과 후자가 승리를 거뒀다. 바크티아르는 체포된 후 총리직에서 물러났다. 그의 내각도 와해됐다. 이로써 팔레비 2세의 망명 이후 그 명맥만을 간신히 유지해 왔던 팔레비 왕조는 완전히 붕괴됐고, 호메이니의 이슬람 혁명위원회가 이란 정국의 주도권을 쥘 수 있게 됐다.

숙청

주도권을 잡은 호메이니 세력이 일차적으로 한 일은 전 정권 인사들에 대한 대대적인 숙청 작업이었다. 그들은 팔레비 2세 정부를 따랐던 수많은 정치 인사들을 체포한 후 '혁명재판소'에 회부했다. 혁명재판소의 재판은 밤에 비공개로 진행되는 약식 재판이었다. 팔레비 2세 정부 인사들은 지극히 형식적이고 짧은 재판을 받은 뒤 형장의 이슬로 사라졌다. 이때 숙청된 전 정권 인사들은 600명 이상일 것으로 추정된다. 또한 팔레비 2세 정부에 충성한 군부 세력에 대한 숙청도 이어졌다. 호메이니 세력은 이를 통해 군부를 근본적으로 변화시킬 계획도 갖고 있었다. 다만 군부 숙청은 이란의 군사력 약화를 초래했고, 추후 후세인은 이 기회를 틈타 '이란-이라크 전쟁'을 일으켰다.

다음으로 호메이니 세력이 한 일은 철저히 이슬람 율법에 근거한 이란의 '신정 국가화'였다. 종교 지도자가 정치권력을 잡고 이슬람 근본주의에 입각해 국가를 통치해야 한다는 것이었다. 여기서는 여러 가지 제약이 가해지는 만큼, 자연스레 이란은 보수적이고 폐쇄적인 국가가 될 가능성이 높았다. 호메이니는 팔레비 2세의 백색 혁명으로 '세속화되고 더럽혀진' 이란을 반드시 제자리로 되돌려놔야 한다는 입장이었다. 하지만 뜻대로 되는 게 쉽지만은 않았다. 다른 정치 세력들이 노골적으로 반대했기 때문이다. 기실 이란 혁명 당시, 호메이니가 중심이 된 이슬람 근본주의 세력뿐만 아니라 자유주의, 공산주의 등 다양한 세력들도 팔레비 2세 정부 타도의 깃발 아래 모였었다. 그래서 이들도 새로운 국가 건설에 있어 발언권이 적지 않았다. 이때 다방면에서 제시된 국가의 모습은 다음과 같다. 이슬람 사회주의 국가, 서구식 민주주의 국가, 서구식 정치 체제와 이슬람주의가 혼합된 국가 등이었다.

정치 세력 간 의견 차이는 좀처럼 좁혀지지 않았다. 이에 따라 이란의 새로운 국가 체제를 무엇으로 하면 좋을지를 국민들에게 물어보자는 결론이 나왔다. '국민투표'였다. 투표를

숙청의 역사

해본 결과, 99%에 달하는 국민들이 호메이니 세력이 주장하는 이슬람 신정 국가 수립에 찬성했다. 호메이니 세력은 기다렸다는 듯 신정 국가 수립을 추진했다. 그러나 곧바로 반발이 터져 나왔다. 다른 정치 세력들이 99% 찬성을 믿을 수 없다며 투표 조작 및 국민투표 재실시를 주장했다. 호메이니 세력은 이 같은 주장을 묵살했다. 그리고 신정 국가 수립에 방해가 되는 세력들에 대한 대대적인 숙청 작업을 전개했다. 이란 전역에서 반 호메이니와 반 신정국가를 외치던 수많은 인사들이 체포돼 처형되거나 쥐도 새도 모르게 암살을 당했다. 표적이 된 당사자뿐만 아니라 그 가족들도 비슷한 운명을 맞았다. 이때 호메이니 세력에 의해 숙청된 사람들 숫자는 팔레비 2세 정부 시절에 숙청된 사람들 숫자의 수십 배에 달했다. 숙청 과정에서 유례를 찾아보기 힘든 잔혹한 일도 벌어졌다. 처형이 확정된 일부 정치범들의 피를 완전히 빼내 군인들에게 수혈한 것이다. 즉 피를 완전히 빼내는 것이 처형 방식이 되기도 했던 셈이다. 이처럼 무자비한 숙청이 계속되자, 호메이니와 신정 국가에 반대하는 인사들은 해외로의 망명길에 올랐다.

신정 독재 국가

호메이니 세력은 1979년 12월 신헌법을 공포해 '이란 이슬람 공화국'을 수립했다. 이름만 공화국이지, 실제로 이란은 종교 지도자가 통치하는 '신정 독재 국가'가 됐다. (새로운 헌법에서는 4년마다 대통령을 선출하도록 했다. 호메이니는 자신의 비서였던 세예드 아볼하산 바니사드르를 대통령으로 삼았고, 스스로는 종신 최고지도자가 됐다.) 오로지 이슬람 근본주의만이 이란에서 통용될 수 있었고 다른 사상이나 종교 등은 결코 발을 붙일 수 없었다. 팔레비 2세 정부 시절에 여성들이 비키니를 입는 등 개방적인 모습을 보였던 이란 사회는 여성들이 다시금 차도르와 히잡을 착용해야만 하는 폐쇄적인 사회로 변모했다. 이란 여성들은 참정권도 박탈당했으며 절대로 고위직에 올라갈 수 없었다. 민영화됐었던 이란의 기업들은 다시 국유화됐다. 이란 내 대학교에서 가르치는 모든 과목들은 이슬람 근본주의자들의 입맛에 맞는 과목들로 변경됐다. 여전히 조금이라도 국가 체제에 대한 반발이 엿보일 경우, 무자비한 탄압과 숙청이 뒤따랐다.

미국, 영국 등 서방 국가들과의 관계는 최악으로 치달았다. 대다수 서방 국가들이 기독교에 뿌리를 둔 자본주의 국가였던 만큼, 이슬람 근본주의를 표방하는 신정 국가와는 마찰이 있을 수밖에 없었다. 더욱이 호메이니 정부와 이란 국민들은 팔레비 2세 왕가를 보호하는 서방 국가들, 특히 미국에 대한 불만이 상당했다. 극단적인 대립을 보여주는 상징적인 사건도 발생했다. 바로 1979년 말부터 1981년 초까지 미국인 70여 명이 이란에 인질로 억류된 사건이었다. 테헤란에서 팔레비 2세의 신병 인도를 요구하던 과격파 학생 시위대가 미국 대사관으로 난입해 미국 외교관과 직원들을 인질로 붙잡았다. 학생들의 돌발 행동처럼 보였지만 호메이니 정부는 이를 옹호했다. 나아가 호메이니 정부는 대미 석유 금수 조치, 이란의 재미 예금 전액 인출 등을 단행했다. 이에 대응해 미국의 지미 카터 행정부는 즉각 인질들을 풀어줄 것을 요구했고, 재미 이란 공적자산 동결 조치 등을 단행했다. 아울러 미해군을 동원해 아라비아 만과 인도양에서 대규모 무력시위를 벌였다. 좀처럼 해법이 보이지 않던 이 사건은 이란–이라크 전쟁 발발 이후 미국이 동결된 이란의 공적자산을 이란에 반환하기로 하고 이란은 인질들을 석방하기로 하면서 비로소 해결됐다. 호메이니의 이란은 서방 국가들 뿐만 아니라 서방 국가들과 우호적인 관계를 맺고 있던 다른 아랍 군주국들과도 사이가 안 좋아졌다. 이에 따라 팔레비 2세 시절과 달리 호메이니의 이란은 점점 고립무원의 상태가 됐다. 이는 이란의 경제에 부정적인 영향을 미쳤다.

  이란 혁명은 다른 아랍 국가들에 존재하는 이슬람 근본주의자들에게도 큰 영향을 미쳤다. 자극을 받은 이들은 자신들의 목소리를 더욱 높였고 공격적으로 나오기 시작했다. 이로 인해 '메카 유혈사태'가 터지기도 했다. 아랍의 대표적인 친미 국가였던 사우디아라비아에서, 이슬람의 성지 메카의 카바신전이 무장 괴한들에게 점거되고 수백 명이 인질로 잡히는 사태가 발생했다. 사우디 정부는 국가 경비대에게 무력 진압을 명령했고, 그 결과 사우디 군경 127명과 무장 괴한 117명이 사망했다. 이 사태를 일으킨 장본인들은 이란식 이슬람 혁명을 추종하고 서구식 근대화를 부정하는 이슬람 근본주의자들로 밝혀졌다. 이후 아랍의 상황은 날이 갈수록 악화됐다. 메카 유혈사태를 계기로 아랍의 이슬람 근본주의자들은 더욱 극단화 돼 이슬람 무장투쟁 운동, '지하디즘'으로 나아갔다. 결국, 오늘날 이슬람 근본주의자들에 의한 각종 테러 사건의 원류는 바로 이란 혁명이었던 셈이다.

10

등소평의 '천안문 사태'

개혁, 개방의 어두운 그림자

중국판 '5.18 항쟁' 전말

등소평.

"20만 명의 목숨을 희생시키는 한이 있더라도, 국면을 통제하고 향후 20년의 안녕을 쟁취할 것이다. 피해는 최소화해야 하겠지만, 어느 정도의 피는 반드시 보도록 하라."

_등소평 무력진압 명령 中

 1980년대, 소련을 비롯한 공산권 국가들이 개혁과 개방, 자유화의 길로 나아가려는 모습이 뚜렷이 나타났다. 이와 동시에 냉전을 넘어 전 세계에 평화의 기운이 싹트기 시작했다. 중국도 이 같은 흐름에서 예외가 아니었다. '등소평'이 집권한 후, 중국은 모택동 시대에는 꿈도 꿀 수 없었던 '개혁, 개방'의 길로 나아갔다. 실용주의 노선에 입각한 등소평의 개혁, 개방 정책은 '표면적으로' 중국을 도태가 아닌 성장의 길로 이끌었다. 하지만 이것은 명백한 모순이 내재된 성장이었다. 개혁, 개방 하에서 각종 '부정부패, 빈부격차' 등이 독버섯처럼 자랐다. 과거에 쉽게 볼 수 없었던 이러한 문제들은 중국의 국민들, 특히 대학생들의 격한 반발을 불렀다. 그 반발의 정점에 바로 '천안문 6.4 항쟁'이 있었다.

 천안문 항쟁은 여러 가지 측면에서 중국 현대사에 큰 족적을 남긴 사건으로 평가를 받는다. 우선 일반 시민과 학생, 노동자 등이 총체적으로 연대해 저항 운동을 전개했다. 그 저항은 결코 폭력적이지 않았다. 대체로 비폭력적이고 평화로웠으며 한 때는 '민주주의 축제'를 연상케 할 정도의 모습도 나타났다. 그 안에서 자유와 창발이 거침없이 분출하기도 했다. 일각에서는 천안문 항쟁을 프랑스의 '68 운동'에 비견하는 평가도 나왔다. 모택동 시대의 중국만을 생각했던 국제 사회는 이 당시 중국에서 발생한 새롭고 건강한 저항 운동을 크게 주목했다. 개혁, 개방에 따른 중국의 경제 성장에 이어 천안문 항쟁에 따른 중국의 정치사회적 자유 및 민주주의 발전이 조만간 나타날 것으로 기대됐다.

그러나 천안문 항쟁은 비극적인 결말로 귀결되며 미완의 가능성으로 남았다. 자유와 민주주의를 용납할 수 없었던 중국 정부는 천안문 항쟁을 '반혁명 동란'으로 규정, 매우 폭력적인 방식을 동원해 짓밟았다. 수많은 사람들이 계엄군의 무차별적인 발포에 쓰러졌고 그 시신은 아무도 모르게 사라졌다. 유혈 진압이 종료된 후에도, 항쟁을 주도했거나 가담한 수많은 사람들이 체포돼 고문을 당하고 사형에 처해졌다. 여기에서 가까스로 살아남은 사람들은 해외로 망명할 수밖에 없었다. 더욱이 중국 정부는 강제적인 정치 및 사상 교육 시행, 언론 · 출판 · 집회 · 결사의 자유 말살 등을 통해 '국가 통제'를 대폭 강화했다. 국제적인 흐름과는 정반대로 중국에서는 명백한 '퇴행'이 나타났던 것이다.

　이는 그만큼 중국 정부가 느꼈던 '천안문 항쟁 트라우마'가 극심했다는 것을 방증한다. 그 결과 오늘날에 이르기까지 중국에서 아래로부터의 개혁 요구나 저항 운동은 좀처럼 찾아볼 수 없다. 다만 천안문 항쟁이 반드시 중국의 처음이자 마지막 민주주의 항쟁이라고 단정 지을 수는 없다. 우리나라의 '5.18 항쟁'이 민주화 운동의 밑거름이 됐던 것처럼, 이와 비슷한 천안문 항쟁이 훗날 중국 민주화 운동의 밑거름이 될지도 모를 일이다. 중국 현대사의 중대 분수령, 개혁 · 개방의 어두운 그림자인 '천안문 항쟁' 전말을 되돌아봤다.

개혁과 개방

　1976년, 중화인민공화국을 건국한 모택동이 사망했다. 그의 뒤를 이어 화귀펑이 권력을 잡았다. 당시 중국은 문화대혁명의 후유증을 치유하고 경제를 성장시켜야 할 절박한 과제가 있었다. 하지만 화귀펑은 이를 달성할 역량을 갖추지 못했다. 결국 그는 물러났고 오랜 기간 정치적 탄압을 받았던 등소평이 당과 군부의 지지를 받아 극적으로 최고지도자의 자리에 올랐다. 등소평은 자신이 해야 할 과업이 무엇인지 명확히 인지하고 있었다. 또한 목적을 효과적으로 달성하기 위한 전략도 갖췄다. 우선 그는 '문화대혁명 청산'에 나섰다. 등소평은 모택동 자체를 부정하지는 않았지만 문화대혁명과 대약진 운동은 모택동의 명백한 과오라고 규정했다. (등소평은 모택동의 공이 7, 과가 3이라고 봤다.) 이에 따라 문화대혁명과 관련이 있는 모택동의 측근들을 잇따라 축출했다. 반면 문화대혁명 때 자신과 함께 큰 고초를 겪었던 사람들의 입지는 강화시켰다. 나아가 그 당시에 벌어졌던 여러 폭력적인 행위들을 자유롭게 비판할 수 있도록 허용했다. 이는 중국에서 학문과 예술의 자유를 증진시키는 선순환 효과를 발휘했다.

다음으로 등소평은 획기적인 정책을 시행했다. 바로 '4대 근대화'로 대변되는 '개혁, 개방' 정책이다. 핵심은 농업, 공업, 과학 기술, 국방의 근대화였다. 이때 등소평은 그 유명한 '흑묘백묘론'을 내세웠는데, 이는 검은 고양이든 흰 고양이든 쥐만 잘 잡으면 된다는 뜻이다. 이념에 매몰되지 않는 등소평의 실용주의 노선이 고스란히 드러났다. (기실 해당 정책은 1964년 저우언라이가 처음 제시했지만 곧이어 발생한 문화대혁명으로 인해 수면 아래로 가라앉았다.) 우선 등소평은 기존에 해왔던 중앙 통제적 농업을 배제했다. 이를 대신해 가구별 의사결정에 기반한 자율적 농업과 잉여 농산물의 시장 판매 등을 권장했다. 결과는 성공적이었다. 농업 생산성이 크게 향상됨에 따라 중국에서 식량의 자급자족이 가능해졌다. 가장 시급했던 농업 문제가 해결된 후 등소평은 공업에 눈독을 들였다. 그는 중국 자체적으로는 공업의 근대화가 어렵다고 판단했다. 육성 자금과 생산기술 등이 충분히 뒷받침되지 않았기 때문이다. 그래서 등소평의 눈은 외부로 향했다. 해외 국가들에게 중국의 문을 개방함으로써 공업 육성에 필요한 자금, 기술, 시설 등을 확보하려 했다. 이에 따라 중국은 미국 등 해외 여러 국가들과 전격적으로 수교했다.

다만 무턱대고 문을 연 것은 아니었다. 등소평은 일단 '경제특구'를 만들어 자신이 구상해 온 경제개발 모델을 시험했다. 중국 남동쪽 해안가에 위치한 4곳에 경제특구가 조성됐다. 여기에서 경제개발 시험이 큰 성공을 거두자 경제특구를 20곳으로 대폭 늘렸다. 거의 모든 지역들이 해외에서 들어온 자금, 기술, 시설 등에 힘입어 빠르게 성장하는 모습을 보였다. 더 나아가 중국 전체의 경제 성장도 두드러지게 나타났는데, 이 시기에 중국은 연평균 10% 이상의 경제성장률을 보였다. 수교 이후 중국과 해외 국가 간 관계도 매우 좋아졌다. 이를 통해 중국에게 이득이 되는 공동선언 등을 이끌어내기도 했다. 이제 중국은 더 이상 과거 국제사회에서 고립됐던 그 중국이 아니었다. 당당한 국제사회의 한 일원으로 거듭났다. 이처럼 개혁, 개방 정책에 따른 연이은 성공 여파는 중국에 장밋빛 미래만을 약속하는 듯 보였다.

모순의 심화, 반발 움직임

그러나 빛이 있으면 어둠도 있기 마련이다. 등소평의 획기적인 정책으로 중국의 사정은 표면적으로는 좋아졌지만, 그 속내를 들여다보면 녹록지 않은 모습도 나타났다. 무엇보다 자본주의적인 시장경제를 접한 이후 부정한 방법을 통해 이권에 눈독을 들이는 관료들이 많아졌다. '부정부패'가 만연하게 된 것이다. 이를 대표하는 용어가 '꽌시'이다. 해당 용어는 '뇌물로 만들어진 인맥'이라는 뜻이다. 사회 곳곳에서 부당한 이권을 노린 뇌물이 성행했다. 아울러 정부가 야심 차게 추진한 '이중가격제'를 통해서도 부정부패가 저질러졌다. 이는 국가계획 내의 생산량은 계획가격에 판매하고 계획을 초과한 생산량은 시장가격을 적용하는 것이다. 즉 판매 가격이 두 개가 되는 가격 제도이다. 정부는 이중가격제를 통해 갑작스러운 시장경제화의 충격을 완화하면서 서서히 계획경제에서 시장경제로 나아가려 했다. 하지만 관료들은 이 제도를 악용했다. 기업과의 불법적인 거래를 통해 물품을 비교적 저렴한 계획가격에 구입하고 매도 시에는 값비싼 시장가격에 판매했다. 이에 따라 시장 교란과 국유 자산 유실이 나타났다.

부정부패의 연장선에서 '유전무죄 무전유죄' 문제도 급부상했다. 모택동 시대와 달리 등소평 시대에는 국민들에 대한 통제가 완화됐다. 그런데 사회 분위기 이완과 비례해 범죄율이 급증하는 모습이 나타났다. 이것이 도를 넘어서자 등소평은 '엄타'(준엄하게 처벌한다)를 내세우며 다시금 통제를 강화했다. 사실상 중국판 범죄와의 전쟁이 전개되면서 무수히 많은 범죄자들이 극형에 처해졌다. 그 결과 범죄율은 낮아질 수 있었다. 하지만 이 과정에서 맹점도 있었다. 권력과 돈을 가지고 있는 사람들은 흉악 범죄가 적발돼도 처벌을 면하는 사례가 심심치 않게 발생했던 것이다. 또한 경제특구와 대도시, 일부 권력층 및 부유층에 자금이 몰리면서 중국 내의 '도농격차'와 '빈부격차'가 심화됐다. 이전에는 모두가 잘 살지 못하는 하향 평준화가 일반적이었다. 이런 상황에서는 (부정적이지만) 대체로 평등한 모습이었기 때문에 되레 소외감이나 반감이 덜할 수 있었다. 그러나 새로운 사회 환경에서 발생한 색다른 문제는 중국인들의 소외감과 반감을 증폭시켰다. 이처럼 중국 내 사회 문제가 악화됨에도 불구하고 등소평과 공산당 수뇌부는 크게 개의치 않는 모습을 보였다. 그동안 양호한 움직임을 나타냈던 중국의 경제 상황도 나빠졌다. 특히 외국기업들의 진출 및 경영자율화 등에 따라 경기가 급속히 과열되면서, 통화에 대한 수요가 빠르게 증가함과 더불어 통화량이 급증했다. 이에 따라 안정적이었던 물가가 요동치면서 연평균 1% 이하였던 물가상승률이 약 19%까지 치솟았다. 사상 초유의 인플레이션과 함께 실업률도 눈에 띄게 높아졌다.

이런 가운데 일부 중국 국민들이 구체적인 반발 움직임을 보이기 시작했다. 초반에 이들은 단호한 부정부패 척결을 정부에 요구했다. 그러다가 한발 더 나아간 모습을 보였다. 바로 '국가 체제 변화'에 대해서도 목소리를 높인 것이다. 근본적인 변화가 수반돼야 작금의 문제들이 완전히 해결될 수 있다고 판단했다. 이는 사회, 경제적 문제에 대한 반감에 더해 자체적인 '각성'도 한 몫한 현상이다. 개혁, 개방에 따라 유입되는 해외 국가들의 소식 및 문물 등을 접하면서다. (심지어 미하일 고르바초프의 소련에게도 자극을 받았다.) 특히 다당

제 보장과 민주화 조치 등을 확인한 일부 국민들은 공산당 정부에 일당독재 배격, 사상 해방, 전면적인 민주화를 요구했다. 시간이 갈수록 정의감에 불타는 '대학생들'이 이 같은 움직임을 주도하는 모습을 보였다. 이에 대해 정부는 어떻게 반응했을까. 당시 공산당 수뇌부는 '개혁파와 보수파'로 나뉘어 극심한 노선 갈등을 빚고 있었다. 개혁파는 일부 국민들의 요구에 대체로 긍정적이었으며 더욱 강력한 개혁을 통해 문제를 해결해야 한다고 주장했다. 자오쯔양 당 총서기가 중심에 있었다. 반면 보수파는 일부 국민들의 요구에 부정적이었으며 개혁보단 국가 내부 통제에 중점을 둬야 한다고 주장했다. 리펑 국무원 총리가 중심에 있었다.

권력의 추는 점차 보수파에게 기울어갔다. 왜 그랬을까. 우선 최고 지도자인 등소평이 정치사회적인 측면에서의 민주화 및 통제 완화에 대해 거부감을 갖고 있었다. 또한 상술했던 이중가격제의 폐해에 대응해 개혁파가 제시한 가격개혁이 실패한 것도 영향을 미쳤다. 자오쯔양을 중심으로 이중가격제 폐지를 목표로 한 가격개혁이 시행되려 하자, 곧바로 인플레이션을 우려한 국민들이 마트와 은행에 몰려들어 대규모 사재기, 예금 인출 등을 단행했다. 이후 과도한 물가상승이 재차 나타나면서 정부는 당초 하려고 했던 가격개혁을 전면취소했다. 보수파는 이를 빌미로 개혁파를 거세게 공격했고 개혁파의 입지는 좁아졌다. 그리고 결정적으로 리펑이 공산당 13기 3중 전회에서 정책 조정안을 제시한 것이 먹혀들었다. 겉으로 봤을 때 이는 개혁의 전면 심화를 표방했다. 하지만 속뜻은 달랐다. 자오쯔양과 개혁파의 영향력을 감소시키고 국가 내부 통제에 중점을 둔다는 의도가 깔려있었다. 중앙당에서 보수파의 정책 조정안을 채택함에 따라, 정부의 노선은 (보수파의 바람대로) 일부 국민들의 요구에 부합하지 않는 방향으로 나아갔다.

후야오방의 죽음, 민주화 운동

대학생들을 중심으로 한 일부 국민들은 크게 들끓었다. 이런 가운데 불에 기름을 붓는 사건이 발생했다. 자오쯔양 이전에 개혁파를 대표했던 '후야오방'이 갑작스레 사망한 것이다. 생전에 그는 당 관료들과 친인척들의 부정부패를 엄단해야 한다고 강조했고 실제로 이와 관련된 조치를 취하기도 했다. 또한 일부 국민들의 민주화 요구에 긍정적인 반응을 나타냈다. 이에 대해 보수파 원로들은 격렬히 반발했다. 결국 후야오방은 총서기에서 물러날 수밖에 없었다. (정치국에서는 그대로 머물렀다.) 그의 후임으로 들어온 사람이 자오쯔양이다. 비록 실각하긴 했지만 후야오방은 개혁을 지지하는 대학생들과 국민들의 '정신적 지주' 역할을 했다. 여전히 존재감이 대단했다.

그런 그가 1989년 4월 15일에 석연치 않게 사망했다. 정치국 회의에서 발언을 끝마치고 자리로 돌아오던 중 심장마비를 일으켰고 두 번 다시 일어나지 못했다. 이틀 후부터 대대적인 후야오방 추모 행렬이 이어졌다. 특히 대학생들은 슬픔을 감추지 못했다. 당시 베이징 대학에는 "죽지 말아야 할 사람은 죽고, 죽어야 할 사람은 죽지 않네"라는 대자보가 나붙었다. 베이징 소재 대학생 약 6000여 명은 각 학교로부터 행진을 시작, 천안문 광장에 집결한 뒤 후야오방에게 화환을 바쳤다. 그런데 추모에 참가한 대학생들과 국민들은 추모로만 그치지 않았다. 정부를 겨냥해 강력한 개혁 요구 및 시위를 하기 시작했다. 우선 그들은 7개 요구사항을 정부에 전달했다. 주요 내용은 자유, 민주주의, 중용 등을 표방한 후야오방의 업적을 공정하게 평가할 것, 국가 지도자와 그들 가족의 소득을 공개할 것, 민간 언론을 허용하고 표현의 자유를 보장할 것, 시위를 제한하는 베이징 인민대표회의 조항을 폐지할 것, 민주적 선거를 실시할 것 등이다. 하지만 정부의 반응은 미온적이었다.

　4월 22일, 후야오방의 장례식이 거행된 날부터 상황은 다소 심각하게 돌아갔다. 시안시에서 일부 군중들이 "폭정을 타도하자"라는 구호를 내세우며 차량에 불을 지르고 성(省) 정부를 기습 공격했다. 공산당 기관지인 인민일보는 사설을 통해 해당 시위를 '반혁명 폭란'으로 규정했다. 이는 천안문 광장에서 시위를 하는 사람들을 격분하게 만들었다. 정당한 요구가 먹히지 않자 약간의 무력을 행사한 것을 놓고 이렇게까지 규정한 것은 매우 잘못됐다고 판단했다. 결국 5월 13일부터 대대적인 단식 투쟁이 벌어졌다. 학생 대표들은 '단식서'를 작성해 중국 전역에 있는 국민들에게 뿌렸다. 이때부터 시위는 본격적으로 확산되는 모습을 보였다. 수많은 국민들이 단식서에 감동을 받아 시위에 동조했다. 시간이 갈수록 시위대 규모가 눈에 띄게 커지면서 천안문 광장에 운집한 사람들은 100만 명을 넘어섰다. 광장에 모인 사람들은 저마다 자유롭게 말하고 행동하며 일종의 '민주주의 축제'를 즐겼다. 그동안 애써 침착함을 유지했던 중국 정부는 초조해지기 시작했다. 설상가상으로 심각한 문제가 하나 더 발생했다. 소련의 최고 지도자인 '고르바초프'가 15일 중국 방문을 앞두고 있었다. 오랜 기간 영토 문제로 불화를 겪은 소련과 중국의 관계를 회복시키기 위해서였다.

천안문 광장이 고르바초프의 핵심 방중 지역에 속했다. 통상적으로 중국은 다른 국가의 지도자들이 방중 했을 때, 천안문 광장에서 대대적인 환영 행사를 열었다. 웅장한 자금성 및 천안문 광장을 보여줌으로써 중국의 위용을 거침없이 뽐내려는 의도가 있었다. 특히 공산권 라이벌 국가인 소련의 최고 지도자에게 이를 보여주는 것은 절대적으로 필요했다. 그러나 천안문 광장이 시위대에게 점령당했기 때문에 당초 의도가 완전히 빗나갔다. 이때 시위대 일부에서 고르바초프의 방중을 의식해 천안문 광장을 반 정도 비워주자는 제안이 나왔지만 채택되지 못했다. 결국 중국 정부는 천안문 광장에서 아무런 행사를 열지 못했고, 고르바초프는 천안문 뒷길로 돌아 숙소인 베이징 서쪽 조어대로 향했다. 중국 정부의 명백한 '굴욕'이었다. 그런데 이것으로 끝이 아니었다. 며칠 뒤 열린 정상회담도 제대로 진행되지 못했다. 천안문 광장의 군중들이 외치는 소리 때문에 회담이 끊기는 일이 자주 발생했다. 등소평 등 중국 지도자들은 고르바초프 앞에서 진땀을 흘렸다.

계엄령 선포

　고르바초프가 돌아간 후 등소평과 보수파는 노골적으로 분노를 표출했다. 중요한 손님 앞에서 연이어 굴욕을 당했으니 그럴 법도 했다. 그러면서 이들은 천안문 항쟁을 더는 좌시하면 안 된다고 판단했다. 5월 18일, 우선 리펑과 공산당 원로들은 대학생들이 중심이 된 시위대 지도부를 만났다. 리펑은 이 자리에서 매우 고압적인 자세로 시위대 지도부를 설복시키려 했다. 시위대 지도부가 리펑 등의 말을 대놓고 무시하면서 협상은 결렬됐다. 결국 협상 직후에 열린 당 내 회의에서 불길한 결정이 내려졌다. 이틀 뒤인 20일에 '계엄령'을 선포한다는 것이다. 자오쯔양과 개혁파는 계엄령만큼은 안 된다며 극구 말렸지만 역부족이었다. 이제부터 정부의 공식적인 방침은 방관과 협상이 아닌 '무력 행사'였다. 중국 공산당 중앙군사위원회 주석인 등소평은 군 통수권자의 자격으로 군대 출동 명령을 내렸다. 그런데 거의 모든 군 장성들이 이 명령에 복종할 때, 오직 단 한 사람, 베이징 군구 소속 제38 집단군 사령관인 '쉬친셴'만이 출동 명령을 거부했다. 그는 "인민해방군이 인민들을 보호하지 못할 망정 인민들에게 총부리를 겨눠선 안 된다"라고 외쳤다. 매우 용기 있는 행동이었지만 그 결과는 좋지 못했다. 쉬친셴은 즉시 해임된 후 명령불

복종죄로 군사재판에 회부, 징역 5년형을 선고받았다. 하지만 그는 결코 후회하지 않았다. 20여 년 뒤에 행해진 한 언론과의 인터뷰에서 쉬친셴은 "그때로 다시 돌아가도 똑같은 결정을 하겠다"라고 말했다.

　군대 출동이 초읽기에 들어가자 자오쯔양과 개혁파는 다급해졌다. 자오쯔양은 계엄령 선포 직전인 19일 새벽에 천안문 광장으로 달려갔다. 시위대 앞에 선 그는 눈물을 흘리면서 다음과 같이 말했다. "죄송합니다, 여러분. 우리가 너무 늦게 왔습니다. 여러분이 우리를 꾸짖고 비판하는 것은 모두 당연한 일입니다. 하지만 지금 상황이 매우 안 좋습니다. 제발 광장을 떠나 주십시오." 자오쯔양의 눈물의 절규에도 불구하고 시위대는 상황의 심각성을 제대로 인지하지 못했다. 오로지 자신들의 주장을 관철시키기 위해 끝까지 투쟁할 생각만 갖고 있었다. 마침내 5월 20일, 군대 출동이 이뤄졌다. 약 5만 명에 달하는 계엄군이 베이징으로 출동, 주요 구역을 포위하기 시작했다. 천안문 광장 상공에는 군용 헬기들이 떠다니면서 시위대 해산을 촉구하는 전단지를 뿌렸다. 시위대는 군대 출동을 우려스럽게 지켜봤지만 결코 물러서지 않겠다는 결기를 드러냈다. 이런 가운데 제65군이 천안문 광장으로의 진입을 시도했다. 그러나 사력을 다해 방어하는 시위대에 밀려 후퇴했다. 뒤이어 포병 14사단의 움직임도 시위대에게 막혔다.

그런데 이 시기는 그나마 양호한 편에 속했다. 계엄군과 시위대 간에 어느 정도의 충돌은 있었지만 유혈 사태가 발생할 기미는 전혀 보이지 않았다. 계엄군은 무력 진압보다는 '무력 시위'에 좀 더 무게중심을 뒀다. 정부의 방침도 아직까진 무력 진압에 있지 않았다. 심지어 계엄군은 인도적인 모습을 보여주기도 했다. 시위대에서 단식투쟁을 하다가 탈진한 사람이 나오면, 군의관이 다가와 진료를 해주거나 군 후송차량으로 병원에 데려다주기도 했다. 시위대에서도 이와 같은 모습이 나타났다. 일부 군인들이 시위대에게 포위됐을 때, 시위대는 이들에게 위해를 가하지 않고 물과 음식을 나눠주며 다정하게 대화를 했다. 비교적 평화로운 모습들이 전 세계로 전파를 타면서 한때나마 중국에 대한 세계인들의 호평과 문제 해결 희망이 나타났다. 특히 한국은 5.18 민주화 운동 무력 진압을 겪었던 만큼 중국에 대한 호평이 더욱 컸다.

하지만 좋은 상황은 잠깐이었다. 중국 정부와 시위대는 여전히 평행선을 달리고 있었다. 정부는 자진해산을 계속 촉구했지만, 시위대는 "민주화 요구를 받아들이기 전까지 해산은 없다"라며 '강대강 대치'를 이어갔다. 근본적인 해법이 도출될 기미가 보이지 않자 정부 내에서 보수강경파들의 목소리가 점점 커졌다. 이들은 즉각적인 '무력 진압'을 주장했다. 최종 결정권자인 등소평의 마음도 서서히 이쪽으로 기울어갔다. 시위대 내에서도 강경파들이 득세하기는 마찬가지였다. 이의 영향으로 정부를 더욱 자극할 만한 행동들이 잇따라 나왔다. 5월 23일, 천안문에 있는 모택동의 대형 초상화에 페인트가 칠해졌고, 성벽에 "독재 종식, 개인 우상화 종식"이라는 현수막이 내걸렸다. 30일에는 높이 8m, 직경 2m에 이르는 '민주주의 여신상'이 천안문 광장에 세워졌다. 베이징 소재 예술대학 교원 및 학생들이 미국에 있는 '자유의 여신상'을 본떠 만든 것이었다. 이로써 천안문 항쟁이 절정에 이르렀다. 시위대는 크게 환호했다. 다만 일부 사람들은 심상치 않음을 느꼈다. 자극을 받은 정부 및 군대가 어떻게 나올지 알 수 없었다. 이들은 우리의 의사를 충분히 전달했으니 일단 천안문 광장에서 철수한 후 정부의 행동을 지켜보자고 건의했다. 하지만 강경파들에 의해 거부됐다. (실제로 이 시기에는 자체적인 결정에 따라 광장을 떠나는 사람들이 많이 나왔다.) 6월 1일, 일부 사람들의 우려대로 '파국'을 예고하는 정부의 조치가 나왔다. 천안문 항쟁에 대한 해외 언론들의 취재를 제한하기 시작한 것이다. 계엄군의 움직임도 이전과 달라졌다.

숙청의 역사

피로 얼룩지는 대규모 유혈 사태의 어두운 그림자가 천안문 광장을 뒤덮기 시작했다.

천안문 사태

운명의 날인 6월 3일 밤, 무력 진압 명령이 하달됐다. 리펑이 해당 명령을 직접 내렸지만 그 배후에는 등소평이 있었다. (여담으로 이 당시 국방부장이었던 친지웨이는 무력 진압 명령이 하달되자, 국내 사건에 대한 군대의 개입은 내정을 책임지는 총리 자오쯔양의 재가를 받아야 한다며 계속 시간을 끄는 모습을 보였다. 그러나 거듭되는 압력으로 인해 명령을 따를 수밖에 없었다.) 천안문 광장을 향해 사방에서 계엄군이 밀고 들어왔다. 이들은 다음날 새벽 6시까지 천안문 광장을 완전히 비우라는 지시를 받았다. 저항하는 사람들이 있으면 강경하게 처리하라는 지시도 받았다. 특기할 만한 점은 이날 투입된 대다수 군인들은 베이징과의 연관성이 거의 없다는 것이었다. 정부는 무력 진압을 거리낌 없게 하기 위해 베이징에서 멀리 떨어져 있는 지역 군대 및 군인들을 대거 차출했다. 또한 이들에게 천안문 항쟁의 실상을 제대로 알리지 않았고, 오로지 적개심을 갖고 무력으로 진압해야 할 대상, 즉 '반혁명 동란'이라고만 교육했다. 이렇다 보니 무력 진압에 동원된 군인들은 이전에 시위대에게 유화적이었던 군인들과 근본적으로 달랐다.

계엄군의 무력 진압은 크게 4단계로 이뤄졌다. 초반부터 계엄군이 강경하게 나온 것은 아니었다. 나름의 명분을 쌓기 위해 처음에는 비교적 온건하게 나오는 체했다. 매우 영악한 수법이었다. 1단계에서는 군인들이 비무장 상태로 도열해 시위대에게 접근했다. 이를 본 시위대는 즉각 맨몸으로 저항해 물리쳤다. 2단계에서 군인들은 탄약 없는 총이나 곤봉 등으로 공격했고, 3단계에서는 탄약이 장전된 무기들로 시위대를 위협만 했다. 이때까지만 해도, 시위대가 물리력을 동원해 계엄군을 내치는 것이 가능했다. 아울러 이때까지만 해도, 시위대는 감히 상상조차 할 수 없었다. 전 세계가 주목하고 있는 가운데 인민들을 위한다는 군대가 인민들을 잔혹하게 진압할 것이라고는. 어느 정도 무력을 행사할 수는 있지만 유혈사태 불사가 아닌 기껏해야 강제해산 정도일 것이라고 예상했다. 그러나 비극은 곧바로 찾아왔다. 문제의 4단계, 산시성에서 파견된 제27군이 시위대를 향해 '발포'하기 시작했다. 정조준 사격과 더불어 기관총 난사까지 자행됐다. 이때 사용된 탄환은 매우 살상력이 높은 '할로우 포인트'였다.

심지어 군인들 뒤에서 거대한 탱크와 장갑차들이 빠르게 진격해 왔다.

27군의 무차별적인 발포로 천안문 광장에 있던 수많은 사람들이 죽어나갔다. 이미 죽어 쓰러진 시체 위를 장갑차가 그대로 밟고 지나갔다. (시체를 형체도 알아볼 수 없게 만들기 위해 장갑차가 시체들 위를 여러 번 반복주행했다고 한다.) 시위대와는 전혀 상관도 없는 사람들도 사살됐다. 천안문 광장은 일순간 '아비규환'의 현장이 됐다. 미처 발포를 예상하지 못한 시위대 대다수는 처음에는 믿을 수 없다는 듯 멍하니 있었다. 그러다가 정신이 번쩍 들었고, 돌과 화염병 등 나름의 무기들로 격렬히 저항하기 시작했다. 버스와 택시 등을 동원해 27군의 장갑차, 탱크가 지나가는 길목을 막기도 했다. 어제 웃으며 미래를 논했던 동료가 오늘 처참하게 죽은 것을 확인한 일부 시위대는 이성을 상실했다. 장갑차 등을 폭파한 후 그 안에 있던 군인들을 끌어내 무자비하게 구타해 죽였다. 극히 암담한 상황 속에서도 시위대는 울면서 이렇게 외쳤다. "등소평은 학살자다. 파시스트 정권 물러가라. 중국에 민주화를. 모든 권력은 인민으로부터 나온다."

시위대의 저항은 실로 대단했다. 하지만 계엄군을 당해내기엔 역부족이었다. 피로 얼룩진 천안문 광장은 계엄군에게 서서히 잠식됐다. 상황이 유리해졌다고 판단한 군부는 훗날 노벨평화상을 수상하는 류샤오보 등 '천안문 사군자' 지식인들을 통해 시위대 지도부에게 협상을 제안했다. 더 이상 유혈 진압을 하지 않고 지도부에게도 책임을 묻지 않을 테니 지금 즉시 천안문 광장에서 해산하라는 것이었다. 만약 이를 수용하지 않을 경우, 나머지 시위대 전부가 무사하지 못할 것이라고 경고했다. 이에 따라 대부분의 사람들이 해산길에 올랐다. 해산길에서는 민중가요인 '인터내셔널가'가 장엄하게 울려 퍼졌다. 다만 소수의 강경파들은 광장에 남아 저항을 이어갔다. 이들의 운명은 정해져 있었다. 장렬한 죽음이었다. 그렇게 지옥과 같은 밤이 지나고 어느새 천안문 광장에 아침이 찾아오고 있었다. 날이 밝자 밤새 벌어졌던 참상이 고스란히 드러났다. 광장에는 심각하게 훼손된 수많은 시체들이 널브러져 있었고, 불에 타버린 장갑차, 차량, 탱크들이 기괴한 모습으로 방치돼 있었다. 계엄군은 증거를 인멸하기 위해 시체들을 모두 수거해서 어딘가에 버리거나 화장했다. 이 같은 증거 인멸 시도로 인해 현재까지 천안문 항쟁에서 사망한 사람들의 규모가 정확히 얼마인지 밝혀지지 않았다. 다만 일부 단

숙청의 역사

체의 조사 결과를 보면 시위대의 중심에 있었던 대학생들은 최대 8000명, 일반인들은 최대 3000명 가까이 목숨을 잃은 것으로 보인다. 부상자들은 이보다 훨씬 많았다. 반면 계엄군은 약 60명가량 사망한 것으로 추정된다.

국가 통제 강화

천안문 항쟁이 진압된 직후 중국 정부는 시위대 지도부에게 했던 약속을 뒤집었다. 항쟁을 주도한 사람들을 겨냥해 '수배령'을 내린 것이다. 대표적으로 대학생들인 왕단, 우얼카이시 뒤라이티, 차이링, 그리고 바둑기사 장주주 등이 표적이 됐다. 수많은 사람들이 체포돼 고문을 받은 후 감옥에 갇혔거나 해외로 추방됐다. 일부 사람들은 체포되기 직전에 서방 국가들의 도움을 받아 해외로 망명했다. 이때 시행된 망명 작전의 명칭은 '카나리아'였다. 미국, 영국 등 국제 사회에서는 천안문 사태 및 수배령 등을 비인도적인 탄압 행위로 규정하며 노골적인 경제 제재를 가했다. 중국 정부는 크게 신경 쓰지 않는 눈치였지만 제재로 인해 중국이 받은 경제적 타격은 결코 작지 않았다. 중국 정치권에서는 개혁파가 완전히 몰락했다. 개혁파의 핵심인 자오쯔양은 공산당에서 쫓겨났고 2005년 사망할 때까지 가택연금 된 상태로 지냈다. 한때 자

오쯔양을 신임했던 등소평은 직접 찾아가 입장 선회를 수차
례 요구했지만 자오쯔양은 끝내 입장을 바꾸지 않았다. 개혁
파와 달리 보수파의 득세가 뚜렷하게 나타났다. 보수파의 핵
심이자 직접 무력 진압 명령을 하달한 리펑은 등소평의 후계
자로 떠올랐다. 다만 등소평은 막판에 의외의 선택을 했다.
리펑을 제치고 당시 상하이 시장이었던 장쩌민을 후계자로
낙점했다. 아마도 천안문 항쟁에 대한 부담감이 크게 작용한
것으로 보인다.

천안문 항쟁의 여파는 중국 사회를 '퇴행'의 길로 이끌었
다. 이때를 계기로 중국 정부의 '국가 통제'가 크게 강화됐다.
등소평 집권 직후 일각에서 나타났던 자유화 및 통제 이완 움
직임은 온 데 간 데 없이 사라졌다. 특히 정부는 전국의 학생
들과 일반인들을 대상으로 강제적인 정치 및 사상 교육을 시
행했다. 천안문 항쟁을 '반혁명 동란'으로 규정하며 무력 진
압의 정당성을 강조했고, 서방 국가들의 모순과 공산주의 이
론의 우월성을 지속적으로 주입시켰다. 또한 대학생들을 천
안문 사태의 원흉으로 지목, 베이징대 등 주요 대학의 신입생
선발을 감축하거나 중지했다. 심지어 천안문 항쟁이 일어난
1989년 여름에 대학을 졸업한 모든 사람들의 도시 취직을 막

앉고, 농촌 등으로 내려보내 온갖 궂은일을 하거나 사상 검증을 받도록 만들었다. 사회 곳곳에는 중무장한 공안 경찰들이 배치됐으며 어느 곳에서든지 군중이 모이는 것을 원천적으로 차단했다. 언론, 출판의 자유도 말살됐다. 적지 않은 신문과 잡지들이 천안문 항쟁을 옹호했다거나 반정부 성향을 띠었다는 이유로 즉시 폐간됐다. 조금이라도 반정부 성향이 담긴 것으로 판단되는 모든 서적들은 출판금지 처분을 받았다.

천안문 항쟁 이후 형성된 국가 통제 분위기는 현재까지 이어지고 있다. 약화되기는커녕 오히려 더욱 강화되는 모습이다. 시진핑 정부는 모택동 이후 가장 강력한 권력을 손아귀에 쥐고 고강도의 통제를 행사하고 있다. 국제 사회의 흐름에 역행하는 모습을 보임에도 불구하고 중국 정부는 경제 성장이라는 표면적인 성과로 이를 계속 무마하고 있다. 오늘날, 그리고 멀지 않은 미래에 제2의 천안문 항쟁이 발생하는 것은 지극히 어려운 일처럼 보인다. 다만 천안문 항쟁이라는 대사건은 역사 속에 고스란히 남아있고, 이에 대한 기억은 훗날 중국의 정치사회적인 측면에 어떤 형태로든 큰 영향을 미칠 것이라는 전망이 나온다.

● 연대기(연도는 최초 사건 발생일)

1793년 – 로베스피에르 '반혁명분자 숙청'

1934년 – 히틀러 '장검의 밤'

1936년 – 스탈린 '대숙청'

1944년 – 드골 '민족반역자 숙청'

1953년 – 김일성 '파벌 숙청'

1966년 – 모택동 '문화대혁명'

1974년 – 피노체트 '민주세력 숙청'

1975년 – 폴 포트 '킬링필드'

1979년 – 호메이니 '이슬람 근본주의 혁명'

1989년 – 등소평 '천안문 사태'

● 참고 문헌

· 로베스피에르, 혁명의 탄생

· 로베스피에르: 자유와 덕

· 히틀러 국가

· 히틀러 평전

· 히틀러를 선택한 나라

· 히틀러 연설의 진실

· 스탈린 공포의 정치학

· 스탈린(독재자의 새로운 얼굴)

· 젊은 스탈린

· 드골 희망의 기억

· 프랑스의 나치협력자 청산

· 프랑스의 과거사 청산

· 김일성 전기

· 김일성과 박헌영 그리고 여운형

· 김일성 주체사상 비판

· 모스크바와 김일성

· 모택동 선집

· 모택동 시대와 포스트 모택동 시대

· 청년 모택동

· 국공내전(신 중국과 대만의 탄생)

· 킬링필드, 어느 캄보디아 딸의 기억

· 폴 포트 평전

· 기억하라 우리가 이곳에 있음을

· 피노체트 넘어서기

· 팔레비와 호메이니

· 이슬람 혁명의 아버지, 호메이니

· 등소평 문선

· 등소평과 중국정치

· 대륙의 지도자 등소평

● 추천사

"역사를 탐구하는 건 '지혜의 뭉치'에 다가서는 일이다. 특히 피비 린내를 물씬 풍기는 숙청의 역사는 한때 민중의 추앙을 받던 혁명 가들이 억압적인 지배자로 탈바꿈해 타도의 대상으로 전락하는 과 정을 적나라하게 보여주고 있다. '타도'와 '박멸'을 외쳐대는 '판단하 고 정죄하는 자세'는 '불의하고 부정한 세상'보다 더 위험하다는 것 도 알려준다. 토마스 아퀴나스의 말처럼 사랑 없는 정의는 폭력에 불과하기 때문이다. 순식간에 페이지를 넘겨버린 흥미로운 책이다. 독자들에게 깊은 통찰력을 제공할 것이라 생각한다."

_이은경 법무법인 산지 대표변호사, 전 서울중앙지방법원 판사

"의사는 환자의 병력을 조사함으로써 환자를 진단하고 치료한다. 마찬가지로 역사를 이해한다는 것은 그 사회의 문제점을 진단하고 치유하는데 핵심적이다. 더욱이 숙청이라는 주제로 역사를 그려냄

은 이면의 진실을 파헤치는 것으로도 볼 수 있다. 이는 마치 한 사람의 개인사에서 무의식을 탐구하는 것 같다. 그래서 이 책은 흥미진진할 뿐 아니라 현재의 사회 문제를 심층적으로 이해하고 근본적인 방책을 찾는 데 도움이 된다."

_민성길 연세대 의대 명예교수

"저자는 본질을 살피는 혜안으로 숙청이라는 주제를 탁월하게 풀어냈다. 동서고금을 막론하고 숙청은 권력투쟁의 과정에서 필연적으로 발생했으며 권력의 흥망성쇠를 결정짓는 중요한 역할을 했다. 현재와 미래에 숙청의 수단이나 방법에는 변화가 있을지라도 그 본질과 목적에는 변함이 없다고 생각한다. 모쪼록 이 책을 통해 독자들이 많은 영감과 혜안을 얻기를 바란다."

_황우현 전 해병대 1사단장

"권력을 둘러싸고 벌어지는 인간 군상의 속살을 생생히 들여다보게 하는 책이다. 상당히 재미있다. 읽다 보면 교훈도 깊다. 예나 지금이나 권력이 빚어내는 풍속도는 한결같다."

_김인영 전 KBS 보도본부장

세상 모든 지식과 경험은 책이 될 수 있습니다.
책은 가장 좋은 기록 매체이자 정보의 가치를 높이는 효과적인 도구입니다.

갈라북스는 다양한 생각과 정보가 담긴 여러분의 소중한 원고와 아이디어를 기다립니다.

– 출간 분야: 경제 · 경영/ 인문 · 사회 / 자기계발
– 원고 접수: galabooks@naver.com